ショーン・ウィレンツ著

民衆支配の讃歌

（上）

ニューヨーク市とアメリカ労働者階級の形成　1788〜1850

安武　秀岳 監訳
鵜月　裕典
森脇由美子 共訳

木 鐸 社

イーライ・ウィレンツ，
ジーン・キャンベル・ウィレンツ，
クリスティン・スタンゼル
に捧げる

日本語版への序文

原著出版後一五年以上を経て初めて本書の日本語版の出版を見るのは、著者にとっての非常な名誉である。『民衆支配の讃歌』執筆以後の時の経過の中で、アメリカの働く人々とニューヨーク市とに関する歴史研究が奔流のように続出した。原著を改訂せずに翻訳出版することは、決してこのような研究成果が本書の中心的な論点と無関係であったことを意味するものではない。一九八〇年代前半ではなく、一九九〇年代後半に本書を執筆したのであれば、著者は近年の知見をふんだんに盛り込み、もっと立派な本が書けたと思う。しかしその本はもはや『民衆支配の讃歌』ではなくなっていたはずである。学問の世界における修正の不可避性という事実を謙虚に見つめ、私はただ、さらなる検討と新たな挑戦を鼓舞する助けとなるのであればとの思いから、原著のまま出版することを決心した。

批判者たちはしばしば『民衆支配の讃歌』を「新」アメリカ労働史の一例として論評している。このような決めつけに、著者は少々困惑している。もはや「新」労働史はそんなに新しいものではなく、また「新」労働史なるものがはたして何であるのか（あるいは何であったのか）についての明確な意見の一致がないからである。疑いもなく本書は、一九六〇年代と一九七〇年代の急進主義に根差すものであり、それを反映している。実際特に、アメリカの働く庶民が自分たち自身の歴史を創るのにどのような役割を果たしてきたかを理解することの重要性を強調している。しかしまた他方で――政治上の戦いと政治制度を重視し、「アメリカ例外主義」を強調する通説に疑問を呈し、さらにニューヨークの労働者階級の生活の好ましからざる側面、当時よく見られた粗暴な側面をも説明しようとしたという点でも――『民衆支配の讃歌』は執筆当時における主流派の修正主義的研究動向からの訣別であった。

ニューヨークに関する筆者の仕事は、ある意味では、ジャクソン時代に関するチャールズ・セラーズによって最も貫徹され、最も見事に提示された「『市場革命』学説」の先駆であった。確かに私はそのような革命が起ったということ、そしてさらにニューヨーク市がそれを推進するのに重要な役割を演じたということを信じている。しかし筆者は何人かの『市場革命』論の擁護者たちと違って、この時代の政治的発展に関しては農村と同様、いや多分農村以上に都市における発展が重要であったと考えている。ニューヨークでの錯綜した歴史的経過にかんがみて、筆者はジャクソン時代の政治を資本主義的諸関係の普及に起因する社会的亀裂の直接的表現として解釈すべきだとは思わない。アメリカ政治史はそんな単純なものではない。今日の歴史家たちは一八一五年以後のアメリカにおけるイデオロギー的・社会的闘争の深層を再発見しているが——一九四〇年代と一九五〇年代のコンセンサス学派と違って——、このような闘争を南北戦争前の数十年間の現実の政治史と結びつけるには今なお道遠しの感があると考えている。

いま『民衆支配の讃歌』を読み返してみて、これは特定の方法論や特定の学派の一例としてよりもむしろ、アメリカ民主主義の出現というより大きな主題の中の小さな部分に取り組んだ若き日の試みであったように思われる。筆者は今なおそのより大きな主題に思いを巡らせている——、しかしこの問題に関しては今後の著書の中でより多くのことが明らかになることを期待している。ここにあるのは、筆者がかつて第一歩を踏み出したとき、物語全体の中でのこの特定の構成部分をどのようにみていたかである。

一九九一年に日本を訪れた時の日本アメリカ学会と特に立命館大学のトヨ長田の暖かいもてなしに対し、遅ればせながらこの機会に謝辞を申し述べさせていただきたいと思います。とりわけヒデタカ安武と彼の仲間の勤勉・精励とこの困難な翻訳の完成のために尽くされた信義に対して謝意を表します。

プリンストン、二〇〇〇年三月

S. W.

序文

本書は合衆国における資本主義と民主主義に関する歴史学論文を拡充して著書に仕上げたものである。アメリカ独立革命と一八六五年における奴隷解放の成就との間に、この国は一連の深刻な社会変化、とりわけ労働者階級の出現を経験した。当時のニューヨーク市は今日のロワー・マンハッタンの一部にすぎなかったが、そこで起こったこの急激な変化は人々に対しすさまじい猛威をふるった。すでに南北戦争の一〇年以上も前に、労働者階級がこのアメリカのメトロポリスにおいてその存在を確立していたのである。この都市自体の拡大と同様に、ニューヨークにおける労働者階級の増大はこの民主主義的共和国の本質に関する根本的疑問を提起した——そしてこれらの疑問はその後一九世紀を通じて全国で繰り返し問いかけられることになったのである。

時として人々の道徳観が大きな転換を示すことがある、とかつてライオネル・トリリングは書いた。人々のそのような道徳上の修正の営みがジェファソン大統領とジャクソン大統領の時代のニューヨークの歴史の根底を貫いていた。というのも当時のニューヨーカーは生活と労働の新たな緊迫事態《エクスジエンシーズ》に直面して、アメリカという言葉の意味を再定義するに至ったからである。これからの叙述はこれらの修正に関する社会的解釈であり、それらがアメリカの過去に関してわれわれに語りかけているものについての叙述である。

これらの問題に対する私の関心は学部学生の時代にまで遡る。当時私は幸せなことにコロンビア・カレッジの歴史専攻学生であった。いま振り返って、デイヴィッド・ロスマン、ジェームズ・シェントン、リー・ベンソンの指導と絶えざる激励に対し謝辞を述べるのは私の喜びである。オックスフォード大学ベイリオル・カレッジの歴史学のドンたち——特にリチャード・コッブ（現在、ウースター大学）、モーリス・キーン、コリン・ルーカス——の忍耐と熱意に対して謝辞を述べるのもまた私の喜びである。

私が知的に最も恩義を受けたのはデイヴィッド・ブライアン・デイヴィスである。最初からデイヴィス教授は私の研究計画の意義を認め、厳しい批判と新鮮な示唆を与えながらこの計画を支援した。労働者の歴史もまた、大部分が人々の精神活動の歴史でなければならないということを私に確信させてくれたのも他ならぬ彼であった。本書に目を通すと、革命の時代に取り組んできた彼の研究の影響を読み取ることができる。

エール大学における他の私の恩師たちの忠告や助言もまた私にとって計り知れない助けとなった。特にC・ヴァン・ウッドワード、ポール・ジョンソン、ピーター・グレイ、ジョン・メリマンと交した私の研究計画の可能性――とその限界――についての何時間にもわたる会話に感謝している。

プリンストンでは、私は並外れて刺激的な歴史家たちの集まりから利益《プロフィット》を引き出す幸運に恵まれている。デイヴィッド・エイブラハム、ナタリー・ゼノン・デイヴィス、スタンリー・カッツ、アーノ・メイヤー、ジョン・マーリン、ダニエル・ロジャーズ、カール・ショースク、ローレンス・ストーンの友情と私の草稿に対する彼らのコメントには特に感謝している。原稿を書き上げた後になってもまたもう一度、原稿に立ち戻らせてくれた懐疑的な私の大学院生たちにも感謝したい。

ジャイルズ・M・ホワイティング夫人基金、アメリカン・アーツ・アンド・マテリアル・カルチャー研究のためのエール大学センター、西ヨーロッパ研究協議会、人文・社会科学研究に関するプリンストン大学委員会の研究費の援助は、私の研究と著述の完成に大いに役立った。コロンビア大学とエール大学とプリンストン大学の図書館員たちと彼らのスタッフは今日まで何年にもわたって絶えず私を助けてくれた。ニューヨーク歴史協会の図書館員たちと彼らのスタッフ、及び市立文書・記録センターのイディリオ・ペナ・ガルシアと彼のスタッフに対し、両者の仕事場を私の仕事場として使わせていただいたという点で、私は特別の恩義を感じている。

フロレンス・トマスには、博士論文を含めて私のいくつもの原稿のヴァージョンのタイプを打っていただいた。

素稿の段階から精確に、しかも快くこの仕事をしていただいたことが、私にとって強い励ましになった。アンドルー・ベックマン、ダイナ・コペルマン、エリザベス・ファラー、スティーヴン・ジャッフェ、ダアシー・ルボー、ルイス・マスアは、私の研究と校正の最終段階で計り知れない助けとなった。

何人かの友人と同僚が原稿の一部を読んでコメントしてくれた。特にアラン・ドーリー、エリック・フォーナー、ユージン・ジェノヴィーズ、ハーバート・ガットマン、ポール・ジョンソン、ブルース・ローリー、マイクル・メリル、デイヴィッド・モンゴメリーの助力に感謝している。いくつかの章の構想は初期の段階でコロンビア大学労働者階級史セミナー、市立大学大学院センターにおけるガットマン教授のセミナー、ニューヨーク人文科学インスティチュート、さらにペンシルヴェニア大学でのワークショップで厳しく検討していただき、得るところ大であった。私の研究者仲間エリザベス・ブラックマー、ピーター・バックリー、ポール・ジルジは同じ戦場に赴いた兵士のように助けあい、貴重な史料を教えてくれた。フレッド・シーゲル、ポール・バーマンとの対話は、私のテーマと関連する幅広い政治的・文学的諸問題について私に考えさせてくれた。その結果私は、本書の標題と各編の冒頭の銘句《エピグラフ》としてウォルト・ホイットマンの『草の葉』（ボストン、一八六〇年版）の文言を引用することになった。ウォルター・ハギンズには、いわゆる「勤労者」に関する彼が集めた生データを私に送りとどけるという寛大さを示してくださった。このデータがなければ私の研究はずっと貧弱なものになっていたはずである。

何年もの間、アルフレッド・ヤングは本書とその著者にとってのかけがえのない味方であった。私が臆病になった時にも、校正段階での彼の提言があえて冒険するように私を勇気づけた。彼は初期アメリカ労働史に関する卓越した知識を持ち、彼の指摘がなければ見逃したような思想や史料に私の目を向けさせた。

オットー・ソンタッグには完璧な技術と精確さで原稿を整理編集していただいた。レオナ・ケイプレスとオックスフォード大学出版局のスタッフは、私が原稿執筆の再度の遅れの弁明のために電話したり、オフィスを訪れた時にも、つとめて平静を装っていただいた。編集責任者シェルダン・メイヤーもまたそうであった。忍耐強い楽観主義と最高の編集上の規範を示して私を見守っていただいたことに対して心から謝意を表したい。

本書の献辞に名を連ねた人々はジェームズ・ウィレンツと共に、私が最も恩義を受けた人たちである。他のすべてのことは別としても、彼らの知的貢献には計り知れないものがある。私の両親の過去に対する感性と彼らの欺瞞的言辞《カント》に対する嫌悪感が、これまでずっと私の正直な態度を支えてきた。彼らの堅忍不抜な態度は、厳しい時も幸運な時も励ましとなった。私はある冬の日、歴史協会で初めてクリスティン・スタンゼルと遭った。その時以来彼女は、物事を正しく捉えるため彼女のノートと彼女の頭脳と彼女の自由思想への情熱を分かち与えた。その他のことでも彼女には今でもまだ、はっと驚かされることばかりである。

S. W.

ニュージャージー州プリンストンにて

一九八三年一二月

ペーパーバック版へのノート

クロース版の若干の印刷上及びその他の小さな誤記を修正した。私はスタンリー・エンガーマン、ポール・ジルジ、ハーバート・ガットマンの助力に感謝している。特に最後の何カ月の間私の異例の友であり賢師《メンター》でもあったハーブ・ガットマンには特記すべき恩義がある。彼の最近の死によって、他の多くの社会史家と共に私は敬愛するチャンピオンを失った。

私が未見だったものや、『民衆支配の讃歌』が出版に回された時に進行中であったいくつかの立派な研究がある。その中には、リチャード・スコット（Richard B. Scott）の素晴しい博士論文 "The Worker in the Metropolis: New York, 1820–1860" (Ph. D., Cornell University, 1983)、ピーター・バックレー（Peter Buckley）の永年待望の博士論文（近日オックスフォードより公刊）"To the Opera House: Culture and Society in New York City, 1820-1860" (Ph. D., State University of New York at Stony Brook, 1984)、ジョン・アシュワース(John Ashworth)の見事な修正主義的研究 "*Agrarians*" *and* "*Aristocrats*": *Party Political Ideology in the United States, 1837–1846* (London, 1983)、ゲーリー・コンブリス（Gary Comblith）の "From Artisans to Businessmen: Master Mechanics in New England, 1789–1850" (Ph. D., Princeton University, 1983)、セリア・モリス・エクハート（Celia Morris Eckhardt）の *Fanny Wright: A Rebel in America* (Cambridge, Mass., 1984) がある。これらの研究が私の手元にあったならば、私の著書はもっと良くなっていたはずである。これらの研究は、いま一九世紀の社会と文化と政治に関する学界の再解釈の動向がどこに向かっているかを示している。

S. W.

ニュージャージー州プリンストン　一九八五年秋

訳者まえがき

本書はSean Wilentz, *Chants Democratic: New York City & the Rise of the American Working Class, 1788–1850*, Oxford University Pressのペーパーバック版（一九八六年）の邦訳である。著者ショーン・ウィレンツ氏はプリンストン大学のデイトン・ストックトン歴史学教授であり、アメリカ研究プログラムのディレクターの任にある。手元の資料によれば、ウィレンツは日本でも映画『いちご白書』で有名になったコロンビア・カレッジを一九七二年に卒業している。したがって彼はベトナム反戦世代、日本で言えば七〇年安保・「全共闘」世代の歴史家である。その後彼は渡英しオクスフォード大学で学び、帰国後エール大学で一九七五年文学修士、一九七六年哲学修士を得て、一九八〇年に本書の元になる論文で博士号を得た。プリンストン大学助教授就任は一九七九年となっている。

原著は一九八四年に出版されたが、同年アメリカ歴史学会のアルバート・J・ベヴァリッジ賞、翌年アメリカ歴史家協会のフレデリック・ジャクソン・ターナー賞、初期アメリカ共和国史協会の年次出版賞を受賞した。一九九四年以降は自らも投稿する『ニュー・リパブリック』の編集者の役割を担当している。本人はブルックリン出身の反エリート主義者を自任しているが、一世代前のエドワード・ペッセン、デイヴィッド・モンゴメリーのような代表的な労働史家たちが産業労働者を経験した後で復員軍人奨学金を得て研究生活に入ったのと対比すると、父親が古書店主であったこともあり、彼は歴史家として最も恵まれた道を歩んだといってよい。特にニューヨーカーとしての彼の生来のコスモポリタニズム、ヨーロッパ的教養の豊かさ、孤高を恐れずしかも高みから全体を見渡そうとする彼の知的貴族主義は、若き日の英国留学によって磨きあげられたものと見てよかろう。

最近のクリントン弾劾裁判事件はウィレンツに新たな活躍の舞台を提供した。一九九八年一〇月三〇日、弾劾裁判に反対する広告記事が四〇〇人以上の歴史家の署名を得てニューヨーク・タイムズに掲載された。当時存命中のアメリカ歴史学界の重鎮C・ヴァン・ウッドワードの支持を取り付け、ケネディ大統領政権に参画して全世界に名を知られたアーサー・M・シュレシンジャー二世と共にこの署名活動の発起人の役割を買って出たのがこのショーン・ウィレンツであった。それだけではない。この年の一二月八日、彼はクリントン本人をではなく憲法と大統領制度を擁護するため、政府側証人として連邦下院司法委員会で証言した。彼は合衆国憲法の歴史を講じ、弾劾推進派の共和党下院議員たちに対し、学問の名において、もし有罪の確たる信念もなく政治的思惑から弾劾裁判に賛成投票するようなことになれば、「歴史はあなた方を調べ上げ、臆病者と断罪することになる」と諭した。その結果「メディア・サーカス」の中で、「恩着せがましい」「音痴」「尊大」「エリート主義」「プリンストン」「アイビーリーグ、アイビーリーグ、アイビーリーグ」という大合唱が起こった。インターネット情報によればウィレンツ教授はこれに動じず、公聴会は「まったく平穏無事だった」、膨大な史料準備を要する「学部学生相手の授業の方が恐ろしい」と語ったという。今や彼は歴史学界を代表する論客になったようである。

本書の学問的位置づけに関しては、著者本人による序章の中での見事な学説史の総括と日本語版序文を読めば十分である。訳者が駄弁を弄するのは蛇足の恐れなしとしない。ただ二、三の点の指摘だけは許されたい。日本語版序文の中の「市場革命」への言及は訳者の要請に応えたものである。すなわちこれは南部史家にして学界最長老チャールズ・セラーズの大著『市場革命――ジャクソン時代のアメリカ、一八一五年―一八四六年』（一九九一年）の出版とこれを巡る学界動向に対する彼の論評である。一読して「ジャクソン民主主義」の農本主義的側面に強い共感を示すセラーズとの対比は明らかである。

セラーズもウィレンツもともに一部の歴史家からは「マルクス主義史家」のレッテルを貼られている。勿論ご両人がこのような決めつけを容認するとは思えない。ただウィレンツに関してだけ言えば、彼がマルクスの歴史分析の方法を最も深く理解し、これをうまく利用していることは指摘しておくべきであろう。かつて日本史と西洋史の分野で「マニュファクチャー論争」なるものがあった。しかしそれはもっぱら歴史の一側面である産業資本主義発展の担い手の探究という限定された課題設定の下に論じられた。そのためか問題意識の衰退とともに日本でのこの論争は忘れられてしまっている。ウィレンツもまたマルクスのマニュファクチャー分析の手法を活用して、彼のニューヨーク市における労働者階級文化成立史論の土台を築いている。しかし彼の場合、このような土台設定の上に労働者階級文化形成と「中産階級」文化形成とを統一的に把握し、いわばニューヨーク市の「全体史」を展望する高地に達している。この点で訳者は、本書が日本のアメリカ史研究者だけでなく、近代史研究者一般に多くの示唆を与えるものであると確信している。

このような方法論談義は別として、本書の魅力の一つは、中世以来一九世紀初頭のアメリカ合衆国にまで継承されていた職人文化の復元にある。すでに一八世紀の英国で廃れてしまっていたギルド職人のパレードの伝統が、新大陸のブルジョワ共和国で見事に開花していたというのである。これは多くの歴史愛好家の常識を超えるものであり、一つの驚異である。これこそ史書を読む楽しさである。本書では職人労働者だけではなく、高級家具製造業者ダンカン・ファイフ、伝道書出版業者タッパン兄弟、男性ブランド衣料品会社ブルックス・ブラザーズや有名出版社ハーパー・アンド・ブラザーズの創業者のような職人企業家たちもまた欠かすことの出来ない重要人物として登場して来る。これは伝統的意味での労働史の限界を超えており、いわば中世的職人共同体の崩壊の物語であると同時に、民主主義的資本主義文明の創造を巡るニューヨーカーたちを主人公にした対話劇である。

本書の出版は、一九九一年立命館大学で開かれたウィレンツ氏を囲む研究会ですでに話題に上っていた。しかし私がこの出版企画を立案したのは一九九四年、本書の共訳者となる鵜月裕典氏を介して木鐸社の坂口節子氏に紹介されてからのことであった。翻訳は鵜月氏と私の他に森脇由美子氏を加えた共同作業として計画された。序文から第II部までを安武が、第III部および第IV部を鵜月が、第V部からエピローグまでを森脇が、それぞれ担当することになった（後に付録の部分の翻訳は久田由佳子氏に依頼することにし、さらに文献解題だけは紙幅を考慮して削除した）。ウィレンツ氏宛の翻訳計画提案の日付は一九九四年一〇月一八日となっている。この手紙によれば一九九六年一〇月に出版されることになっていた。結局計画より四年以上遅れの出版となった。当然この見通しの甘さの責任は計画立案者が負うべきものである。全国的な大学改革で多忙の中、「業績」の量産を期待されている新進・中堅の森脇・鵜月の両氏にとって、貢献度の割に学界での評価の低いこの種の仕事は多大な負担となった。最小限必要な文体と用語の統一に関しては、全体に目を通した私の判断を尊重させてもらった。苦労も多かったが、少なくとも私に関しては、この仕事によって得たものはさらに大きかったというのが実感である。

最後になったが、われわれの仕事を暖かく見守って頂いた著者と木鐸社の坂口節子氏の両氏に対し厚く感謝の意を表したい。特にわれわれの仕事の遅れにもかかわらず忍耐強く最後までおつきあい頂いた坂口さんには、心からのお礼を申しあげたい。

二〇〇〇年三月三一日

安武秀岳

上巻 目次

下巻目次

序章　ストルンワークのパノラマ　一八一五年

おまえは沢山の言葉を読める、だがそこから何も読み取れぬ
おまえは大統領の教書を読んで、その意味が何にも読みとれぬ
何にも、国務省や財務省の報告書も週刊や日刊の新聞も
あるいは、国勢調査、課税査定、物価調査や在庫勘定も

『民衆支配の讃歌』、三、一七

図版1　ストルンワークのパノラマ，1815年

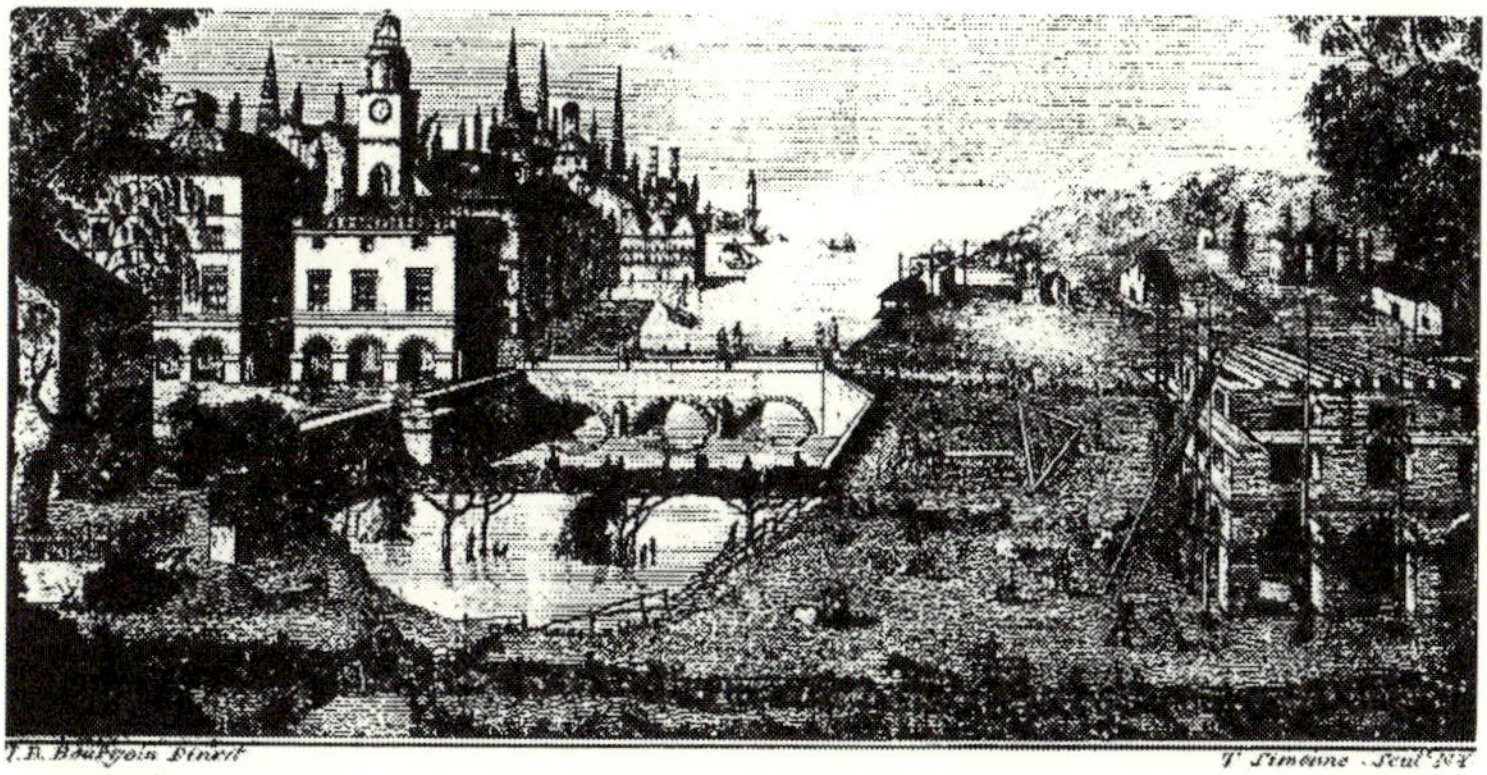

一八一五年、ニューヨークの時計職人ピーター・ストルンワークは海に面した製造業と商業の町のパノラマを自分の店の中に展示した。どうやらこの都市のファンタジーは彼の住むマンハッタンだったようである(図版1)。これはちょっとした文化的イベントであった。歴史的事件のパノラマ（あるいはジオラマ）は、以前からニューヨークではよく知られた客寄せになっていた。しかしストルンワークのパノラマの中では人物が実際に動く仕掛けになっており、このアーティストはそこに当時の発展する都市の日常的喧騒を表現しようとした。これはアメリカで初めての試みであった。後にもう一人の職人《アーティザン》ウォルト・ホイットマンが、この都会の活況の中に自己と民主的な大衆の詩を発見することになる。しかしアメリカ啓蒙主義晩期に働いていた職人ストルンワークはもっと即物的であった。最初の写真家たち（ジオラマ制作者たちがその前にいたのだが）と同じように、彼は精確さにこだわり、可能な限り完璧に都市の生活を再現することに熱中し、個人の最も内密の情景だけを削除した。通りからは窓の反射で細かいところはよく見えないが、ストルンワークの店の奥に誘い込まれた顧客は、そこでその楽しいスペクタクルのすべての部分を見ることができた。それは調和と均衡を保って作動し、（必ずしも神聖ではないが）合理的なデザインの下に作られた包括的な秩序を構成していた(1)。

ストルンワークがこの模型を作った時、彼には明らかに商売上の動機があった。客が店を出るとき立ち止まって自分の作った時計を手にとって見てくれれば、それで十分であった。しかしストルンワークは自分の腕と同業者を誇りにしている献身的な職人《クラフトマン》でもあり、彼の自負心はこの都市の職人たちをパノラマの主人公にしたことにも現れている。デラウェア川を渡るワシントンだとか炎に覆われたヴェスヴィオ山のような普通のジオラマの主題の代わりに、ストルンワークはいろんな技術を駆使して働いている熟練職人を登場させた。今日われわれはこれらのヴィネットの一つを垣間見ることだけしかできない。そこには念入りに建物を組みあげている人々がいる。他の場所では靴職人たちが千枚通しを使い、仕立て職人たちが素早く針を進め、船大工たちは小さなミニチュアのマストを立てている。全体として、ストルンワークは親方、雇われ職人、徒弟からなる手工業者の徒弟職人制度の下で達成された物質的進歩を描いた。皆が仕事着を身にまとい、皆が働き、自分たちの都市とその財産を豊かにし、それまで半ば荒野であったところに文明を創造し、自然の果実の上に自分たちの合理的なデザインを実現しようとしている。もしストルンワークが彼の模型の中で何かを讃美しているとすれば、それはこのような彼の仲間たちと彼らの仕事であった。もしかしたら、この独創的なアイディアを思いついたときすでに、彼は自分が非常に丹念に模写し理想化した労働制度と生活様式が解体し始めているということに気づくことができたかもしれない。しかしそれはおぼろげに感知できるものに過ぎなかった。

ストルンワークの宇宙と彼のパノラマを生みだした精神構造の衰退は、一連の画期的な歴史的転換の一部であった。カール・ポランニーはこの全体を総括して大転換と呼び、他の人々はこれを近代ブルジョワ社会と労働者階級の出現として記述している。(2) 千年以上もの間、都市の手工業はほぼ同じやり方で組織され、異なった生産様式に継続的に適応し、何世代にもわたって親方と徒弟の間で伝承された道具を使う熟練に基礎を置き、限定された市場に適合していた。この徒弟職人制度は初期の商業資本主義時代のイギリスとヨーロッパで存続し、大きな都市のギルドの中で制度化・公認されたものである。マルクスはその仕事場の社会関係が本質的に内包していた二面性を次のように簡潔に記述している——

「親方は実際に生産諸条件、すなわち道具、材料等を所有しており（道具は職人が所有することもありうるが）、従って生産物は親方の所有物となる。この限りにおいて親方は資本家である。しかし彼は資本家であるが故に親方であるのではない。彼は第一に先ずアーティザンであり、だからこそ、そのクラフトの親方であるとみなされるのである。生産過程の内部では彼は自分の雇われ職人と同様にアーティザンとして現われ、彼が先ず徒弟にクラフトの秘伝を教え込む。彼は徒弟に対して、教授が学生に対するのと全く同じ関係にある。それ故彼の徒弟に対する態度は、資本家の態度ではなく、クラフトの親方の態度である(3)」。

イギリスとヨーロッパの最先進地方では、商人資本の介入と資本主義市場の継続的拡大がこの二面性を矛盾に転化した。すなわち一六世紀から一九世紀初期にかけて、商人資本家と親方職人は徐々に生産の社会的関係を再構築し、賃労働を市場の商品と化し、新たな階級関係と階級闘争の基盤を生みだした。アメリカでは植民地支配、奴隷制(及び他の形態の不自由労働)、重商主義的ギルドの弱さ、さらには土地の豊富さがヨーロッパとは異なった経済的基盤を創造した。それにもかかわらずニューイングランドの農村と古くからの北部の沿岸諸都市で、同じような歴史過程が一八世紀末に始まり、加速度的に進行した。プランテイション奴隷制の廃絶だけでなくアメリカの徒弟職人労働制度の解体もまた、一九世紀アメリカ資本主義の目覚ましい勝利であり、労働・市場・人間に関するブルジョワ的理想に合致させるため正規の社会関係を再編成する過程であった(4)。

ストルンワークのその後の運命は、徒弟職人制度の衰退と新たな都市生活の誕生との双方に結びついていた。勿論これまで各々の時代にはそれぞれの大都市が存在し、その時代の社会経済的な諸前提・闘争・利害調整を集中的な形で表現して来た。一九世紀初期から中葉にかけての英国のランカシャ、フランスのリヨン地方、米国のニューイングランド地方の新興の町や都市は、すぐに初期産業資本主義の擁護者とその批判者たちの想像力を捉えた。そこでは資本主義的企業の野心と搾取が、最も明瞭な形で、工場と邸宅と労働者住宅の家並となって現れた。これに劣らず関心を集めたのは——さらにもっと重要だったとも言いうるのだが——、資本主義的メトロポリタン・センターの優越的地位の確立であった。あるものはすでに永い間、政治上の首都あるいは商業都市として卓越した存在であったが、商人資本の利潤が蓄積され、国内・国際経済活動の構造変化につれて、これらの都市はそれまで経験したことのない方向へと急速に変化した。メトロポリスは国内および国際的な金融・通信・商業の新しい諸機関の中枢部となった。通常それらは重要な製造業都市にもなった。貧民の流入と冒険的な企業家の到来によって、それらは新たな自己顕示的な奢侈とむさ苦しい貧困との、両極端の生活様式を抱え込んだ——そしてその中間には、栄華と悲惨との間の明暗のすべての段階が存在した。まさにこれらのメトロポリスにおいてこそ、新たに出現したいわゆる「モダン・ライフ」の讃美とこれに対する不安が最も鋭く意識され表現されたのである。最も影響力のある初期の労働運動は、他に先駆けてこのような中心地においてしっかりと定着した。ロンドンとパリは旧世界のモデル・メトロポリスとなり、ヴァルター・ベンヤミンの言葉を借りれば一九世紀の首都となった。ストルンワークのニューヨークはもはや政治上の首都ではなくなっていたが、この都市もまた一八五〇年までにアメリカのメトロポリスになっていた。(5)

もしわれわれが合衆国の社会史を理解しようとすれば、これらの二つの発展を結びつけること——即ち、出現しつつあるメトロポリスにおける階級関係の歴史と労働者階級出現の歴史とを統一的に記述すること——このことが必須の課題となる。歴史家たちはこの必要をずっと以前から理解していた。六〇年以上も前、ウィリアム・V・トリムブルは歴史研究の要めの地点としてジャクソン時代のニューヨークを特に取り上げた。彼によれば、ニューヨークはアメリカの世論の形成・普及の卓越した中心地であり、この急速に発展していた都市では「大衆化した人口の集中、産業の新しい資本主義的支配、プロレタリアートの出現が緊急の諸問題を提起していた」[(6)]のである。トリムブル以後、ディクソン・ライアン・フォックス、アーサー・シュレシンジャー二世、リチャード・ホフスタッター、リー・ベンソンを含めた何人かの著名な歴史家たちが、建国初期からジャクソン期にかけての時代に関する自己の研究上の結論を、大部分あるいは全面的に、ニューヨーク市における階級と政治に関する彼らの研究から引き出している。しかしながら、ニューヨークの「大転換」に関する十分に満足のいく叙述や解釈を提示した人はまだ誰もいない。したがって、この時代の意義に関する最も影響力のある解釈にはいずれも重要な点で欠陥ないし限界がある。

トリムブル、フォックスのような今世紀初頭の「革新主義者」や（その後のニューディール版革新主義者）シュレシンジャー二世は、問題の本質は政党政治の中にあると考えた。彼らの考えによれば、初期の産業革命とジャクソン民主党の出現がニューヨークとマサチュセッツを中心とした「プロレタリア的」リベラル諸勢力の政治的台頭をもたらし、この諸勢力が保守的な「資本家たち」の逸脱行為を抑制しようとした。革新主義者たちがアメリカ政治の社会史の記述にたゆまず努力したという点では、彼らの貢献は計り知れないものがある。革新主義者たちは社会的な連合と闘争が政治闘争の根底にあるということを理解していたが、不幸なことに彼らは今日から見れば未熟な階級概念を用いていた。社会関係の変化と階級形成の過程、すなわち一九世紀初期における新しい社会関係の出現を検討せずに、彼らは歴史的具体性と説得力のない一連の平板で固定的な社会的範疇（プロレタリア、資本家）でことをすませた。「革新主義者」たちの主張によれば、ニューヨーク及びその他の地域での政党は直接階級的利害を体現していた。すなわちホイッグ党はビジネスの党であり、民主党は農民と労働者、あるいは単純に「人民」の党であった。しかしこのような主張は結局、当時ニューヨークや国内の他の地方における二大政党が新旧のエリート層と彼らの専門職の同盟者、通常は法曹家たちによって指導されていたという単純明白な事実を無視することに帰結した。当時何よりもまず、政党政治の歪んだレンズを通して雇主と労働者を見たため、革新主義者たちは民衆の社会意識についての理解を狭め、事実上それをホイッグ党や民主党の主張と同一視することになった。同時に彼らは政治家たちの最も激しい「階級」的レトリックを、「政治家たち」の社会観や忠誠心の完全で精確な表現として額面通りに受け取った。二〇世紀初頭の「革新主義時代」とその後の最も重要な労働史家たちの研究は、政治史家の研究に直接言及しなかった(両者には紛れもなく親近関係があったけれども)。しかし「プラクティカル」な賃金意識を持つアメリカ的労働組合主義についての彼らの解明は、階級関係と労働者階級の信念や行動についてのさらに突っ込んだ研究の発展を阻害する役割を果たした。(7)

ホフスタッターやベンソンのような「反革新主義者」は、民主・ホイッグ両党のリベラルなイデオロギーとその社会的構成を再検討し、両者の違いよりも類似点の方がはるかに大きかった事実を指摘して革新主義者たちの通説を覆した。とはいえ、一九四〇年代以降一九七〇年代初めまでのアメリカ史家たちも、革新主義者に反論する際、先学の研究上の諸前提のいくつか、とりわけ政党政治への執着と階級を抽象的制度として理解する傾向とを保持し続けていた。反革新主義者たちは階級を富・職業と同一視し、投票行動やあるいは政党政治家の実際の社会哲学(および二、三の「ラディカル」とみなされる小政党の社会哲学)を民衆の意識の主要な指標とみなすことによって、一つの過去を発見した。彼らが発見したこの過去の世界では、政治闘争は民族集団間の、宗派間の、あるいは「社会的ステイタス」間の深刻な分裂を表わしていたが、階級と階級意識は存在しないか、あるいはアメリカ人の企業家的コンセンサスによって埋没させられていた。(8)

「反革新主義者」たちは政党政治と政治文化に対するより現実的な評価の道を切り開いたが、彼らはまたジャクソン時代のニューヨークとアメリカについての多くの研究課題を残した。一九世紀初期のメトロポリスにおける富と権力の顕著な不平等とその増大は、ほとんどの「反革新主義者」たちが認めるよりも、もっと重視する必要があるように思われた。勿論これらの不平等はアメリカ人の基本的なコンセンサスを揺るがすものではなかったとか、あるいは政治家たちが自分たち自身の政治力を転覆させないようなやり方でこれを処理できた、と主張することは依然として可能であった。にもかかわらず、膨大な史料集積の重みが、民族集団問題やコンセンサスが階級対立を抑え込んでしまったという考え方に大きな歪みを生みだしていた。[9]しかも、反革新主義者は一九世紀初期ニューヨークにおける労働急進主義と階級形成、さらには階級闘争の頻発に関する豊富な史料を説明する方法を提供しなかった。一体反革新主義者たちは彼らの「民族文化モデル」でもって、一八二九年における「勤労者《ワーキング・メン》」たち及びその指導者トマス・スキドモアの出現と、その短期間の政治的成功をいかに説明できたのであろうか――このスキドモアは政治革命と財産関係の完全な平等化まで要求していたのである。一八三〇年代中葉、階級的連帯意識の下に民族集団の違いを克服したニューヨークの労働運動、一八三六年と一八五〇年のストライキの波と労働者の反逆、あるいは、この都市の移民に関するロバート・アーンストの卓越した研究の中で検討されている労働者階級の騒擾――これらの現象を彼らは一体理解できたのか。[10]この点で、反革新主義者の試みを最も貫徹させたウォルター・E・ハギンズは、初期の労働史家たちの研究を修正し、当時のラディカルな職人たちを企業家的改革者と規定し、さらに当時の労働運動を狭義の「現実主義的な」労働組合主義の表現として記述して、やっと何とかコンセンサス史学の公式論を堅持した。[11]しかしその後、ジャクソン期ニューヨークの「コモン・マンでない」労働運動指導者たちの思想に関するエドワード・ペッセンによる検討以外には、反革新主義者の主張にとって代われそうな研究はまだ現れていない。[12]

　初期の産業労働者と一九世紀の民主的運動の歴史に関する最近の研究は、われわれが重要な先学の識見を組み込み、なおかつ反革新主義者の主張に対置できるような再解釈へ向けての第一歩を踏み出す助けとなる。[13]これらの研究は「新」社会史、「新」都市史、「文化人類学」的歴史学といった近年の学界における研究分野の不幸な閉鎖的細分化傾向を打破し、アメリカ史家たちの社会発展と社会意識に関する理解の方法を変え始めている。彼らは静態的・道具主義的な経済決定論に頼らずに、階級をダイナミックな社会関係として論じている。すなわち彼らは階級というものを、巨視的にみれば生産関係の変化によって決定されるものではあるが、(民族集団や宗教を含む) 文化的・政治的諸要因によって形成される社会的支配の形態として理解し、経済的利害に関する表層的な論理を用いずに論じているのである。彼らは階級関係が権力と社会関係を規定するという不可避的な事実を当然のことと考える。さらに彼らは、階級関係を生みだすと同時に階級関係から生じて来るところの多くの紛争と利害調整を検討する際に、これらの問題を経済だけでなく文化や政治をも融合した一連の複雑な社会的対抗関係として検討している。要するに彼らは、階級関係の歴史は何らかの「経済的」あるいは社会学的な統計的計算法によって演繹して過去に当てはめることが出来るような代物ではないと主張する。政治であれそれ以外の場であれ、階級関係の歴史が歴史家たちの予断に反するものであったとしても、これを無視すべきではない。階級闘争の歴史は人類の遺産の一部として検討されなければならない。そして実はこの遺産の中で、男も女も自分たちの生まれ育った (あるいは自らの意に反して組み入れられた) 社会関係を理解しようとたゆまず努力し、その中で彼らはパワーを集団的に行使することによって、社会生活のあらゆる局面で社会関係を支えたり、あるいはこれに挑戦したりするのである。このような展望に立てば、この出現しつつあるメトロポリスにおける階級関係の歴史はたちどころに、従来の著述の中で提示された展望あるいはそこに内包されていた展望に立つ場合とは非常に違ったように見えはじめる。この新しい展望を拡大しその一部を修正した上で、このメトロポリスにおける労働者階級形成の歴史を、合衆国の資本主義と民主主義の歴史に関わるより広範なすべての密接な関連事項とともに書き直すこと——この願望が本研究に着手した私の最大の理由である。

出来上がった本書は、一連の相互に関連する中間的射程距離を持つ主題を通じてこの問題に接近している。最初の主題は、当然のことながら、職人仲間《クラフト》の中心的役割である。職人労働者《クラフト・ワーカー》は、しばしば労働史家によって労働者階級のエリート、すなわち都市労働者の貴族階級として取り扱われているが、実際には彼らは一七九〇年代から一九世紀中葉までの間に出現したニューヨークの労働者階級の中心をなしており、高賃金熟練職人から飢餓賃金で生きのびていた下請け労働者に至るまで広範な民衆を含んでいた。事務労働者《クラーク》と非熟練屋外労働者《レーバラー》は多数存在したが、彼らは南北戦争前のメトロポリス男子労働者の中ではまったくのマイノリティであった。非常に特殊な集団である家事使用人を除けば、女性賃金労働者の圧倒的多数もまた職人労働者《クラフト・ワーカー》であった。(14)確かに男子非熟練屋外労働者や波止場人足も自分たち自身で組織を作った。しかし、ラディカルな小生産者たちと一緒になって、最初の知的に言語化された形態の平民的ラディカリズムを生みだし、この時代の最も強力な労働者組織を支配したのは、まさしく（女性を含む）この職人労働者たちであった。他の諸集団も考慮すべきであるが、われわれが一九世紀初期のニューヨークの階級関係における最も劇的な変化を理解するために注目しなければならないのは、この職人労働者と彼らの雇主たちである。

　職人《クラフト》の歴史を解釈することは、われわれの関心を直接に中産階級問題とでも言うべきものへと導く。概して言えば、北部における階級と階級形成に関する近年の最良の研究は、単一の階級の歴史を個別的に検討している。われわれは今や、労働者や小財産所有者や商人資本家たちが、いかにして自分たちの階級的共属意識の中核となるような、ポール・ジョンソンの言う「道徳的義務観念」を鍛えあげたかについて非常に多くのことを知っている。しかし形成途上にあるこれらの諸階級が相互にいかに影響を与えたかについてはほとんど知らない。(15)特に労働者階級を対象とする歴史家たちは、中産階級の雇主たちをあまりにも安易にディッケンズ風の成金のパロディとして描くか、あるいは全く無視してしまっている。同様に彼らは、小財産所有者、特に多様なラディカルな運動や労働者の改革運動の指導を助けた小仕事場経営者や親方職人たちの重要性を分析するという点でほとんど前進していない。(16)ニューヨークの労働者の研究、特に労働者階級の行動と同様にその思想信条をも分析しようとする研究は、これらの人々を除外出来ない。もしニューヨークにも自前の、成り上がり《バウンダービーズ》の俗物や馬子にも衣装族《ヴェニアリングズ》がいたとしても、それでもなお中産階級は敬意を持って研究するに値する。ブライアン・パーマーが鋭く指摘しているように、もし階級と階級形成の歴史が諸階級間の「対決の過程」の歴史だとすれば、対決の諸条件はニューヨークの労働者によってだけでなく、この都市の雇主や独立小生産者たちの理想、抱負、自己正当化、諸活動によっても規定される。[17] 出現しつつある中産階級をこの文脈の中で理解することは、権力と社会変化の緊張関係《ディアレクティク》を理解する第一歩となる。

ニューヨークの初期の工業化に関する経済史はまた、より徹底した評価を必要としている。近年イギリスとヨーロッパ大陸の歴史家たちは、一九世紀の資本主義的成長の複合的で不均等な性格を強調するために、産業革命に関する周知の「リーディング・セクター」総合に挑戦している。以前のようにもっぱら機械化と工場制度の出現と二〇世紀的大量生産形態の前史に対してだけ関心を寄せるというようなことはなくなっている。それに代わって、より広範囲に及ぶ資本主義的転換の過程へと視点が移っている。そして実際この過程こそが、産業組織の多様な形態を生みだし、人間の労働強化を促し、労働節約機械の導入だけでなく苦汗搾取《スウエティング》の蔓延をも促進し、特定の生産部門に深刻な影響を与えたのである。[18] アメリカの都市史家や労働史家たちは、これまでのところ通説の再考という点で遅れをとっている。ここで最も問題となるのは、一九世紀初期のニューヨークの製造業史が、依然として、工場制度へ向かっての一見不可避的にみえる全国的転換の単なる一部分として叙述されている点である。[19] 実際には、その歴史ははるかに複雑で興味深いものであり、私が特にメトロポリス型工業化という言葉を使って表現して来た過程の初期の段階の一例である。一七八〇年代における発端から一八四〇年代までのメトロポリス型工業化についての詳細な検討なしには、この時代のイデオロギーと社会闘争を再解釈する試みが成功する見込みはない。

イデオロギーの問題（形成途上の雇主的信条体系と労働者的信条体系）とこれをいかに復元するかが、とりわけ最も厄介な問題を提起する。一九〇九年、ニューヨークの造船所を扱った歴史家ジョン・H・モリソンは、ニューヨークの一九世紀初期における諸業種の中での労働関係の歴史は史料不足のため十分には記述されていないと報告した。[20] モリソンは史料の少なさを誇張したが、確かにニューヨーク労働史の研究者たちには、近年の南部、ニューイングランド、西部の社会史研究を豊かにしたような日記、家族文書、会計帳簿、叙述史料はほとんど残されていない。私は社会意識を可能な限り幅広く解釈するため、裁判記録、式典演説、当時の印刷物や図画、パレードと祝祭の報告記述の中に残されている他の種類の史料に依拠した。これらの史料、特に演説には、反革新主義者たちが指摘しているように固有の危険が伴う。その多くは通常、政治目的のために労働者や雇主たちの（時には両方の）信頼と支持を獲得するための、彼らに向けられた美辞麗句に満ちた説得という形をとる。その点でこの種の史料はウィリアム・エムプソンの言葉を用いれば「神話」であり、受け入れ易い視覚的効果を与えるために著者たちが多くの偏見や希望や動機を意図的に平板化したものである。[21] これを文字通りに受け取ると、諸々の社会認識や社会関係を明らかにすると同時に、それらを見誤ることにもなる。しかし歴史家たちが折に触れて発見するように、これらの史料の中にも意味がある。そのような「神話」は、究極的には民衆の信条と彼らの思考の枠組みに依存している。いったん定式化されると、それは世界についての人々の理解を規定する役割を果たし、したがってそれはわれわれに社会関係について何事かを語るものにもなるのである。一九世紀初期のアメリカほどこのことが当てはまる所はない。そこでは政治的レトリックとスペクタクルが民衆の強い関心と熱心な討議の対象であった。[22]「神話」が多様な目的のために操作され、異なった人々に異なった意味を持つようになったということは、それだけ神話がそれを聞かされる聴衆にとって実質的で心を掻き立てる意味を持っていたということを確証する。この面で受け取るならば、これらの史料の歴史的な解釈、即ち「神話」がいかに変化し異なった集団によって異なった意味を付与されたかの検討は、古い形態の社会的連帯と社会意識がいかに衰退し、いかに新しいものが生まれたかを理解する助けとなりうる。

そのようなイデオロギーと階級についての研究は、政治文化を取り上げ共和主義の定義の変化を取り扱うことを要求する。考えうるほぼすべての公共の文脈の中で——そして時には私的な文脈においても同様に——本書の主人公たちは自分の考えを説明したり、敵を攻撃したり、味方を弁護したりするために共和国《リパブリック》の文体に頼った。J・G・A・ポコックによって発見されたように、この文体は相互に連結した四つの観念に大きく依存していた。第一に、あらゆる政治社会の究極的目的は、公共の善、すなわちコモンウェルスの維持でなければならない。第二に、コモンウェルスを維持するためには、共和国の市民は徳を実践する能力と意思を持ち、私的目的と公共の善が相克するときには私的目的よりも公共の善のための立法を優先しなければならない。第三に、徳を実践するためには、市民は共同の善を見失わないように、他人の政治的意思に左右されず独立した人格を持たねばならない。第四に、専制君主になろうとする者から共和国を護るため、市民は公民精神を発揮して政治に積極的に参加しなければならない。さらにこれらの概念に、一八世紀のアメリカ人、とりわけ「中間層《ミドリング》の」商人と職人が平等の観念をつけ加えた。このリベラルな考え方からすれば、すべての市民は代議制民主主義の法体系のもとで彼らの自然の公民的および政治的権利を与えられるべきであった。[23]

ニューヨークにおける階級形成の歴史は、この幅広いイデオロギー上の文脈で理解しなければ、全体的に把握することはできない。生産の場における社会関係の深刻な変化に直面して、ニューヨークの庶民はコモンウェルス、徳、独立、公民精神、平等に関して彼らが共有していた理想を再解釈し始め、その言葉の意味そのものをめぐって闘争した。そうする中で、彼らは都市の生産者たちにとっての共和主義の社会的意味をも明らかにした——そしてその意味がいかに変化したかを示した。正統的な共和主義思想は、一つの政治イデオロギーであり、社会と政府を鋭く峻別する世界観であった。そしてこの思想は社会の乱れは政治腐敗に起因するものと見なした。にもかかわらず、この思想は政治の外の社会関係と密接に関連しており、アメリカ人が自分たち自身の生活様式が正しい共和主義秩序に特に貢献すると考えるようになるにつれて、この関連は厳しく吟味されるようになった。独立革命直後からの数十年間、ニューヨークの職人たちは(他の諸都市の仲間と同様に)、仕事場での生産についての自分たちの抱負と結びついた彼ら自身の独特の民主的なアメリカ共和主義イデオロギーの形態を作り上げた。(24) 一八五〇年までに、徒弟職人制度の浸蝕に伴いそれまで共有されていたヴィジョンは事実上崩壊し、それに代わって共和主義政治に関する新たな相互に対立する考え方と、その後これらの考え方を強力に下支えすることになる社会的諸関係が出現していた。この社会的再編成とイデオロギー的転換の過程は、単純でも直線的でもなかった。最も直接的階級対決から、移民排斥運動と移民流入、政治的陰謀、ギャング戦争、その他多くの改革運動に至るまで、このしばしば迷宮を思わせる過程を跡づけることは、一九世紀前半の都市労働者を研究する歴史家にとって、現在なお最大の挑戦すべき課題である。しかしこの過程は共和国のメトロポリスで実際に起こったことであり、このことを説明してみせることは可能なことである。

　実際に現れてきた新しい社会意識の諸形態を何と呼ぶべきかについては、これまで永い間論議されて来た。マルクス主義的あるいはウェーバー主義的伝統の中で今なお支配的な階級意識についての周知の本質論的《エッセンシアリスト》概念に関しては、私は早くからこれを放棄している。この本質論的概念というのは、階級意識という言葉を、プロレタリア大衆が心に抱き、あらゆる重要な公的および私的関心事に関して、とりわけ政治において彼らが表明する資本賃労働関係に対する全面的な（通常、革命的な）批判として定義するものであった。私のみるところでは、問題はそのような抽象概念自体にあるのではない。この概念は夥しい数の歴史上の個別的事項と散在する出来事を整理して検討しなければならない社会史家にとって役に立つ。問題はむしろ、この独特の概念に固執する歴史家たちが、通常、それに支配されてしまい、過去がその理念にいかに近づいたかを見ようとすることにある。その結果、実際に起こったことを認識するまえに、ある概念を使って起こるはずだと推定したことがなぜ起こらなかったかを説明しようとする。歴史家たちは早々と、イギリスやヨーロッパ大陸には存在したと想定されているような理想的な「自覚した階級」は、合衆国ではこれまで存在しなかったということを発見する。このような発見は、過去がなぜ理念に背いたのか、なぜ合衆国では階級意識はこれまで存在しなかったのか（あるいは、ヴェルナー・ゾムバルトが提起したような、なぜ社会主義は存在しなかったのか）を説明しようとする試みを導くのが特徴である[25]。これは見当違いの問題設定である。これは外国の階級意識についてのあまりにも貧しい紋切り型の印象論に基づいており、この国に実際に存在した階級意識を理解しようとするわれわれの試みを遮断し、歴史を「虚偽意識」と「リベラル・コンセンサス」との、鏡の向こうの虚偽の世界へと引きずり込む。アメリカの階級関係の歴史の鏡のこちら側を記述せずに、われわれは通常それを最初から無価値なものとみなして来た。

しかしながらこの古い理念の拒絶は、階級意識の概念を全く放棄したり、それを「平民《プレビアン》」意識とか「人民主義《ポピュリスト》」意識に解体するようには私を向かわせなかった。最近の歴史家や社会学者たちは、そのような区分概念が一九世紀イギリスの多くの民衆運動を理解する助けになると主張している。しかもそれらの運動の中には、学者たちが慣習的に労働者階級の抗議運動に分類しているものもある。本書で検討されている運動の中には、そのような用語で理解しうるものもある。しかし「人民主義的《ポピュリスト》」というレッテルでは、少なくとも部分的には資本主義的労働関係の結果である社会闘争を内包した運動を説明することはできない。「階級的忠誠心」という用語が階級意識にまでは至らない階級的差異の認知を記述するのに一般に用いられているが、これもジャクソン時代のニューヨークで入念に仕上げられた資本主義的賃労働に対する目的意識的批判を十分に包摂するものではない[26]。むしろ一八二九年というニューヨーク職人急進主義の驚異の年から一八五〇年までの間の逆巻く民衆政治の中から、多くの面での意識の変化とそのひずみが生じた。この過程で人々は、その時々に、社会的混乱と共和国の堕落を少なくとも部分的には資本主義的雇主と被雇用者との間の階級的分断という観点から理解するようになった。もっと具体的に言えば、労働者とラディカルたちは、人的財産《パーソナル・プロパティ》の一形態としての労働という観念を、市場の商品としての賃労働という資本家的概念に直接的に対立するものとして入念に作り上げた。この時代にはしばしば、階級についてのこのような意識が「生産的諸階級」の幅広い擁護という形で現れた。そしてこの「生産的諸階級」とは「名誉ある」反資本主義的小親方と賃労働者の混合体を意味していたのである。それだけにとどまらず一八三〇年代中葉や一八五〇年のような特に深刻な危機の時点では、賃金関係に対する批判が通常（しかし、決してそこだけではないが）労働組合運動の中で前面に出てきたのである。

このような観点に立つことによって、すなわち階級意識についての既存の定義を安易に唯一のものとして受け入れることを拒否し、しばしば単一の運動や個々の参加者の心の中にあるいくつかの傾向や態度の共存可能性を認識することによって初めて、われわれは一九世紀初期ニューヨークで続いていた社会的・イデオロギー的緊張状態をよりよく理解できると私は考える。われわれは実際、当時の階級闘争出現の継続的歴史過程に直面する。そこでは雇主を含む様々な集団が、自分たちの経験を理解しそれに基づいて行動するため、既存の「平民」的職人ラディカリズムに依拠し、これを変化させた。この過程はいかなる点においても固定的な戦闘にはならなかった。（多様で変化しつつある形態の）階級意識と労働者ラディカリズムは、無数のそれぞれ異なった環境に依存しながら、出現しては衰退していった。しかしわれわれは全体的に見て、あるパターンを発見することができる。ニューヨーカーは――特にアンドレ＝ジャン・テュデスクが「社会的恐怖」(27)という言葉で的確に表現した短期間の状況が訪れるたびに――自分たちの利害と彼らの考える民主的共和国の利害を護るため、階級の問題と階級的共属意識と階級的忠誠心に立ち返った。私が階級形成の過程を一九世紀初期ニューヨークの中心的な歴史展開として位置づけ記述することが可能であると考えるのは、時の経過の中でのこのような人間関係のパターンにおいてであって、抽象的な社会的類型ないし「集団」の中にではない。

原理上このような研究は、南北戦争前のすべてのニューヨーカーのあらゆる社会生活領域を包摂する。階級関係と階級意識の新たな諸形態が私が信じているような形で生まれたのだとすれば、その新しい諸形態は性別役割分担、性のあり方、家族の再定義、政治活動、子供の生活、居住形態、日常生活の最も卑近なやりとりの中に現れていたはずである。ここではそのような全体史を試みてはいない。ニューヨークに関する最近のすぐれた研究の続出によって、場合によっては資料を省略したり、問題全体を避けて通ることが容易になった。これらの研究は最終的にはこのメトロポリスの歴史を全体的に展望することが可能になることを約束している。(28) より重点的に、主にこれまでよく知られた研究テーマ——特に労働組合指導者、労働急進主義者、及び彼らの敵——に固執することによって、私はこれまで永い間歴史研究の中心的な問題と考えられて来たものに新しい光を当てることを期待している。最近三世代の間、歴史家たちは一九世紀初期ニューヨークにおける階級関係と労働運動の歴史を形を変えて語り継いで来た。もし本書がその歴史をより説得力のある方法で語る助けとなることができれば、その目的を果したことになる。

私は一つの、しかも非常に特異な性格を持つ都市を研究の主題にしているが、アメリカの労働者階級の歴史を再構成するための今日なお継続している試みに貢献することを特に期待している。他のすべての階級から自立し、他のすべての階級に対する怒りを恒久的に持ち続け、業種、地域、人種、性、あるいは民族集団の絶えず変化しつつある障壁を乗り超えた感情の統一によって結びつけられ、決して変化せず、変化させられることもないような単一の階級が南北戦争前の時代に生まれたなどということをここで示唆する意図など、私には毛頭ない。このような階級は、特に南北戦争前には存在しなかった。しかし人間関係の新しい秩序が（そこでだけではないが）主に北部と西部で現れた。この秩序は（重ねてそれだけではないが）主に賃労働の資本への従属を特徴とするものであった。(29)

もっと重要なことは、人々が男も女も、この時代にこのことが起こっていることを理解するようになり、彼らは一八世紀中葉のものとは違った、トムスンのいう新しい「階級的なやり方」で考え行動し始めた(30)。世界的規模での資本主義の発展がこれらの関係の位置づけと構造を絶えず変化させた。しかし階級に関する基本的な緊張関係、諸問題、ディレンマはすべて継続していた。この意味で、いわゆる建国初期からジャクソン期までの時代を合衆国における階級形成の時代として取り扱うのは妥当である。ニューヨーク市における民衆と諸事件はこの過程の中枢部分であった。一七八〇年代からニューヨーク労働者階級が最終的に確固として存在するようになっていた一八五〇年までのこの中枢部分を検討する本書の目的は、小宇宙としての「典型的な」事例の研究ではなく、歴史上の謎の重要な部分を提示し、わが国の他の地域での階級形成に接近する方法を示唆することにある。

構成について最後に一言。論述は年代順に、かつ分析的な叙述として構成した。これが階級形成の過程を一つの過程として記述する便利な形式である。第Ⅰ部職人共和国はしかし、概観的な舞台設定となっている。一七八八年から一八二五年までの時期が静止的で調和的な時代でなかったことは自明である――むしろその逆であった。それにもかかわらず、この時期は来るべき時代の前奏曲として見ると最もよく理解できる時代である。このような理由から、私は幕開きの部分では入念に出来るだけパノラマ風に叙述した。ニューヨークの労働者と雇主とを分断した諸問題と同時に、彼らを相互に結びつけていたいくつかの問題に言及し、職人共和国の初期の危機が社会的な協調と闘争の新たな諸形態へと深まるにつれて現れてくる調和と疑惑の諸問題に論及するためである。さてこれから、われわれは祝祭たけなわの都市から始める。

Ⅰ　職人共和国　一七八八年〜一八二五年

わしは奉公人でもなければ、主人でもない、
高い値段は受け取らん、安い値段で結構——わしは自分の分を貰う、
　わしが気に入るなら誰でも、
わしはお前と対等になり、お前も俺と対等だ。

『民衆支配の讃歌』、Ⅲ、七

第一章 「ハンマーと腕にて」──商業都市の職人たち

一八一五年二月、一隻のスループ船がガン条約調印の最初のニュースを携えてニューヨーク港に入った。ほとんど瞬く間に自然発生的な祝祭が涌き起こって一週間も続き、ニューヨーカーたちは四年間の外交的対決と三年近くの戦争の後、商業復活の期待に胸をふくらませた。中でも最も歓喜したのはこの町の職人たちであった。夕方、親方と雇われ職人と徒弟たちは店を自分たちの最もできの良い製品で飾り、街中を練り歩いた。彼らの歩く通りには影絵が灯され、その影絵の中では「平和、職人の友」、「ハンマーと腕にてすべての技は立つ」という標語の上に豊饒の山羊の角《コルヌコピア》から一〇ドルと一ドルの金貨がざくざくと溢れ出し、日焼けした腕が木槌を振り上げていた。明け方やっと彼らはふらつきながら店に帰り、もう一度愛国の乾杯をやり始めた。歓喜したワークマイスターと名乗る職人詩人(1)は、そのムードを「仕事は終り《オーバー》、平和は親方《マスター》／いまや仲間の絆はさらに固し《ファスター》」という語呂あわせでうまく捉えた。

これは同業者仲間の晴れ舞台であり、市民＝クラフトマンの晴れ姿であった。彼らは自分たちの紋章と皮エプロンとによって自己顕示し、自分たちの技術と製品に対する強い自負心によって団結を示した――彼らが自己規定したこの社会的身分は、ジャーナリストたちの言うこの商業都市の「虚飾のない正直な庶民《ザ・プレイン・オネスト・メン》」を包含していた。(2) すべての職人が、雇主も雇われ職人も共に喝采したのは当然であった。商人や船長たちの自由な航行の再開は、地元の最下層の職人にとっても多くの仕事と高賃金を期待させるものであった。お祭気分に沸き上がる職人たちの自己表現と、彼らの仕事場と居住地区における現実の諸条件との間のギャップに不安を覚える者は誰もいないように思われた。戦前に仕事場を襲い、ビジネスの復活とともに再来することになるストライキについて語る者は誰もいなかった。少なくともこの祝いの真っ只中では、国とクラフトと商業的繁栄への職人たちの献身が、昔のことも先のことも忘れさせた。

こうしてニューヨークの職人たちは平和を祝った。しかしこの平和がその後職人共和国《アーティザン・リパブリック》の崩壊をもたらすことになる。ではこの都市の同業者仲間の社会的諸条件と社会的諸関係の、一体何が変化しつつあったのか。そしてなぜ、この夜毎の祝祭の時、クラフトと仕事場の経済的・道徳的世界が崩壊し始めていたのか。

流動化したクラフト

ジェファソンの出航禁止令と一八一二年戦争は、ニューヨークの他のアメリカ商業都市に対する覇権確立過程における、不幸な幕間劇であった。(3) 一七八八年、マンハッタンは大西洋砂糖航路沿いのいくつかの重要な寄港地の一つにすぎず、新しい国家の首都として選ばれるに相応しい規模と威信を持った都市ではあったが、まだ商業メトロポリスからはほど遠かった。一七七六年と一七七八年の大火後放置された廃墟は、独立革命中手を加えられず、黒焦げのままイギリス軍占領の名残をとどめていた。商人サミュエル・ブレックは、一七八〇年代末フランスから帰還した時、この町が「放置された場所となり、建物は大半が木造で、極度の衰退と崩壊状態にある」のを見た。[4] 一〇年後、連邦政府は都市の群衆からは安全ではあるが、伝染病の多いポトマック河畔へ遷都していた。しかしその間、ニューヨークは沿岸貿易都市の中で最も繁盛している都市として浮上した。次の四分の一世紀の間に、この心地好い地方的な港町は商業中心地となり、国際的に卓越した金融市場となった。ニューヨーク商人は以前から世界最高の港と後背地への素晴しい水路に恵まれていたが、沿岸商業に対する支配力を確保し、マンハッタンをイギリス向け輸出入の最大の貨物集産地として確立した。輸入品の競売制度や大西洋定期郵便船サーヴィスの早期導入が、イギリス資本の利用機会を拡げ、主要な競争相手のフィラデルフィアとボルティモアに対するこの都市の優位を強めた。一九世紀初期の運輸革命は——一八二五年のエリー運河完成によって拍車をかけられ——大西洋から隔たったアメリカ内陸市場向け商業に対するニューヨークの掌握力を強固にした。新しく整備された銀行・信用機関、保険会社、仲買業者、及び株式市場がマンハッタン島先端地区を、ある著者の言葉を借りれば、当時の「ビジネス革命」の中心地たらしめた。[5] ニューヨークは外国人旅行者の必見の地となった。彼らはこの都市の活況を呈している街路、商人たちのレンガ造りの家並、林立するマストに驚嘆した。洞察力のある人は、この都市の成長が商人・金融業者にとって何を意味するかに注目した。今後は、とある人は一八二二年に書いた、「木が一本切り倒されるごとに、それは必然的にニューヨークの貿易と富を増大するのに役立つことになる」。[6]

繁栄とともに人口が増加し、この都市の後背地の農村からの移住者、放浪者、さらにイギリスとアイルランドからの小さな移民の波がやって来た。最初の拡大のラッシュ時、一七九〇年と一八〇〇年の間に、国勢調査報告によると住民数は八〇%増加した。一八〇五年にニューヨークは全国最大の都市になっていた。二〇年後、出航禁止令、戦争、数度に及ぶ黄熱病の突発にもかかわらず、人口統計はさらにほとんど三倍、一六万人以上になった。この都市の物理的成長は目を見張るものがあった。慢性的な住宅不足を解消することはできなかったが、北部へ向けて伸びる新しい建築と既存の建物の細分割は、最も企業心に富むニューヨーカーの予測をも超えるものであった。一八〇三年、市の役人が都市のはずれに新築の大理石の市庁舎を設計企画した時、「あまり人目に触れそうになかったので」裏の北壁に赤い砂岩を使用させた。一八二五年までに、ハドソン川とイーストリバーとの間にぎっしり家屋が建てられている地域の北限は、一四丁目にまで達していた――これは市庁舎の北二マイルにも達しようとしていた(7)(下巻付録地図1)。

この急激な発展は金持ちと貧乏人との従来のコントラストをいっそう際立たせた。一七九〇年から一八二五年までの間に、ニューヨークの一人当たりの富の総額はほぼ六〇%上昇した。しかし富の分配はますます不平等になり、独立革命前すでに明らかになっていた貧富の隔たりを拡げた。一八二〇年代末までに、住民のわずか四%の人々がこの都市の非法人財産の半分を所有していた(8)。地域社会の頂点にはコスモポリタン的商業エリートが占拠し、彼らは古くからのニッカーボッカーズや、ニューイングランドから移住してきた人々や、例外的に立身出世した移民のジョン・ジエイコブ・アスターのようなにわか成金によって構成されていた。ニューヨークの商人や金融業者は、後背地域と南部と西部の市場を攻撃的に追求し、信用の利用に新機軸を用い、しばしば贅を尽くして財産を自己顕示した(アスターこそこの生活スタイルの範例であった。彼の名前そのものが金塊のように鳴り響く、とハーマン・メルヴィルが後に書いた)。彼らは都市の資本家的富に由来する最も自己顕示的で活力あるアメリカ版貴族階級を形成した。ブロードウェイ沿いと市の南部地域の金持ち居住街区に集住し、彼らはお互いに食事に招待し、相互に姻戚関係を結んだ。彼らはまたこの都市の慈善団体や文化団体のネットワークを指揮し、市政府をも支配した(9)。

もう一つの極には労働貧民がいた――国内移住者と移民、船員、自由黒人、日雇労働者、寡婦、孤児、流れ者。このような境遇のニューヨーカーが何人いたか、誰も確かなことは分からなかった。しかし彼らは明らかに多数存在し、さらに増大しつつあった。一七九〇年代中頃、ほぼ六〇〇人の貧民がこの都市の救貧院に収容されていた。

一八一七年には収容者の数はほぼ三倍になったが、この都市の人口の約七分の一にあたる一五、〇〇〇人以上のものが何らかの公的あるいは私的慈善救済を要求していた。[10] この都市の肉体労働者の最も恵まれた者は波止場の近くで仕事を見つけた。二輪荷馬車曳き、荷車曳き、貸し馬車馭者のような職種の営業免許状をうまく手に入れることができた者は最も幸運な人々であった。これらは卑しい荒っぽい仕事ではあったが、本職の金になる仕事であった。[11] 他の何千何万もの人々は明日の見込みもない生活をしていた。一八二五年までに市の地理的中心地と郊外区にある雑居地区は、すでに荒廃したスラムと化しており、そこではキリスト教徒の貧乏人のために働く最も勇気ある宣教師たちでさえ戦々恐々として歩いた。第四区のバンカー通りに沿って、貧しい黒人が崩壊した家屋の中でひしめきあって住んでおり、ここでの過密による貧しい衛生状態は周期的な疫病や熱病の突発を招いた。東部の船員の盛り場コーリアーズ・ホックは下層階級の天国であり、小さな店とバーと下宿屋とミニ・アパートの雑居地区であった。新しい市庁舎からわずか二、三ブロック離れたファイヴ・ポイント地区は、もとのコレクト・ポンドの埋め立て地にやっつけ仕事で家が建てられていたが、それらの最初の所有者の職人たちが放棄した後は朽ち始め、臭気ふんぷんたる羽目板家屋の居住地区になった。ほとんどの紳士や旅行者たちはこれらの地域へは足を踏み入れなかった。しかし彼らもイギリス人ジョン・ランバートの言うところの「純粋の共和主義的平等」など存在しないということは否定できなかった。彼らはまた、貧民中の最低の貧民を避けることもできなかった。貧民はこの町のいたるところで見られ、ごみ箱あさり、呼び売り、街路掃除人、木片拾い(子供の仕事)、お針子、売春婦として商業都市経済のスクラップによって何とか生活していた。[12]

この二つの社会的両極端の間には(実際には両者と重複してもいたのだが)、ニューヨーク最大の労働住民集団である親方職人と彼らの雇われ職人たちがいた。[13] 世紀転換期のずっと前から、ニューヨークの職人たちはイギリス職人の最高の技量にもまさる製品を生産することで名声を博していた。イギリスの同業者と同様、彼らもまたこの商業資本家都市ではまだ明らかに脇役的な権力しか持っていなかった。[14] 一八一五年には、この都市の最も富裕な人々の中のほんの一部分だけが職人業種と直接的な関係を持っていたにすぎず(下巻付録表1)、この状況は一八二〇年代以後も続いた。[15] 彼らの技術は単純肉体労働者と貧民から彼らを分け隔てるものであったが、親方と雇われ職人を合わせた職人《アーティザン》の過半数はほとんどあるいは全く課税財産を持っていなかった(下巻付録表2)。このクラフト経済は仕立て業・靴製造のような軽消費財生産クラフトから砂糖精製のような重工業的な地場産業に至るまで多種多様な職業の集まりであった。事実上、すべてが港の成功に直接・間接に依存していた。[16]

この都市の商人資本家と比較して、これらの職人たちは昔風のクラフトの生産と市場の世界に結びついており、あるニューヨーカーの目には、前世紀の遺物のように思われた。一八二〇年代を通じて、職人の店の大半は極めて小さかった。雇われ製本職人ジョン・ブラッドフォードが一八一五年に書いた典型的な製本仕事場についての風変わりな記述には、三、四個の燭台があり、同数の労働者がいたが、これがおおよそ、ニューヨークの主要な業種の標準的規模であったとみなしてよい。[17] 職人たちの広告と彼らが自分たちの価格表に列挙した仕事の大半は、彼らの仕事のほとんどが特定の注文に応ずるものであり、略式の直接信用販売に基づいていたことを物語っている。徒弟奉公は一八二〇年にはまだ標準的慣行であった。当時雇主たちは六、〇〇〇人から八、〇〇〇人の徒弟少年が地元の生産者たちに奉公していると推定した。建築業以外のすべてのクラフトの雇われ職人が、少なくとも原則的には、基準価格表あるいは「公正」価格リストに従って賃金を支払われていた――これは職人の賃労働が市場の商品として、即ち需要と供給という非人格的諸法則に服従する労働力として、まだ完全には理解されていなかったことを示す証拠である。生産と流通に関するほとんどの都市規制は一七八八年より前に廃棄されていたが、パンの価格規制は一八二一年までまだ施行されていた。肉屋と公設市場に対する当局の管理は一八二〇年代以降もずっと存続した。少なくとも親方職人たちは「コムピテンス」(すなわち、ゆとりのある質素な独立した生活を営めるだけの資産)より多くを稼ごうとは思っていないと主張した。職人稼業の生活規範の要点は、一八〇五年に石工への献辞としてこの都市の人名録に掲載された詩の一節に公言されており、これは出現しつつある一九世紀のメトロポリスだけでなく一七世紀の農村でも通用するものであった。

――俺は借金は払う
　俺は人のものは盗まん、人を破滅させん
大金持ちの仲間に入れてもらうためにも
　あるいは女郎買いのためにも、俺は仲間は裏切らん
そいつの幸運を横取りするなんて、俺は胡麻はすらん
　上で威張る馬鹿もんには、俺は打ちのめさん
俺より下の哀れな奴を

物々交換は各業種が交差する場面で小商品交換と並んで存続していた。一八一二年にはまだ、建築小親方が現金ではなくて、七面鳥や金時計に換算しての支払で勘定を締めることもあった(18)。

いくつかの要因が重なり合って、これ以上の大きな産業基盤の拡大はほとんどありえないように思われた。制御の容易な水力の欠如のため、マンハッタン島は、ニューイングランド地方やデラウェア川流域の初期の工業化に資金を投じて大繊維産業企業家になったような類の人々には、ほとんど利益になるようなものを提供しなかった。さらに商業施設の急速な発展と居住空間の不足によって惹起された不動産コストの高騰が、都市内における工場や大きな中核仕事場《セントラル・ショップ》の建設を妨げた。すべての生産部門の中の最も熱心なクラフト企業家志望者ですら、海運、運輸投機、海上保険、あるいは土地投機以外の企業活動のための投下資本を確保するのには大きな障害に直面した。ほとんどのニューヨークの銀行では、と『イヴニング・ポスト』紙は一八〇四年に述べた、「勤勉な職人の融資申込みは

無礼な応対を受け、軽蔑され拒絶される」。一八二七年になってもまだ、商人ジョン・ディックスは、夥しい数のクラフトの存在にもかかわらず、ニューヨークは永久に「純粋に貿易都市」に留まる、とそっけなく断定した。(19)

依然としてディックスの判断にはそれなりの根拠があり、しかも徒弟職人的労働制度はクラフト経済の中の大きな諸部門で根強く存続していたが、重要な変化が建国初期の仕事場で展開しつつあった。重工業的クラフト産業——皮なめし業、造船業、砂糖精製業の何人かの企業家たちが、地元商人資本の増殖と地元市場の成長に助けられてニューヨークでの経営を拡大した。他の企業家たちは、とりわけ完成消費財生産、建設、および印刷の業種では、生産と交換の一九世紀的資本主義の世界によりいっそう決定的に入り込んだ。早くも一七五〇年代に、完成消費財業種の親方や建築業者たちは古い商業的顧客ネットワークから自らを解放し、彼ら自身の市場を開拓し始めていた。一八世紀の第三・四半期における奴隷制と年季奉公人制度の衰退は自由賃労働のもとでの新しい市場を育成した。一七九〇年代までに消費財業種の二、三の親方たちは、自分たちの生産の大半を、地元の小売商人や地域圏市場、あるいは南部沿岸商業への供給へと振り向けた。一八〇〇年以後、北部と西部への運輸網の改善は、軽消費財の大規模生産によって利潤を上げることを可能にした。この都市の急速な人口増加が、労働力予備軍を提供し、家屋建築、靴生産、仕立て業における、新しい高度に競争的な地元市場を育成する需要を拡大した。印刷物と新聞に対する商人の需要は全国の印刷工をニューヨークに引き寄せた。一八二〇年代までに貨幣市場は、依然として大部分、商人的投機業者のたまり場にすぎなかったが、商業発展の加速化によって最も刺激を受けたクラフト企業家に徐々に門戸を開き始めていた。このような展開は、この港の目もくらむばかりの拡大によってかすんで見えたが、この都市の最大で最も重要な諸手工業における新しい企業システムのための道を整えた。すでに一八二五年までに、このシステムによって、新しい形態の賃労働と流通が、既存の職人の慣行にとって代り始めていた。(20)

この都市の最初の小さなマニュファクトリー（工場制手工業）の出現は、クラフト生産の規模と生産関係の変化の兆候を示唆していた。一八二〇年の断片的な国勢調査資料によって最大の諸企業を拾って見ると、二六人以上雇っている一二の企業と、一〇人以上雇っている三五の企業を確認でき、これらは圧倒的に建築業と完成消費財生産の業種に集中している。この数字はその後の基準から見ればとても大企業などとはいえないが、当時のアメリカ都市にとってみれば驚異的な状況を示していた。これらのうちのいくつかは後の工場の原型となったが、その大部分は文字通りのマニュファクトリーであり、大量の軽消費財を手で生産するため、二、三人の少年や女と一緒に五人から一〇人の熟練労働者を集めた拡大仕事場であった。ニューヨークにおける工業発展に対する制約条件のため、通常の都市クラフト製品以外の物を生産する者はほとんどいなかった（この国勢調査には綿織物企業はわずか一企業しか現れていない）。わずか三分の一の企業だけが簡単な旋盤や伝統的な手工業の道具よりも複雑な機械を使用していた。ほぼすべてが非法人企業であり、単独の親方あるいは普通のパートナーシップによって経営されていた。しかし、（南部商業向けの大手供給者）アイザック・マイナードの靴マニュファクトリーや（地元や地域圏の市場と結びついた）W・ベントンの長・短靴製造所は、ささやかではあったが、分業化されたクラフト労働のよりいっそうの集中と、半熟練工の使用の増大へ向けての転換を告知していた──これは通説的な意味での古典的な工業化過程に向けての第一歩であった(21)。ニューヨークにおける未来の発展についてより多くを語り、より多くを予示していたのは、もっと小さな仕事場における経営技術革新であった。ほぼ一七九〇年から一八二五年までの間に、ニューヨークの商人仕立て業者の小さな集団が、移民の旅商人ジェームズ・チェスターマンによる時機を得た指導を受け、安価なイギリス製品を自分たちの調達商品の中に加えた。地元で調達されるできの悪い「安物」船員服製造に携わるかつての端物業者が、一八二〇年までに輸入業者に挑戦し、南部市場向けの安価な既成服と奴隷の衣服の生産に向けて拡張し始めた。親方仕立て工たちは競争の中で消耗しながら、新しくやって来た外部労働《アウトワーク》雇われ職人や貧しい女たちに自分の仕事のますます多くの部分を下請けに出した。この女たちは男に支払われるものの二五から五〇

%の賃金で自分の住居で働いた。マサチュセッツ州リンや他のニューイングランドのタウンからニューヨークに入ってくる靴の洪水に驚いた靴工たちは自分たちの皮革の品質に金を出し惜しみ（ある雇われ職人が「不良素材」と悪口を言うような物を使い）、彼らの仕事部屋を徒弟労働で溢れさせ、外部労働雇われ職人を雇い、縫つけ工として働く女と少女を見つけだし、こうして南部向けの安価な靴を出荷した。家具製造工は、下請けに頼るのは他の業種より遅れたが、彼らの仕事を最も単純な工程に分割し、正規の賃金基準で支払わずにすむように出来高歩合賃金を切り下げた。印刷工は商人の注文に対する安値受注の悪循環に陥り、正規の雇われ職人によって「半人前」として非難された若者や少年の低賃金労働に頼り始めた。不動産投機業者たちは熟練・半熟練の建設労働者を雇い監督するために企業家請負人に頼った。(22) 経験を積んだ雇われ職人は彼らを「名前だけの建築親方」として馬鹿にしていた。

マンハッタンの予備労働力の増加を利用した小仕事場生産構造の再編成は、マニュファクトリーの出現以上に、メトロポリスに固有な形態の工業化の開始を画するものであった。それは単純な革命でも突然の革命でもなかった。主に地元の居住地域の市場と結びついていた業種、とりわけパン屋と肉屋はほとんど変化しなかった。奢侈品業種や容易に細分化できない船大工や樽製造のようなクラフトは徒弟職人制度を維持した。完成消費財クラフトでも、かなりの部分が注文生産あるいは地元の顧客との結びつきを保ち続けた。このような仕事場は伝統的なクラフトのしきたりを維持した。ニューヨークの諸業種の中で起った最も厳しい変化でさえも、ニューイングランドの初期の工業タウンやフィラデルフィアで起こったことに較べれば、それほど劇的ではなかった。にもかかわらず、特に完成消費財生産と建築業と印刷業で働いていた職人たちの間では、悲喜こもごもの結果を生み出す原因が存在した——しかも彼らの数はこの都市の親方全体の四分の一から三分の一、雇われ職人の半分から四分の三を占めていたのである。(23)

いくつかの問題は貿易量増大の加速化に直接起因し、最も技術革新に積極的な企業家だけでなく伝統的な職人にも影響を及ぼした。ニューヨークは大西洋海運の大中心地となったので、地元の軽消費財生産者と並んで、奢侈品業種の親方、皮なめし工、重金属業者たちも関税表を注意深く監視した。関税引き上げを求める煽動は一七八〇年代に始まり、一八二〇年代初期まで続いた。この都市の経済が国際的な交易関係にますます敏感になるにつれて、そしてまた企業家的親方たちが自分たちのビジネスを再組織し、彼らの周辺地域の市場を拡大しようと試みるにつれて、一八世紀の職人稼業の難題であった信用は切迫した問題となった。(24)

しかし最も急速に変化しつつある業種で、特別の難問題として出現したのは労働問題であった──つまりそれは生産関係の変化と賃金支払そのものの意味に関する問題であった。徒弟制度の変化は古い職人的労働関係の衰退を劇的に表現していた。すでに一八二〇年代までに、何人かのクラフトの年長者や憂慮した親方職人たちは、徒弟制度はほとんどの業種で存続しているが、この都市の主要な業種においては、徒弟修業中の少年の日常生活が署名された契約書の取決に合致していることはほとんどない、と不満を述べた。報道によれば、仕立て工や靴工の親方たちは、徒弟たちに雇われ職人の仕事のうちの単純なことだけしか教えず、その少年たちを助手として使っていた。印刷親方は半分しか修業を積んでいない徒弟たちを彼らの名義上の親方たちから誘惑し、雇われ職人の代わりに使っていたので特に評判が悪かった。諸業種全体を通じて、雇主たちは住まいと食事と教育に対する自分たちの慣習的義務を少年たちの親への現金支払に変え、このシステムを都市の極貧家族出身の少年たちのための美化された少年賃金労働形態に転換した。一八二〇年までには弁の立つ徒弟が、「われわれの道徳的・知的教育に関する家父長的な監督・保護や監視が、徒弟修業の現実と合致することはほとんどない」と公言しても、特に叱責や強い反発を買う恐れはなくなっていた。(25)

徒弟制度の変化と関係しているが、それよりももっと重要なことは、雇主が新しい競争的な市場に適応しようとしていた業種における親方と雇われ職人との間の人間関係の変化である。労働の分業はこれらの変化の最も可視的な兆候にすぎない。技術の希釈化を通りこして、親方たちはいくつかの「名誉ある」業種においてさえ、仕事場での自分の役割を放棄し職長や請負人に委ね始めた。他の親方たちは古くからの「公正な」賃金取決を回避ないし無視し、可能な場合には最も安く使える労働者を雇った——必要とあらば労働貧民の女や子供をも雇った。このような環境の下では、親方も雇われ職人も生産過程には職人《アーティザン》としては現れなかった。慣行や「公正」ではなく、市場価格に基づく賃金だけが彼らの間の唯一の絆であった。[26]

一体このような事態が何を意味するかを熟慮し、馬車製造工エイブラハム・クイックは一八二〇年にクラフトは新しいクラフト企業家の奴隷になりつつあると考えた。そしてクイックは、彼らはしばしば「自分たち自身の評判など無頓着で、自分たちの債権者たちに対する敬意も払わず」、できるだけ安く商品を生産し、「それらを現金化するためにはどんな言い値でも」販売する連中だと見ていた。クイック自身は、当時事実上、注文生産以外にはありようのない業種のれっきとした親方であり、したがって仕立て工や靴工や家具製造工ほど将来を恐れる理由はなかった。しかし彼は資本主義的労働、コスト切り下げ、新しい値下げ商品市場の創造を、「職人ビジネスに対する破壊的な影響を与え、正直な勤勉の死滅をもたらすもの」と見なした。

倹約《エコノミー》は、他のすべての極端なやり過ぎと同様、社会の働く人々にとっての害悪となっている——すなわち、われわれのマニュファクトリーを支えるという点で、最も精力的で愛国的に振る舞っている人々こそが、職人に対して、ただ生きていくだけに必要な出費のみを支払い、それ以上の公正で正直な賃金を支払うことを拒み、立派で真面目な仕事を奨励することに最も反対しているのである。このことはすべて自分たちの雇主を正当に評価し、職人としての自己の信望を大切にしたいと思っている人々の士気を著しく挫くことになっている。[27]

これらは、勿論、市場と勤勉と正義についての今やますます失われつつある古風な観念で育った職人の一方的な判断である。彼らは一八世紀の職人生産の好ましからざる側面──すなわち、奴隷や年季奉公人の一時的使用、クラフト経済だけでなく仕事場をも支配していた敬意恭順を伴う上下関係の網の目、独立の生産者大衆の出世の機会の乏しさ──から目を逸らしていた。すべてのクラフトの雇主がクイックに同意していたわけではない。少なくともクイックが軽蔑したシステムを推進していたすべての企業家たちはそうではなかった。しかしクイックの言葉を単なるポーズとして受け取るべきではない。少なくともその言葉は、一七八八年にはまだ始まったばかりの資本主義的な経営革新が一八二〇年までに十分に進行し、馬車製造業者にまでも不安を覚えさせるようになったことを示している。さらにこの言葉は職人たちの中には、この転換を企業を起こす機会としてではなく、災難として経験していた者もいたということにわれわれの注意を喚起する。

クイックと同様、他のニューヨークの職人たちも、楽観主義と恐れを感じる度合はそれぞれ異なっていたが、一九世紀の最初の何十年間の変化を理解しようと努力していた。いくつかのクラフトにおける新しい階級分断がこれまで当然のことと考えられていた「正直な勤勉」に基づく仲間の団結心を打ち砕きつつあるという指摘が、早くも、彼らのそれぞれ異なった経験や抱負から生まれていた。

企業家たち

ニューヨークの親方職人《マスター・クラフトメン》たちは、原理上、その日常の呼び名が示しているように、自己の技術とビジネスへの目配りによってそれぞれのクラフトをマスターし、独立の地位を獲得した人々として彼らの業種の指導的地位に立っていた。全体としてみれば、彼らはそれまで港の拡大とともに繁栄していたように見える。一八一六年のニューヨークの陪審員名簿から抽出したサンプルによれば、親方の半数以上が自分の家か仕事場を所有していた（下巻付録表4）。査定された者の全課税資産の中央値は、（目を見張るほどではないにしても）三、二〇〇ドルという相当の金額であった。[28] 親方たちのほぼ三分の一が——クラフトによってはそれ以上の者が——チェンバー・ストリートの南の南の排他的な居住地区に商人たちと一緒に住んでいた(下巻付録表4)。よく知られている一九世紀初期のアメリカ都市住民の地理的流動性を考えると、彼らは著しく定着的な集団を形成しており、ほぼ半数が一〇年間この都市にとどまり、約六人に一人が同一の居所に住んでいた。[29] しかし注意深く見ると、親方の間にも重要な相違があることがわかる(下巻付録表5)。最も大きなクラフトの中には、親方の三分の一から三分の二が課税資産を五〇〇ドル未満しか所有していないクラフトもある。サンプルの中のほんの一握りのもの——全体の四・八%——が彼らの動産・不動産含めた全評価資産の三九・一%を所有していた。集団としてみれば、親方たちは彼らの同業者仲間の指導者であったと言ってよい。しかし一八一五年までに、親方たちはクラフト企業家からなる新たに出現しつつあるエリートによって支配されるようになっており、このエリートの数はこの都市の全親方のざっと五分の一であった。

クラフト企業家たちは決してニューヨーカーの中での最も裕福な人々ではなかった。最も金持ちの親方でさえ、最も金持ちの商人に較べればはるかに少額の資本しか運用できなかった。しかし彼らは普通のニューヨークの職人たちと違って、堅実で快適な生活様式を確立していた。彼らの大多数は修業を積んだ職人ではあったが、中には機敏に市場と信用を開拓し拡大することによって、三箇所の仕事場と何十人もの雇われ職人を使って経営する者もいた。彼らの家具は普通の松ではなくマホガニー製であった。金縁の鏡、銀のナイフ、陶磁器のような贅沢品が彼らの家庭に彩りを添えた。恐らくほとんどが少なくとも一人の家事使用人を抱えていた。ニューヨーク州において奴隷解放が最終的に完了した一八二七年以前には、ごく少数ではあるが奴隷を所有している者もいた。ジョン・ジェイコブ・アスターや彼の仲間のように、不動産その他に大規模に投機を行っていた者はいなかったが、自分たちの仕事場から手を拡げ、土地や銀行業や保険業にまで投資する者もいた。[30]

家具職人ダンカン・ファイフは、アスターの「ぼろ着から大富豪」への商業的出世物語の職人版のような経歴を持ち、注文生産と遠距離出荷用消費財生産で成功した親方の典型であった。ファイフは最初一七九二年にニューヨークで店を持ち、その時見事な腕前はあったが、ほとんど縁故を持たない金無しのスコットランド人であった。彼の製品を自分の友人に勧めてくれたアスターの娘との偶然の出合いがなければ、彼は店を閉めなければならなくなっていたかも知れない。一八一五年までに、彼は自分と雇われ職人の労働によって稼いだ金で、マンハッタンとブルックリンに三つの店と広大な不動産を手に入れていた。独特のファイフ・リージェンシー・スタイルの家具は、東部海岸全域の地方名士の家庭で見られた。このことは彼の名声を証明すると同時に、高級品のための大西洋沿岸市場を開拓し、遠隔地の顧客に信用を拡大するという点での彼の先見性をも示していた。最終的には最も繁盛していた時に、ファイフの店は一〇〇人もの雇われ職人を雇用するようになる。この親方はその物静かなカルヴァン主義的規律と謙虚な態度で知られ、一八二〇年頃に描かれた肖像画から判断すると(図版2)、自分の先祖と自分の腕に誇りを持つ献身的なクラフトマンであり、これは同時代人が心に描く引退まぎわの典型的なスコットランド人のイメージであったが、ファイフの見事に造作された倉庫と仕事場と商品展示室は、彼の富と豪商趣味を確証している[31](図版2、3)。

他の成功した親方たちの中には、「既製品」業種の開拓者たちや、港や海運関係クラフトにより直接的に結びついていた人々がいた。何人かの商人仕立て業者は、二、三の他の消費財業種の企業家と同様、一八一五年までにかなりの富を蓄積していた(下巻付録表6)。古来のクラフトである皮なめし業は、当時「スワンプ」として知られた地区、フランクフォート通りとジェイコブ通りにあった諸企業にとっての巨額な利潤の源泉となった。ギデオン・リーはファイフと同様、独学の徒弟修業の後出世した人物であったが、「スワンプ仲間」の中で特に明敏さを示し、現金販売から信用販売へ転換し、皮革の世界市場へ参入するためにアルゼンチンに代理人を派遣した。一八一七年にリーは全国で初めて皮革企業のジョイント・ストック・カンパニーを設立し、三年後彼のニューヨーク製革会社は

図版 2　ダンカン・ファイフ（1768—1854年）

制作年は不詳だが，ファイフの容貌から判断して1820年頃のものと思われる。自己顕示の極致——熟練職人・移民・平民にして金持ちの雇主。*Photograph coutesy of Mr. Roger Halle.*

図版 3　ダンカン・ファイフの仕事場と倉庫

パーティション街（現在のフルトン街），1815年。J. R. スミス筆の水彩画。通りの向い側のファイフの自宅もまた堂々としていた。*Courtesy, Metropolitan Museum of Art, Rogers Fund,* 1922.

推定六万ドルの資本で二つのマニュファクトリーと小売一〇店舗でその業務を行っていた。そしてリー自身は地元の諸々の銀行・政治家サークルの重要人物への道を歩んでいた。ヘンリ・エクフォード、クリスティアン・バーグ、およびブラウン兄弟のアダムズとノアのようなこの都市の指導的な造船業者たちは、すべて才覚ある実業家であると同時にクラフトの長老であった。彼らは出航禁止令と第二次英米戦争時の業界の停滞期を乗り切り、マンハッタンを国内の最も重要な造船中心地にした。ドック近くの船帆製造業者スティーヴン・アレンは、一八〇二年から一八二五年までの間に、彼自身の評価で一〇万ドルの資産を築いた。この資産の増加は、主として、この都市の船具商を回避し直接卸売業者から原料を購入することにいち早く成功したことによって達成された。五八歳でアレンが引退した時すでに、彼は自己の金融力と名声によって政界へ進出し、二つの銀行と二つの保険会社の重役の地位を獲得していた。[32]

このような親方たちは自己のビジネスの基盤を固めながら、他方でクラフト仲間の理想に敬意を払い続け、集団の一員として彼らの業種の社会的地位とその将来の向上に努めた。植民地時代と同様、彼らは仲間の同業者の近くに住んで働いた。靴工はウィリアム通りとメイドゥン・レーンに沿って、家具工はバークマン通りとブロード・ストリートとグリニッジ通り沿いに、等々といった具合に住みついた。クラフトによっては、親方たちが「相互の親睦と信頼と良き理解と技術上の知識をプロモートし」、病人や困窮者の家族を支援するため資金を供給し、埋葬費を支援し、会員間の紛争を解決すべく、(しばしば雇われ職人にまで開かれた)友愛団体を組織した。雇主の委員会は顧客への信用供与に対するガイドラインを検討し、ある場合には「賃金統制」を実施するために出来高賃金リストを作成した。臨時に作られた集団が、州外の不公正な競争から原料価格をつり上げるための「結託」にまで及ぶ、種々の問題に関して市当局に請願した。居酒屋での非公式な雰囲気の中で、親方たちはローンの交渉、新しいパートナーを組むに際しての調査事項、雇用できる有能な職人の情報に関する会話を飛び交した。[33]

職人同業者総会の集会は職種の境界を超えてこれらの絆を拡大した。後にこの集会はまた、クラフト経済に起った転換を証言することになる。一七七〇年代の職人委員会の復活として一七八五年に設立された職人同業者総会は、最初、諸業種を管轄し、地方政府や全国政府から有利な立法を確保する助けとなるような、この都市のすべての独立の職人のための半政治的組織となるように企画された。この集団が政治的陰謀のたまり場になることを恐れ、州議会はその特許状を慈善的プロジェクトのみに限定して認可した。しかしこの正規の限界の中で、この集団は中世以来の職人友愛団体の本質をなす互助の理想とクラフトの自負心を表現した。会員は「お互いに兄弟として接し、心からの親交を結ぶようになった」、とある会員は述べた。この会の職人会館《メカニック・ホール》での典型的な集まりでは、「自分たちの労働システムを対比して」熱心に話し合い、仕事場に戻る前に「この親交から多くを学んだ」。商人と銀行家たちが最も強力な社会的・政治的指導者であった社会で、この団体は職人もまた才能ある目的意識を持った集団であることを証明した。そして製パン親方トマス・マースインはこの集団について、「われわれの社会構造の最も堅固な支柱の一つ」を形成し、「このメトロポリスの繁栄を支えるのに多大な貢献をしている人々の団体」である、と一八二一年に宣言した。この団体の紋章とモットー（図版4）は、いかなる技芸《アーツ》も職人の労働の助けなしには成り立たないということにこの都市の注意を喚起していたが、その会員たちは彼らの慈善的意図の証しとして自分たちの職人学校《メカニックス・スクール》と徒弟図書館への注意を促した(両者は一八二〇年に設立)。これらの施設によって、この都市の若い職人たちは、将来の繁栄の基礎となる「彼らの青年時代の輝かしい日々について、きっと後に喜びをもって回顧する」ことになる、とマースインは主張した。同様に親方たちは他の互助計画、とりわけ有能な会員への信用の供与や死去した会員の寡婦への金銭的援助に熱意を示した。[34]

その特許状の制約条項にもかかわらず、この団体は地元の政治とビジネス問題へも積極的な関心を持ち続けた。一七九〇年代中葉、会員たちは関税引き上げを獲得する運動を支援しながら、他のクラフト団体とともに、出現し

図版4　ニューヨーク市職人同業者総会の紋章

By Hammer & Hand all Arts do stand

(1785年にデザイン)

つつあるジェファソン派連合に非公式な形で加わった。一八〇〇年以後、この団体はジェファソン派の勝利によって大胆になり、より公然と外国の競争に対して諸業種の利害を擁護した。さらに重要な点は、ますます都市のクラフト企業家によって支配されるようになるにつれて、この団体はその関心を国内製造業保護から、ビジネス革命や商人的信用独占の打破へと転換したことである。その初期の努力は一八一〇年におけるこの団体自身のメカニックス銀行の設立で頂点に達した。最初から、この銀行は小額手形を割り引き、企業家的親方へのクレジット・ラインを開いて活発なビジネスを惹きつけた。不幸なことに、集団としての親方たちの高度の金融に対する専門知識は、彼らの業種に対する管理能力ほど確かなものではなく、この銀行は間もなくその投資管理の誤りによって悩まされた。二年以内に、重役たちは一時的破産宣告に追い込まれた。この銀行が再建された時までに、この団体はその株式の大部分を売却してしまっていた。にもかかわらず、メカニックス銀行は何人かの指導的な親方株主とともに生き残り、この都市最大の銀行の一つになった。この銀行はその創業者たちが夢見たほど職人たちの信用問題を解決する万能薬ではないことが明らかになったが、貨幣市場へのクラフト企業家の最初の重要な参入をもたらし、この団体が一八二九年に指摘したように、この都市の「信用のある職人」が資金融資の分け前に与る機会を確保するのを助けた。何よりもこれは、当時の商業的現実の変化に対する親方たちの機敏な対応を公に示すものであった。(35)

この団体は、クラフトの立場を改善しようと戦っていた時、その後来るべき数十年この都市の親方たちの心を奪うことになる一つの使命をも発見した——すなわちその使命とは競争的な仕事場の新しい諸要求に適応し、徒弟制度の浸蝕を補うために、職人たちの道徳と労働習慣を作り直すことであった。一八一二年戦争の直前、ニューヨークの広範な業種の職人たちが、この都市の仕事場でまだ一般的であったその日暮らしの生活習慣を公然と非難し始めた。ある職人週刊紙の論説は「一所懸命働かないのらくら者」がみんなの福祉を脅かしていると警告した。他の論説は、広く見られる職場内飲酒、賭博、その他の浪費的娯楽を同様に激しく攻撃した。職人同業者総会も世紀初頭にはよく飲み会をやっていたのだが、一八二〇年代初期に突然、敬虔な信仰告白と、倹約、禁酒、商業的適応に関する格言とを混合し、この団体独自の規律正しい生活のヴィジョンを唱道するようになった。職人学校と徒弟図書館が新しい運動の中心となった。この学校は、大部分死去した会員の子供たちと、両親が二〇ドルの年間授業料を支払える者に限られていたが、将来の職人が悪徳に染まらないことを約束した。一八二五年に、徒弟たちがエリー運河開通祝賀のパレードに繰り出した時、その旗竿の先に翻っていた『フランクリンの生涯』と聖書の二つの本の絵を紋章化した旗は、この図書館の目的とその蔵書内容を一目瞭然に示していた。この図書館は徒弟教育制度を支える試み以上に、道徳的逸脱と怠け心に対する防波堤とみなされていた。「悪徳と放蕩という、魅惑的ではあるが破滅に至る道に対する心底からの嫌悪感を心に抱くよう、私は諸君に求めたい」、とマースインはその図書館の創立祝賀式典でこの都市の徒弟に対して語った。「勤勉、熱意、禁酒、諸君の職業への堅忍不抜の精神こそが、この世の中での成功へと導くのであります……」(36)。

他の努力が職人同業者総会のこの新たな発展を補完した。一八二二年、クエーカー教徒の著名な化学の教授で都市改革の推進者でもあったジョン・グリスコムは、何人かの指導的な商人、慈善家、及び職人同業者総会の会員を集め、ニューヨーク技術・科学協会を創立した。職人技術を向上させ、アメリカ人の才能に刺激を与えるため、技術・科学協会は科学と発明に関する講義計画を支援した。必須の競争心を鼓舞するため、この協会はニューヨーク及び全国の職人の製品の年次品評会を開き、最も独創的な優秀展示品に対して賞金を出した。二、三の親方新聞はもっと広い読者層に接近しようとした。トマス・マースインと（トマスと同様、職人同業者総会の会員である）彼の兄弟ウィリアムによって一八二二年に創刊されたニューヨーク『メカニックス・ガゼット』紙は、「職人一般の能力と彼らに対する世間の尊敬」を高めることを約束した。実際、それは単なる勤勉と清潔な生活の勧めではなかった。成功した親方たちの略伝は、富への道が才能ある真面目なすべての職人に依然として開かれていることを高らかに宣伝していた。広告は慎重なクラフト・ビジネスマンに保険を掛けることによって自分の投資を保護するようにと説いた。特別記事が貯蓄銀行と信用機関について検討していた。それらの金融機関のいくつかは、他の親方職人によって経営されているものであった。『ガゼット』紙は科学的進歩に関する豊富なニュースを提供した。この民主的な、アメリカ化された百科事典的知識の下に、仕事場の商業的・生産的能力を適用し、拡大し、さらには進歩させるべしとのより深いメッセージが込められていた(37)。

労働問題と賃金に関する紛争、この一八〇〇年以後ますます厄介になった一連の問題は企業家的慈善の範囲を限定したが、しかしこれは「同業者仲間《ザ・トレード》」に対する親方の献身の意思表明を制限するものとはならなかった。親方たちは折々に自分の労働者たちと積極的に交渉した──時には、親方たちが常設の苦情処理委員会で雇われ職人の組織と一緒のテーブルについて話し合うため、代表を選出することもあった。しかしほとんどの場合、この都市の親方組織は賃金に対する彼らの最終決定権に関しては断固とした立場を堅持し、結局、彼らに挑戦する雇われ職人を解雇し、ブラックリストに載せ、最も手に負えない者は裁判所に訴えた。その時でさえ、彼らは自分たちが恩情的な監督者の役割を果たしているものと理解し、自分たちは仕事場のことを最も知っている職人であり、自分たちの権威は永年の労働と経験によって獲得したものであると考えていた。家具親方たちは、一八〇二年、労働者の賃金要求を拒否し、自分たちは雇われ職人が「公正な賃金」を受け取ると同時に、すべての雇主が正当な利潤を受け取ることができるようにするため、さらにすべての人の利益のため、そうしているのだということを示すよう努力した。親方印刷工たちも、「調停と調和の精神で」語りながら、一八〇九年に雇われ職人からの同様な要求を拒否した。なぜなら親方たちが提案している賃金は、ビジネスを続けていくために必要だったからである（あるいは彼らはそのように主張した）。そしてこの最高額を「超えると、この業種全体の利害にとって破滅的ではないにしても、極めて有害なものとなるからである(38)」。

このようなプロジェクトや声明を支援していた人々は、決してシニカルな資本家でもなければ、無垢の職人《メカニックス》でもない。彼らは公の場で自らをクラフトマンと名乗り、この言葉は心底から彼らの自負心を掻きたてた。彼らはダンカン・ファイフのように、熱心に自らを熟練労働者として演じて見せる人々であり、スティーヴン・アレンが彼の仲間の船帆製造業者について、「お互いの仲間内の言葉で」述べたように、「自分たちの仕事に対する人々の敬意」を誇りに思う人々であった。彼らはすべての職人の利害、特にいずれは自分たちに代わってクラフトの上に立つことを期待している徒弟たちの利害を第一に考えていると主張して、自らの誠意を誇示した。だが同時にこの都市の指導的親方たちは、自分たちがハンマーと腕の標識の下に結集し続けていた時でさえ、資本主義的成長についての拡大したヴィジョンを表明し始めた――このヴィジョンはプア・リチャードの格言を公然と称えながら、フランクリンが想像だにできなかった経済変動を伴う秩序の到来を予言し、商業的・金融的新機軸と資本主義的進歩が業界の未来の発展のための必要条件であるとみなし、自己規律とビジネス感覚とマースインの言う「現世の競争の中での成功」の追求を、前例を見ないやり方で強調した(39)。その後、クラフトの雇主たちがより精緻な社会・経済理論と労務管理と道徳改革の新しい方法に目を向けるようになるにつれて、親方たちの道徳的言質の中にある「共同体的」な性格と商業的性格との間の緊張関係が高まることになる。しかしすでに一八二〇年代までに、彼らは製造業ブルジョアとしての願望や理想主義の共有を予期し始めていた。彼らはこの都市の小親方職人や職人労働者の世界とは全く異なった世界に住み始めていたのである。

小親方

親方職人の過半数はほとんどあるいは全く財産を持っておらず、沿岸商業と提携し銀行家の心を捉えるすべを、ほとんどあるいは全く知らなかった。彼らの慣行と能力は彼らを古風なやり方に縛りつけていた。多分パートナーの参加を得ることはあったが、彼らと彼らの家族が店の仕事の大半を自分たちでやり、せいぜい一人か二人の職人を雇い地元の顧客の注文に応じた。彼らは気風の荒々しい市の中央と外北部の区で、雇われ職人、日雇労働者、新来の移民に混じって住んで働いた。つましい住居が入り組んで密集した第五区は、彼らの多くが住む世界であった。そこで確認した一八一六年の親方職人のサンプルのうち、何らかの形の課税評価資産を所有していた者は半数以下(四三・四%)であった。彼らは主に家族持ちであり、彼らにとって互助団体と気前の良い仲間こそが大切な資産であった。二〇代の青年もいたが、サンプルの過半数(六〇・七%)は扶養家族のいる年長者で、逆境や、自己の業種に固有の限界や、資本主義的企業活動に対する無関心のため、建国後のニューヨークの好景気の分け前に十分に与れなかった(40)。

小親方の生業は大金ではないにしても、そこそこの財産を獲得する程度の機会は提供した。一八一六年の陪審員名簿で確認された者のうち、半数以上が一八二五年にまだ仕事を続けていた。その大部分が少なくとも九年前と同程度の財産を所有していた。相対的に仕事場の再編成の影響が及ばなかったクラフト、特に肉屋とパン屋では、小親方が一八二〇年代の彼らの業種を支配し、通常は少なくともそこそこの財産を維持することを期待できた。また小親方が完全に駆逐されたクラフトもなかった。何人かの小親方は職人同業者総会の会員として高い地位を占める出世の道を歩んでいた。(41) 何とか小額の資産を蓄積した者は、少なくともいくつかの贅沢品を手に入れた。靴親方ギャレット・シックルズの遺産は小親方の生活便宜品を示している。一八二二年にシックルズは相続人たちに他の品々のほかに、柱時計、真鍮の炉端薪乗せ台二つ、陶磁器、銀食器、彼の最も大切な文書である独立宣言の複製と独立宣言署名者の絵画と彼のタマニー協会会員章を収めた三つの金メッキの額縁を残した。(42)

しかしこれらは決して目覚ましい企業家的成功、あるいはそのような生活態度を示す史料ではない。それらはすべての小親方が耐えねばならなかった困難と日常の小仕事場経営の実態との両方を隠蔽している。市場を保証されていた食料品調達業種でも、悪天候や運輸の中断や家畜や穀物供給に関わる幾つかの問題が重なると、生産者と公衆にとっての深刻な災難を惹起した。壊れやすい単純な共同経営がもたらす情緒的・金銭的危険がしばしば恐るべき結果を招いた。よく知られた例をあげれば、小親方パン職人ジョージ・ハートは共同経営者の横領によって破産し、日雇仕事と、物売り、酒浸りの窮乏に陥る結果となり、首をくくって果てた。何とか独立を維持して生活していた小親方たちにとって、病気、火事、業界の不況のようなごく普通の不幸が大惨事を意味し、近隣の慣習的な援助のネットワークも引き締められることになる。靴工サミュエル・エイヴリーの話は珍しい話ではなかった。エイヴリーは一八二二年まではキャサリン通りで、質素な生活とはいえ着実な経営を維持していたが、この年病いが彼の家を襲った。彼はやむなく友人から借金し、家と店の家賃と皮革の仕入れ先への支払を遅らせ、地元の商店主から信用買いを始めた。一八二四年に、執拗な医者にまだ一〇〇ドルの借金を負っていたエイヴリーは破産を宣言した。この時彼が所持していたものは、仕事の道具と若干の台所用品と松材の机と家族の衣類だけであった。[43]

経営困難はさておき、小親方は一連の経済的・法的規制に敵対することになった。その規制のあるものは古くからのものであり、他は新規のものであったが、その多くは強い怒りの種であった。関税のようなある種の規制は、特に消費財業種では支持された。その他のもの、とりわけ国内税に対しては、彼らは自分たちの自由に対する反動的な侵害であると考えた。製靴工、帽子製造工、皮なめし工は皮革に対する戦時課税を負わされることに強硬に苦情を申し立てた。彼らはこのような課税は不平等で、嫌悪すべきものであり、「自由で独立の市民の慣行にはそぐわぬものである」と非難した。街路交通を規制し、街路から豚を駆逐しようとする市議会の度重なる試みは──この豚が貧乏人によって汚物処理とともに、食用にも利用されていたものであったので──同様の苦情を生みだした。強制的陪審員出席義務から民兵服務にいたる公民的義務は小親方にとって特に厭わしいものであった。彼らにはとても仕事の時間をさく余裕はなかったし、代役のために金を払うこともできなかった。同様に彼らは、投機的信用が拡大する中で、当時一般的慣行となっていた債務者拘留制度にも反対した。なぜなら、それは借金と互酬関係についての慣習的考え方に反し、小額資金しか持たない人々の勘定清算にほとんど猶予を与えなかったからである。「もし人が信用供与を求める場合にも、彼は支払のために人身的自由を抵当に入れる訳ではない……」と、ある困惑した小親方は書いた。[44]

最悪の事態には小親方は極度の貧困に直面し、この都市の陰惨な都市型問屋制家内工業の中で輸出業者や廉価品製造店のために安い賃仕事を絶え間なく続けねばならなかった。一八一二年に、当時ニューヨーク救貧院教戒師であったエズラ・スタイルズ・イーライ師は、彼の日々の巡回でそのような状況を発見した。彼がこの都市のある地下室部屋へ案内された時、彼は病身の救貧院収容者の息子を探していた。そこで彼はその少年が靴屋の家族と一緒に住んでいるのを発見した。彼らは野菜を売り、粗製の靴を作って生活していた。イーライはこの靴屋が親切に一週間その少年を一緒に住まわせていたこと、しかしもうこれ以上彼を預かることはできないということを知った。「なぜなら彼はこの商売の仕事椅子に座らせるにはあまりにも小さかったからである」。彼の全家族が働いていた時でさえ、この質素な生活をしている親方は特別の収入がない限り、さらにもう一人の子供を養うことはできなかった。イリー師がその少年を連れさる時、「彼はまだ何にも稼げない」、と彼はこの牧師に悲しげに繰り返した。(45)

このような情景はやがて人々の心を捉え、一世代の間、感傷的な改革者たちの想像力に火をつけることになる。一八二〇年代までには、その情景は小親方たちの悪夢となっていた。生産の商業化が、最も急速に変化しつつある業種の小親方たちに最も厳しい選択を迫るにつれて、その悪夢はますます大きく立ち現れてきた。即ちその選択とは、危険な新しい市場に勇敢に乗り出して行くか、これまでのやり方で悪戦苦闘し続けるか、あるいはクラフトを辞めてしまうかの厳しい選択であった。小親方たちは小生産者としてこれまで未経験の状況に直面して当惑した。一面では、商業の拡大と生産に対する古い制約の消滅は小営業の拡大を可能にした。しかし他面で、ほとんどの小親方は、自分の企業を転換し、自分自身の生活様式を変え、容易に資本を利用できる者と競争して勝ち抜くだけの資産や意欲を持たなかった。まだ物々交換で働いていた建築業者のような小親方は、資本主義的交換とは異質の経済的規範に従っていた。地下室住まいの靴屋のような小親方は、労働者の賃金切り下げによって金を蓄めることはできず、自分自身と家族を忍耐の限度まで搾取することによってやっと仕事を持ちこたえることができた。一八一一年に「ミザリー」という匿名の他の人物は、「もしあなたが職人だったら、たとえそれが自分で達成できる量の五倍の仕事量であっても、すべての顧客の依頼を引き受けなければならない」、と主張した。(46)建築業者の間での対策の一つは、投機業者から契約の仕事を得て、最も安い労働者を雇って賭けをすることであった。その時でさえ、必要な信用を得たとしても、彼らは突然の破産や業界の景気後退によって事業が中断した場合、購入したすべての資材の負担を荷うという大変な危険を冒すことになった。完成品業種の親方たちは廉価品店の請負人になることはできた。しかし彼らもまた、競争相手よりも安値で受注しようと走り回りながら、市場と商人たちの気紛れを相手に賭けをしなければならなかった。これは独立の生活でもクラフトマンの生活でもなかった。

そのような選択に対して、そしてまたクラフト資本家やもぐり業者が小親方の小規模経営を破壊する脅威に対しては、時折、轟々たる不満の声が上がった。これは前述のエイブラハム・クイックが一八二〇年に彼の観察を書き留めた時よりずっと以前に起こっていたことである。アレクサンダー・ハミルトンの義理の兄弟ジョン・B・チャーチによる一八〇一年のニューヨーク製パン会社設立の試みは、同業者仲間の委員会によって指導された短期間ではあったが突然の大規模な抗議運動を惹起した。この会社が経営を開始しようとした時、数週間にわたって、小親方たちは地元の新聞を埋め尽くして抗議し、(ある者は全くラディカルな調子で)「金持ち資本家」に対する愛国的ボイコットを主張し、この会社に反対するため「職人は一致して団結すべし、さもなければ彼らの多くが品位を落とす隷属状態に陥り、独占者の卑しい野心と貪欲に屈服させられることになる」と、呼びかけた。数ヵ月後、不審火があり、その会社の母屋が焼け落ちた時、誰も放火の非難をせず、その会社の破滅に同情を示す者はいなかった。このようにあまり組織的ではなかったが、小親方たちは資本家たちの侵入と新しい市場の危険に対する不満を表わした。(47)

他の小親方たちは敬虔と節制の陣営に加わり、個人的規律と人格向上の中に、自尊心を獲得し新しい条件に適応する最善の手段を発見した。小親方印刷工ジョゼフ・ハーマーは彼の職人週刊紙『インデペンデント・メカニックス』のコラムで彼らのムードをよく捉えた。彼はそこで「悪の温床であり、破廉恥な者の避難所」である居酒屋の害悪に関する道徳的な寓話や世間の実話を定期的に掲載した。しかしその論調は『メカニックス・ガゼット』や職人同業者総会のものとは非常に異なっていた。ハーマーと彼の新聞に執筆した小親方たちは、商業的進歩や資本蓄積や競争に関して、ただ働き過ぎや富の貪欲な追及を不道徳で残酷なものとして非難しただけで、特にこれを擁護することはなかった。勤勉は素晴しい、とある投稿者は意見を述べた、「しかし過労によって自分のからだを壊す者は財産を浪費している」。このような人々は当然のことのようにフランクリンを引用する企業家たちよりも、本来のプア・リチャードに近かった——彼らは心から金持ちになれるなどとは思っておらず、ただ自分たちが独立した地位を確保することを欲していた。ハーマーが指摘したように、彼らにとって、キリスト教の徳を実践し、堅実に働き、この都市の多くの浪費への誘惑を一掃することによって、「知性を向上させ、心を鍛える」ことがこれまでにも増して必要になった。(48)

苦境と（何人かの人の）貧困は、この都市の小親方にとって何ら新しいことではなかった。われわれは一八世紀の破産の起こった時期にすでに、同様な失望の記述を読むことができる。(49) 小親方たちが物質的な富や市場に背を向けてしまっていたわけでもない。最も急速に変化しつつある業種の小親方にとってさえ、負債拘束は不可避的なことではなかった。変化していたのは小親方が直面した困難と機会の歴史的文脈であった。少なくともこの都市の最大の諸業種ではそうであった。廉価品作りのいかがわしい商売、つまり「廉価品」・請負仕事の領域の拡大は最もささやかな小親方の抱負さえ打ち砕いてしまった。さらに、成功した企業家が指導している業種で小親方が経験した新しい不平等と諍いは、来るべきより大きな分裂を予示していた。有力なクラフト資本家と小親方の間には、彼らが一七八九年から一八二五年にかけて恒常的にやったように、関税引き上げや税金引き下げの要求で共同歩調をとる十分な共通の土台が残っていた。(50) 最大の諸業種の中の何人かの幸運に恵まれた者は、ビジネスの新しいやり方への適応でうまく成功した。しかし高関税障壁も商業的新機軸も、大部分の製靴工、仕立て工その他の小親方にとって、大した助けにはならなかった。彼らはニューヨークの新しいタイプの親方集団やニューイングランドの商人資本家との競争を強いられていたのである。職人の銀行が存在したということは、その信用ある者への援助の約束にもかかわらず、サミュエル・エイヴリーや他の何十人もの人々が金融的破滅を回避することを可能にはしなかった。職人同業者総会の学校や図書館は地下室に住む家族には無縁であった。彼らには道徳教育のための金も時間もなかった。ダンカン・ファイフやスティーヴン・アレンは未来に対する楽観主義と自己の職人的技術に対する自負心を容易に保持することができた。自分の家族を苦汗搾取しなければならない靴工小親方には違った種類の自負心が残されていた。一八二五年以前には、この違いに苦しめられた小親方たちは、独占と野放図な投機的蓄積を告発するか、あるいは勤勉、節約、自己責任に改めて献身することによって対応した。一八二五年、諸業種の転換が企業家たちの最も激しい獰猛な期待をも超えて加速した時、さらに多くの小親方たちが清算の時を迎えることになる。

雇われ職人

建国初期のニューヨークの雇われ職人たちの中には、彼らの雇主と同じように、多様な人々がいた。しかし集団として見れば、一八一五年までに、彼らは同業者仲間の中で別個のますます増大しつつある無産階層を形成していた(下巻付録表3)。事実上全員が白人であり、アメリカ生まれか、プロテスタント系英国の出身であった。アイルランド系カトリック教徒と黒人は、まだこの都市人口のほんの一部分に過ぎず、大半が港とその周辺の肉体労働と臨時雇いの労働を割り当てられていた。[51] ほぼすべての雇われ職人が間借り住まいであった(下巻付録表3)。恐らく前工業的な仕事場《ワークショップ》・世帯《ハウスホールド》特有の家族的安らぎを経験しているものはほとんどいなかった。親方の家に寄宿している者はわずか一〇人に一人で、親方と雇われ職人は違った居住地区に住む傾向を示した(下巻付録表4)。ほとんどの者が──職人たちが受け入れうる最低の生活水準で──五人家族を養うだけのものを稼いでいたようだが、彼らの生活環境はしばしばスパルタ人のように質素であった。[52] 自立の道は不可能ではないにしても、とても保証されているとは言えなかった。

雇われ職人のかなりの数、約四人に一人が、空の財布と高い望みを持つ二〇代の独身男性であり、訓練を受け、早くから貯金し、幸運を摑んでファイフやアレンにも負けない成功を求めている、いわゆるクラフトの新人たちであった。若き印刷工サーロー・ウイードは一八一六年にオルバニーからニューヨークにたどり着いた時、何人かのこのような人に出合った。ウイードと同様、彼らは自らの人生を成功のチャンスに賭けた。彼らの将来は、幸運や、以前の親方の立派な推薦状や、職にありつくまで何とか借金せずに食いつないでいく能力にかかっていた。彼らは経験不足から、ビジネスの失敗や業界の停滞の度に、何度も職を失った。ウイードはニューヨーク州北部に住む親方から特上の推薦状を手に入れていたが、この都市における彼の最初の一〇カ月の滞在期間中に、四人の違った親方の下で働いた。親方たちは「半人前」の雇用から全くの賃金不払いに至るまで数々のコスト切り下げの手練手管を用い、このような若者たちの前に立ちはだかった。ウイードは自分の親方にしつこく賃金支払いを迫り続けない限り、この業種では決してやっていけないと彼に警告した人のことを回想している。疑いもなく多くの者が、特に後背地からニューヨークに惹きつけられた者は、仕事を捜し始めて間もなくこの都市を去った(53)。

他の雇われ職人たちの中には、小親方と賃金労働者の間を行き来した後、たまには出世する者もいた。一八一一年、ニューヨークで店を開いた多才な家具工イライシャ・ブロッソムの経歴がその一例である。次の七年間、ブロッソムは雇われ家具職人、本屋の店員、船大工へと転々と職を変え、その後で一八一八年船大工親方として腰を据え職人同業者総会の会員になった。このような場合自立と雇われ職人との間の境界は極度に不鮮明であった。一八一六年のサンプルの中の何人かの雇われ職人は周到に金を蓄め、結婚相手にも恵まれ、あるいは親から資金を得て、同業の親方と同じくらいの財産を所有していた(54)(下巻付録表5)。

しかし一八一五年までにほとんどの雇われ職人たちは、パートタイム親方でも希望に満ちた青年でもなくなっていた。約半数は三〇歳以上で、五人に一人は四〇歳を超えていた(下巻付録表7)。大多数は結婚した男たちで、その約半数は扶養家族四人以上の世帯を支えていた。長年の経験にもかかわらず、このような年輩の雇われ職人たちは一般論として彼らの若い仲間より裕福ではなかった。彼らの多くは何らかの財産を持ってはいたが、稼いで恒産《コムピテンス》に近づく者はほとんどいなかった(下巻付録表5および8)。全体として見れば、三〇歳以上の職人の三人に二人は雇われ職人であった。不運に見舞われたパン職人ジョージ・ハートのように、ひとまず職人として働くためニューヨークに移住して来て、再度自分の店を開いた元親方もいた。また後年のハートのように飲酒に侵された元親方もいた。ウイードは後に昔の仲間の印刷工のほとんどが「生涯雇われ職人」どまりの運命に終わりそうなのをみて少々驚きながらも、彼らの運命を飲酒による貧困のせいにした。しかし個人的事情だけでは年輩の雇われ職人の増加を完全には説明できない。ウイードが観察した状況は、個人的な欠陥だけではなく、賃労働供給の拡大と職種内での分業に伴う構造的制約によるものであった(55)。

物価と職人の賃金に関するわずかばかりの残存史料は親方になる機会の制約を示している。職人の家計に関する二つの報告は、一つは一八〇九年の大工、もう一つは一八一九年の石工のものであったが、五人家族の基本的な出費を週六ドル五〇セントから七ドルの間と評価していた。利用可能な賃金表によれば、中には石工や最も高度の熟練を持つ仕立て工を含めて一二ドルも家に持ち帰る者もいたが、職人たちは平均六ドルから一〇ドルの間を期待することができた(56)。仕事がある限りたしかに、手に職をもつ若い雇われ職人は楽々と生活できたし、年輩の男たちも家族を養うことができた。しかしやる気があり、勤勉であっても、需要の激しい季節的変動と冬場の悪天候による仕事の中断がある限り、ニューヨークで年間を通じて完全雇用を期待できる雇われ職人はほとんどいなかった。職人業種における通常の季節的減産や予期せざる中断の間、雇われ職人たちは基本的な出費を工面することすら容易でなかった。例えば仕立て工は一八一九年に、自分たちは年間わずか六カ月しか働くことを期待できず、従って年間を通じての週平均実質所得はわずか六ドルにしかならないと見積もっていた。これは最低家族賃金を若干下回るものであった。仕事の閑期の短い他の職種の雇われ職人たちはこれより恵まれていて、平均週七ドル五〇セントであった。製靴と仕立ての業種で、比較的熟練を要しない部門の雇われ職人は多分週平均五ドル近くであった。長期の不況やインフレの時期には、雇われ職人の実質賃金はさらに低下し、ほぼ日雇労働者の賃金に近づいた。(57) 個人的な災難——病気、傷害、火災による出費は、雇われ職人とその家族を慈善救済者名簿に載せることにもなる。何らかの特別収入がない限り、ちょっとした贅沢品の購入も長期の困窮を招いた。完成消費財業種では、親方が最も単純な仕事を下請けに出すことを決めただけで、雇われ職人とその家族は直接的な目に見える影響を蒙った。

稼ぎを補うため、雇われ職人たちは他の収入源に頼った。残念ながら一八二〇年以前のニューヨークの女性労働に関する情報は非常に乏しく、何人くらいの雇われ職人の女房や娘が、賃労働していたかを判断する史料はほとんど発見されていない。残存する陪審員名簿と都市の人名録は、近代初期のヨーロッパで発見されたものと同じ女性労働の形態が確立していたことを示唆している。そこでは被服業の中の小さなものではあるがある重要な部門が、独立した女性と少女の見習いに開かれていた。それ以外には、雇われ職人の女房と娘の金になる仕事と言えば——家を出て家事奉公する娘たちを除けば主に下宿人を置くか（陪審員名簿はこの点も明らかにしていないが）、洗濯仕事をするか、お針子仕事や靴の縫合せの下請けで小銭を稼ぐことに限られていた。このように女の賃仕事が非常に少なかった。しかもれっきとした職人なら誰でも一家の大黒柱になろうとするものだという、『インデペンデント・メカニックス』で何度も表明された強力な固定観念の下では、女が自分の仕事で亭主や父親を助ける雇われ妻帯職人の家族経済は、そのほとんどが問屋制家内工業の雇われ職人の世帯に限られていた。若い雇われ職人と既婚男性のいずれにとっても、より一般的だったのは渡り歩きであった。(58) サーロー・ウイードのような若い雇われ職人は定職を求めて、オルバニーからニューヨークへ、さらにニューヨーク州オーバーンへと渡り歩くのを何とも思わなかった。ロチェスターのような遠く離れた町の長靴製造親方たちが、自分たちの最も優れた仕事人はマンハッタンから呼び寄せる年輩の雇われ職人であると考えた。同業者仲間証明書《トレード・チケット》と労働紹介機関を備えた正規の渡り制度が雇われ大工職人を助け、雇われ職人もまた一八〇〇年に他の都市からの渡りのための職業紹介所を設立した。印刷職人はさらにいっそう密度の高いネットワークの中で旅をした。これはヨーロッパのグランド・ツアーのアメリカ版であり、ニューイングランドからペンシルヴェニアにまで伸びていた。(59)

雇われ職人たちはこの都市にいる間、中央及び外北の区に住んでいた。ここでも彼らは親方たちと違って、定住することはなかった。この商業都市の社会経済的生態環境が彼らの居住形態の形成に影響を及ぼした。海運関係業種の雇われ職人たちは、当然、できるだけ波止場に近いところに住もうとし、建築諸業種の者は北方の建設現場の近くの部屋を借りた。(60)さらに多くの場合、賃貸家屋市場での競争の激化が彼らを追い立て、その結果、彼らはこの都市の人口過密で荒廃した地域と外北部に軒を連ねた初期アパートや賃貸部屋を手当たり次第探し回った。雇われ職人たちは彼らの短期リースの支払いを逃れたり、もっと安い宿を探すために絶えず住所を変えた。春季リースとすべての年間リースの伝統的な更新日である五月一日には、中央と外北の区の街路は流浪する雇われ職人と日雇労働者でごった返した。彼らは背中に所持品を担ぎ、新しい住み家を求めた。この喧騒に満ち（そして多くの犠牲を出す）移動の様を『インデペンデント・メカニックス』は、「女房どもは金切声を上げ、犬は吠え、子供は泣き、／ポットは割れ、椅子は折れ、鍋はがんがん鳴り、乱暴な喧嘩の喚き散らす声があちこちで上がる」、と記述した。急場を凌ぐため、人々はできるだけ友人や親戚や他の職人労働者からの助けを求めた。家を借りる金のない家族は他の雇われ職人と同居し、しばしば本来一家族か二家族用に設計された家屋に三家族も四家族も住み込むことになった。独身男の落ち着く先は普通クラフトの下宿屋であった。そこで彼らは週三ドルで食事と寝る場所と市内で働ける仕事に関する口込み情報を得ることができた。(61)

下宿屋やアパートから酒場と下層階級のレジャーの世界までは、ほんのひと歩きであった──そしてこの世界はますます一部の職人を彼らの親方から遠去けることになった。コーリアーズ・フック近くのウォルナット通りは歓楽の中心地であり、そこには飲屋、ダンスホール、若い職人や水夫や流れ者を誘惑する売春宿が軒を連ねていた。また他の場所では地下室や酒場の奥が即席の賭博場になった。一八世紀と同様、闘鶏と牛攻めは賃金を手にした雇われ職人たちの間で人気のある気晴しであった。何年もの間、肉屋の小親方サミュエル・ウィンシップは彼の市場の店の地下室に牛攻め用の野牛を飼っていた。売春婦が商売するのを許された女郎屋はこの都市の貧民地区に点在し、徒弟や雇われ職人を相手に商売し、しばしば親方職人を仰天させることも起こった。ジェイコブ・アッカーマンというパン屋の親方が、通りでケーキとパイを売っていると思っていた自分の一二歳の徒弟が、実際には若い娘と「寝る」ため、売り上げを使い込んでいたのを発見したのは何週間か後のことであった。丸裸の水浴、曲馬乗り、旅回りの音楽家や度胸自慢やアクロバットのショーの見物のような、もう少し上品な多くの気晴しは年間を通じての雇われ職人の日常に活気を与えた。祝日特に七月四日はボクシング試合、競馬、大宴会の日であった。(62)

われわれはこの労働者文化が、一八世紀都市の慣行と、後背地や外国からの絶え間のない移住によって農村地域からもたらされた慣行との雑種であったとみなしてよい。とにかく、この都市の企業家や小親方が節制を旨とするようになり始めた一八二〇年代においてさえ、これは非常に活力のある文化であった。その中心はアルコールであった。あらゆる場合に、仕事場の内でも外でも、ニューヨークの雇われ職人が酒を飲むのは当然のこととされていた。すでに一八二〇年代までに、労働者の酒場と酒屋はニューヨークの有名な酒場文化の中で独自の地位を確立していた。そこは家庭と仕事場の責任から解放され、半ば自治権を持つ虚飾を排した男の世界であった。これらの酒場の中には非公式の労働紹介所の役割を果たすものもあり、そこでは州外の雇主たちが臨時の雇用事務所を設置した。もっと直接的に、飲屋や酒屋が雇われ職人たちにくつろぎ、談話、安らぎの場だけでなく、つけ飲みや現金の寸借の便宜まで提供した。一方仕事中、慣習的な徒弟職人制度内での雇われ職人の社会的絆を確認するため、大量のアルコールが一種の世俗的誓約として仕事台のど真ん中に現れた。サーロー・ウイードの記憶によれば、印刷屋の仕事場の雇われ職人たちは毎朝十一時に仕事を中断してビールを飲んだ。彼らは一日何度も酒を飲むために休憩した、とウイードは回想している。「フッティング」と呼ばれる、新入りの雇われ職人が最初の仕事日に仕事場のウイスキー代を支払う古い飲酒の慣行や儀礼もまだ盛んに行われた。これは同業者仲間を象徴する行為であり、これによって雇われ職人たちが自分たちの労働のペースを強制する手段でもあった。(63)

すべての親方がこのような仕事の中断に反対したわけではない。伝統的な雇主たちは実際、「同業者仲間《ザ・トレード》」の正当な慣行に対する自分たちの恩情主義的な配慮から飲酒休憩を奨励した。職人への支払いの一部を酒ですませる親方もいたが、大半は後の禁酒パンフレットが指摘しているように、多分、親方自身が一八二〇年代半ばまでは大酒飲みであった。(64) しかし賃金労働者のアルコールの気晴しが企業心に富む雇主たちの憂慮すべき重大な関心事となるにつれて、この雇われ職人の飲酒の諸権利の承認は明らかに崩壊しつつあった。一八二〇年代初めの市長の机には、地元の食料雑貨店主や飲屋の亭主に対する怒った親方職人からの苦情が絶えず持ち込まれて来た。その苦情の中には安息日飲酒法の侵害や逃亡徒弟の隠匿などがあった。仕事場の中では二、三の親方たちが、多分職人同業者総会や他の集団に鼓舞されて、労働者に伝統的な二日酔の月曜日《ブルーマンデー》の愚かさを説得しようと試みた。雇主の手に負えない雇われ職人たちは、このような矯正の試みに対して、飲酒を自尊心と男らしさの勲章とすることによって対応し、自ら堅物の親方たちから距離を置くようになった。自分の職人を虐待したという理由で非難されている雇主に投げつけられたある印刷工の呪いの言葉はこの問題のきびしさを示唆している、「汝その生涯かけて煩わさるべし／労働者・飲んべーどもに……」。(65)

しかしながら飲酒は雇われ職人の世界の一面にしか過ぎない。ウイードの言葉や印刷工の呪いの言葉が明快に述べているように、すべての職人労働者が全くの飲んべーだったわけではなかった。中には独学で向上するために励んでいた労働者もおり、彼らは同志の仲間と好みを共有した。職場における個々の同業者仲間のあるべき姿に関する議論は、すぐにより一般的な論題へと発展した。石切工兼彫刻職人のジョン・フレイジーは彼の徒弟時代のこのような会話を好んで回想した。彼によればその会話は打ち解けたものではあったが熱心なシンポジアムであり、アルキメデスやニュートンをも楽しませるほどのもので、これが「初めて彼に哲学的に考えるように仕向けた」。この都市の読み書きできる好奇心の強い雇われ職人は、勿論読書した。彼らの選んだ本は常に洗練されたものとは限らなかった。活字鋳造工デイヴィッド・ブルースの回想によれば、一八二〇年頃特に流行したジャンルは「手紙の書き方上達法」、「夢占い本」、悪人の「臨終告白」といった表題で売られる安価な小冊子で、大半が手近な気晴しであり、「水夫の歌、古謡バラード、『ディブデンズ』・メロディーズを主に集めた特殊な本も」あった。しかし同時にしばしば、熟練労働者はより啓発的なものも好んだ、とブルースは回想している。ジェームズ・オラムとアレクサンダー・ミングの『ウィークリー・ミュージアム』のような大衆雑誌は実用的な科学と世界情勢に関する短い記事や印刷工サミュエル・ウッドワースのような雇われ職人詩人の作品を彼らに提供した。身近な劇作家は言うに及ばず、シェイクスピアもいくつかの雇われ職人のサークルで愛好された。スティーヴン・アレンは彼の徒弟時代に出会ったある雇われ職人を「屋根裏部屋の最高の学者」であると記述した。この職人は『ハムレット』や『ロミオとジュリエット』の情景の記憶から長い暗唱をして見せることによって仲間を楽しませ、敵の心をも開かせた。フレイジーは徒弟奉公を終えた後、いち早く仕事場の会話を卒業し、まず『シャーロット・テンプル』と『ロビンソン・クルーソー』に、それからセリーニの自伝へと向かった。他の雇われ職人も、この都市の図書館や読書室で、名目的な料金を払って古典を読み、居酒屋で最近の出来事の情報を得た。そこには何種類もの地元の新聞が定期的に保存されていたのである。(66) 仕事場、行きつけの飲屋、居酒屋、下宿屋、読書室という多様な社会生活が、それぞれ多様な公式、非公式の雇われ職人団体を育てた。その時々に生まれるこのような飲み仲間や「ボックス」クラブや読書集団に関してはほとんど知られていない。しかしそれらの中で最も乱暴なのは、仕事の後や日曜日に街に集まってくる若い雇われ職人と徒弟の遊び人仲間《ギャング》たちであった。ギャングたちはブロードウェイ・ボーイズのような自分たちの居住地区の名前を名乗ったり、ハイド・バインダーズやハイ・バインダーズとして知られる精肉職人のギャングのように職業に由来する名前を名乗って、それぞれの島を取り仕切っていた。彼らはこの都市の富裕な伊達男や「門閥」のスタイルを倣ね、劇場に出向き、若い御婦人に流し目を送り、他のギャングや移民の日雇労働者に喧嘩を売ることに粗暴な集団的威信を賭けた。製本・印刷工のギャングであるオールド・スリッパーズと「つき合って」いたデイヴィッド・ブルースは、彼と彼の友だちが彼らの宿敵ホワイト・ホラーズ・ギャングの二人の水夫に掴まり、小突き回された時のことを回想している。裁判所の記録には喧嘩を始める以外には、はっきりした理由もなく港湾労働者と通行人の群衆の中に突進した若い職人の一団の弁明が残っている。単純素朴な正義が彼らの喧嘩を支配した。ブルースの考えでは、「彼らはブルースたちより少なくとも五歳も年上だったので」、彼らが彼と彼の友だちを痛めつけるのは卑劣な行為であった。しかしギャングたちは自分たちの街頭での名誉を護り、勇気を示すこと以外、他にほとんど何の関心も持たなかった。[67]

これとは全く異質の問題に関わったのが、親方の相互扶助団体から独立して生まれた雇われ職人の互助団体と労働組合であった。これらの団体がニューヨークで生まれたのは初めてのことではなかった。少なくともいくつかの雇われ職人組織が独立革命前に存在していた。しかし初期の試みは極めて例外的で、特に彼らの慎重な態度が目立つ。一七六八年のニューヨーク最初の雇われ職人の「ストライキ」は一七八八年以前の記録にある三つのストライキの一つであった。この場合二〇人の仕立て工は自分たち自身の店を設立し、賃金の安さに不平を述べたが、自分たちが親方のために働くことを拒否したのだと明言することは慎重に回避した。一七八五年の雇われ靴職人のストライキもまた賃金に関するものであったが、親方たちを刺激し、雇主たちは反撃するために団結した。この出来事は同業者仲間内部の対立の尖鋭化を示すものであった。しかしニューヨークの雇われ職人たちが彼ら自身の恒常的団体を設立しようと試みたのは、やっと一七九四年になってからのことであった。この年、何人かの印刷工がフランクリン印刷工組合を組織した。その後三〇年間に、家具工、椅子製造工、船大工・槙皮詰《まいはだ》め工、製靴工、製樽工、家大工、仕立て工、製帽工、石工の雇われ職人が後に続いた。(68)

雇われ職人団体は労働組合であると同時に友愛団体であった。すべての団体が、ある程度まで、親方たちの互助と「同業者仲間《ザ・トレード》」の和合への献身を反映していた。ある団体の実務のほとんどは、もっぱら愛国的祝祭の計画と疾病基金の積立に限られていた。しばしば雇われ職人たちは、仕事場内での諸利害の一致を強調し、紛争が起こった時でさえ利害対立を糊塗した。例えば一八〇九年印刷工の団体は巧みに賃金交渉しながら、「雇主と労働者の間には、利害の相互依存と履行さるべき相互の義務が存在する」と宣言した。(69)にもかかわらず、自分たちの利害を主張するという行為そのものによって、雇われ職人たちは自分たちと親方たちとはある点で利害を異にし、「同業者仲間」の共同体は彼らの要求を完全に満足させるものではないことを認めた。一八〇〇年から一八二五年までの間に、クラフトの構造変化が特に完成消費財クラフトにおいて、戦闘的態度の硬化を着実に促進した。一八〇四年、雇われ職人組合の仕立て工たちは、自分たちは親方たちが自分たちに負担を押しつけるのを阻止するために力を結集し、このようなことは「あらゆる種類の職人たちの仕事場で頻繁に」起こっていることである、と主張した。一年後、製靴工たちは組合規約の前文で「われわれの考える妥当な労働報酬よりも低く労賃を切り下げるため、雇主たちによって用いられる策略や陰謀に対して防備する」ようにと呼びかけた。一七九五年から一八二五年までの間に二五以上のストライキが起こった。これは一八三〇年代の水準に較べれば少ない数字であるが、紛れもなく闘争精神の覚醒の兆候を示していた。その他の抗議の手段として、彼らはボイコットを行い新聞紙上でアピールし、スト中の家具工や製靴工は自分たち自身の協同組合仕事場を設立した。また、一八一〇年のスト期間中、家大工の一群が何

百人もの少年や労働者の群衆を率いて、二つの非友好的な新聞のオフィスと職人同業者総会の窓を打ち壊した。(70)

ロンドンやパリの仲間たちと同様、このような組合員たちは決してニューヨークの最も搾取されている最も低賃金の労働者ではなかった。しかし彼らは新しい仕事場秩序の主要な直接的犠牲者であったと見なしてさしつかえない。年々彼らは、自分たちの生計と社会的地位が他の者たちによって掘り崩されていくのを経験した。組合員たちは、この連中を「概して粗悪な靴生産に関わっているほんの少数の者であり」、「男らしくない、けちな……商人仕立て屋」で、「職人気質など全くわからぬ」親方たちであり、彼らの「唯一の目的は金を蓄めることである」と攻撃した。組合員たちの抗議行動はこのような堕落を阻止し、彼ら自身と自分たちの仕事場の慣行のすべてを護ろうとするものであった。繰り返されるインフレ時には、当然賃金が主要な問題となり、大部分のストは「公正な」賃金要求に関わっていた。しかしながら同時に、組合は職場の諸条件をも統制しようとした。彼らが正規の賃金表に固執した裏には、親方たちが下請けに出したり、仕事を細分化したり、組合の権威を否定する「裏切り者」の雇われ職人を雇ったりするのを阻止しようとする狙いがあった。当時の最も有名なニューヨークの労使対決であった一八〇八年の靴工たちのゼネストは付随的に賃金に関わっただけであり、その焦点は非組合員と「非合法」徒弟を雇う親方たちに向けられていた。少年労働の使用によって脅かされた印刷雇われ職人たちも同様にこの点を声高に主張した。船大工と槙皮詰め工たちもまた、親方船大工が半熟練の助手の数を増やし、同業者仲間の技術水準を低下させる方法を探し出すのではないかと警戒した。(71)

ストライキを行う度に、雇われ職人たちは問題の所在についてますます多くを学んだ。一八世紀にはストは二、三の職場の極く少ない不運な雇われ職人の孤立した苦情のように思われていたが、今やそれは親方と労働者たちを不可避的に対立させることになる再構造化された仕事場に内在するより広範な憂慮すべき問題として現れた。一八〇八年の製靴工と一八一一年の石工によるそれぞれ単一職種の最初のゼネストは、闘争の境界線を階級境界線として尖鋭化させた。メカニックス・ホールへの大工たちの攻撃もまた別の形でこの対立を尖鋭化させた。組合側のレトリックはさらに、クラフトのあるべき調和がいかに頽廃しているかを示した。雇われ職人たちが規範を破る親方に対し、「高慢な」貴族、「無慈悲な専制君主」といった印刷可能なあらゆる非難の言葉を浴びせるようになるにつれて、初期の抗議行動に見られた礼節ある態度は失われた。二、三のより大胆な者は親方には賃金を統制する権利など全く無いとまであえて主張した。一八一九年、あるイギリス移民の仕立て工雇われ職人は、組合が自分たちで工賃レートを決定すべきであると主張した。なぜなら「雇われ職人は雇主よりも自分の仕事の値打ちをより良く判断できるからである」。雇われ職人が現在不可避的と思われる紛争を緩和するため、集団的にあるいは各親方と個別的に交渉する権利を当然のごとく要求するという事態がより頻繁に起こっていた。印刷工たちは一八一七年のスト直後、態度の変化を示した。これは彼らが「利害の相互依存」を宣言してからわずか八年後のことであったが、彼らは（元組合員も含む）親方たちを自分たちの会合から締め出し、「雇われ職人の利害は雇主の利害とは別個のものであり、ある点では対立するものである……」と公言した。裁判所やブラックリストを通じて雇われ職人を抑圧しようとする種々の親方団体の試みは労働者の決意を強めただけであった。(72)

組合はまた、実務的能力のある真面目で自立心の強い尊敬すべき男としての組合員の自覚を強めた。疾病・埋葬基金を管理し、ストを闘い抜くためには、一杯飲屋や下宿屋には欠如している正規の組織形成を行う規律や資質が必要とされた。組合規約は「度重なる酩酊」、「卑俗な不道徳」、「ビジネスの怠慢」を禁じた。組合集会運営規則は礼節ある議事運営に細心の注意を払い、一度組合から追放され再度権利回復を許された兄弟に対して悪態をつくことを陰湿な権利侵害であると規定した。職人としての義務を怠った組合員は罰金を課された。(73) 賃金・渡り・徒弟の諸問題に関する組合内委員会の数が絶えず拡大していく中で、人々は自発的な行動の経験を積んで、組織化に必要な技術を学んだ。この新しい規律は親方の主張や強制からではなく、雇われ職人自身の集団的努力の中から生まれて来たものであった。それはまた同業者仲間内での力の均衡を、少なくとも雇われ職人の心の中では変化させた。かつては親方だけが仕事場を規制していたのに、今や雇われ職人たちが新しい彼ら自身の団結と相互依存の意識に鼓舞されて、ある種の統制権を主張した。「人は独りだけでは無力である」、とある組合規約の原理宣言は述べた、「仲間と団結するようになった時、人は役に立つ」。(74) これこそ階級意識の原初的形態であった。

階級の言語がかすかに垣間みられるこの反対闘争も、一八三〇年代の組合の闘争と較べれば限られたものであった。この都市の最もよく組織された雇われ職人たちの組合、製靴工組合でさえそのピーク時に二〇〇人以下しか組織しておらず、これはニューヨークの全製靴工の約半数にすぎなかった。組合が互いに異なる職種を包含する組織の形成に近づいたことは一度もなかった。少なくとも一つの組合、製靴工組合がスト破りを阻止するために外部の下請け労働者を組織したが、同業者仲間の内外の非熟練や半熟練の労働者に関する直接的言及はなかった。ただ一八一九年に仕立て工雇われ職人たちたちが、「下手糞の」女の「廉価品製造」労働者を雇った親方たちに対してストをした時、不満を述べただけであった。一方最も戦闘的な組合でさえ、戦後の産業再編成から一八一九年恐慌にかけての時期に急速に衰退し、完全に消滅するかあるいは仕事や賃金を規制する権限を否認されるという条件で州議会から法人化の認可を受けた。しかしこの時期の組合の先例は同業者仲間の中で死滅したわけではなく、またこのような衰退が親方と労働者との間の衝突の続発を抑止することもなかった。少なくとも雇われ職人の五つの独立の互助団体が一八二〇年代中葉まで存続した。製帽工と仕立て工を平穏に組織化しようとする雇われ職人の努力が、一八二三年と一八二四年に共謀罪裁判を続発させた。恐慌後の一八二四年と一八二五年のインフレ時の突発的なストライキが一時的に組合運動の様相を復活させた。エリー運河が仕事場の中により大きな変化を招き入れる時までに、この都市の最も大きな諸業種の雇われ職人たちは、四分の一世紀以上にも及ぶ断続的な組織化の経験を積んでいた。より深刻な分裂と紛争が地平線上に現れていたのである。(75)

安らぎなき平和

ニューヨークの職人にとって一八一五年には多くの祝福すべきことがあった。しかしそれはどうやらクラフトの調和と団結をもたらすものではなかった。文字どおり技はまだハンマーと腕によって立っていたとしても、徒弟職人制度は明らかに衰退過程に入っていた。親方と小親方と雇われ職人が平等に豊穣の角から溢れ出るドルを共有することは期待できなかった。平和は職人の味方であった。しかしその平和は一部の者には溢れんばかりの機会を、多くの者にとっては不安定な未来を意味した。

しかしこのような分裂にもかかわらず、まだこの時の講和の祝賀を単なる舞い上がった愛国的仮面舞踏会とみなすのは誤りである。最も大きな諸業種の中での親方と雇われ職人を分断する社会的変化は始まったばかりであった。ストライキは急速に仕事場の生活の現実となりつつあったが、依然として珍しい出来事であった。クラフト経済の大部分は徒弟職人制度を維持していた。より重要なのは職人たちが、最も紛争の多い業種でさえ、エリート商人と労働貧民、この両者に対する身分的差別意識を共有していた点にある。これが職人たちの相互依存に関する言語に生命を吹き込み、新たな紛争を緩和した。一八一五年の祝賀はこの特殊語法《イディオム》を暗示していた。そしてこのような暗示の先には、ある強力な観念集合体が存在した。しかもこの観念集合体の中核には、独立革命の意味づけと、共和主義政体とその社会におけるクラフトマンのあるべき地位に関する彼らの観念とが位置づけられていた。仕事の道具と同じくらい、このイデオロギーが職人共和国《アーティザン・リパブリック》を定義づけた。このイデオロギーが過去と現在に関する職人たちの認識を形成したように、それは彼らをよりいっそう不安定な未来に対し身構えさせることにもなったのである。

第二章　職人共和主義

貴族と国王の統治する一九世紀初頭の世界において、アメリカ市民であることは、定義上、革命の遺産継承者にして共和主義者であることを意味した。アメリカ共和主義者であることが何を意味するかはしかし、決して自明のことではなかった。早くも一七八八年ジェームズ・マディソンは、政治的著述家たちがこの言葉について非常に多くの定義を用いて来たので、文献だけを頼りにしては「満足のいく定義は発見できない」と述べた。より民主的な考えのニューヨーカーたちも同意見であった[1]。続く半世紀間の社会的・政治的転換とともに、異なった社会的背景と相対立する社会観を持つ人々、例えば東部の銀行家と西部の独立自営農民、奴隷所有者と奴隷解放論者、福音主義者と不信心者が、共和主義の諸原理に対するそれぞれ自己流の忠誠心に従って自己とお互いを判断するようになるにつれて、アメリカ共和主義の理解の仕方は多様化した。確かに共和主義という一つの独特の政治言語がアメリカ人を結束させていた。革命時代の大陸やイギリスの経験と対比する時、明らかにこれは驚くべき団結心の表明である。しかしこの表面上の国民的合意の下で、アメリカ人たちは経済・社会生活における（断続的だが）深刻な諸変化を経験しつつある国家の中で生活しながら、彼ら自身の革命の基本原理を巡って激烈な闘争を展開したのである。[2]

　ニューヨークの職人たちは、親方も雇われ職人も、イギリスの著述家ジェームズ・ボードマンが一八二〇年代末の訪米中に発見したように、共和主義者はいかにあるべきかについて彼ら自身の考えを持っていた。何人かのより有名な英国人と同様、ボードマンはアメリカとその商業上の首都に魅せられた。しかし彼は都会的な文筆家の集まる客間だけを訪れたわけではなかった。このような態度が多くの訪問者を誤らせ、ニューヨークを奥地の野蛮な生活を免れたお上品な天国として記述させたからである。ボードマンは下層の仕事場店主《ショップキーパー》たちを追い求めた。彼はこの貧しい職人たちがアメリカの一般民衆についての情報を提供してくれることを期待したのである。ある日の午後彼は地元の宝石商から一つのエピソードを聞いた。これは職人たちの政治信条を端的に示すものであった。その日早くに、この宝石商は見事に装飾を施した「ざくろ石に細工したフランス工芸品」のブローチを裕福な若い職人に売っていた。その若者には王室の紋章と他のデザインとの区別がつかなかった。友人が彼の逸品が実はブルボン家の意匠だということを告げると、彼は真っ青になった。「彼の共和主義的感情が、片時たりとも専制君主のバッジを身につけることを許さなかったのである」、とボードマンは後に回想した、「そして彼はもっと民主的感情になじむ物と取り替えてもらうため、息せき切ってこの宝石商のところに戻ってきたのである」。[3]

　何カ月か後、ジョン・ペザラムという名の移民労働者は、職人の「共和主義的感情」が非常に強く、仕事場の組織の在り方まで決めてしまうということを学んだ。弁の立つ織物労働者家族の息子ペザラムは、干し草焼き払いや織機打ちこわしがイギリスの農村地域に蔓延していた一八三〇年に、開運を求めてニューヨークにやって来た。いくつかの仕事場や商店で自分の腕を試してから、この若者はこの都市の雇主たちの明らかに後ろ向きの姿勢に驚いた。その典型として、彼は薬屋ジョン・モリソンという人物を後に回想している。「労働の分業はそこではまだイギリスほど普及していなかったので、もし労働を分業にすればもっと沢山仕事ができるということを、私はこの年老いた愚かなモリソンに信じさせようとした」。この無知な男は「アダム・スミスを読んだことがなく」、「すべての人に開かれてはいるが、無知や頑固さや偏見のために多くの人が読もうともしないこの経験の書のことを考えたことすらない」ように思われた。「偉いさん、ここは自由の国ですぜ」と腹を立てたモリソンが切り返した。「われわれは労働の分業の結果、人が人の上に立つようなことは望まないんだよ」。この「偏見」は彼だけのものではないことが判った。「彼らはみんな似たりよったりであった」、とペザラムは小親方雇主たちについて慨嘆した、「私はこれを何度も聞かされた。さらに『イギリスでならトーリーも大変結構なことかも知れんが、しかしここではわれわれはそんなものは望まないよ』、と駄目を押された(4)」。

今日この逸話を読むとショックを受ける。ここには人々の予断を打ち砕くアメリカがある。このアメリカは当時の最も思慮深い旅行者アレクシス・ド・トクヴィルの印象とは全く相容れないものである。ボードマンが発見したように、平等主義の理想への信従は単なる金儲けの口実などというものではなく、一般の職人にとってはまだ実質的に政治的意味を持っていた。ペザラムは自分の親方たちに資本家として成功する方法を教えねばならないということに皮肉な巡り合わせを感じただけでなく、利潤追求という獲得的個人主義は、少なくともそれが仕事場における労働の分業に向かう時には、必ずしもアメリカ人の共和主義的人格の最高善にはならないということを発見した。この二人の男はアメリカとは何かをしっかりと見聞した結果、当時なお生き残っていた独特の意味体系を発見した。その体系はこの共和国の諸々の表象、言語、政治活動と、職人たち自身が社会的伝統として築き上げた労働制度とを結びつけるものであった。

独立革命直前の危機の中で最初に現れたこの職人共和主義《アーティイザン・リパブリカニズム》は、一七九〇年代、職人たちが自分たち自身にとっての独立革命の意味について考えるようになるにつれて固まっていった。一八二〇年代末までそれは彼らを一つの社会集団として鋳型にはめ込む役割を果たし、親方と小親方と雇われ職人との間の連帯のための一定の現実的基盤を提供した。しかしながら同時に職人たちは同業者仲間の社会関係の中で進行している変化に直面して、クラフトマンシップと共和主義の両者の意味を再検討した。一八二五年になっても依然一八一五年と同様、すべての地位の職人が職人共和主義の団結を示す大衆的宣言に結集することができた。同時に、親方と雇われ職人が分裂しつつあるクラフトの中で、職人共和主義の遺産に関する相対立する解釈を創造し始める複雑な過程がすでに進行していた。継続と変化、コンセンサスと闘争との間のこのイデオロギー上の対位法から、古い思考形態の持続力と出現しつつある階級意識の形態の双方を示す兆候が現れていた。その起源は政治の中に、そしてこの商業都市における政治的従属に対する職人たちの闘いの中にあった。

革命の復権

一八世紀と一九世紀初期のニューヨークの指導的市民にとって、社会は下層階級の忠誠心とエリートの威信とのネットワークを意味した。社会的地位の違いは職業、富、宗教、民族集団、及び家族的紐帯の組み合わせによって決まった。職人は、彼らの中の最も富んだ者であっても、一般に商業エリートからは距離を置かれ、「ただの職人」、すなわち下層あるいは中間の地位にある人々として蔑まれた。この社会規範は、ニューヨークの競合しあう門閥間の絶えざる勢力再編成過程に適用された時、門閥支配と民衆参加が結びついた御し難い派閥抗争を助長する役割を果たした。独立の職人たちは早くも一七世紀に、選挙に際して候補者としても投票者としても重要な地位を占めていた。ニューヨークの党派抗争を繰り返していたジェントリーと商人たちは、ボストンやフィラデルフィアの指導的市民たちと違って、（あからさまに恩着せがましい態度で接しながらも）積極的に手工業者たちの支持を求めた。しかし政治への参加は、職人たちに政治的発言力や彼らの団結を保証しなかった。職人たちは営業免許や公職任命の網の目にからめとられ、口頭投票の監視によって制約され、英国国教会と長老派との相対立する宗教的立場によってかなり分断されていたので、彼らは政治的に分裂させられ、革命前夜まで社会的上位者の恩義を受ける立場にとどまっていた。(5) 一七六〇年代と一七七〇年代の民衆運動は、この支配体制の亀裂を拡大し、職人や他の都市民衆のニューヨーク市政への参加の仕方を恒久的に変えた。しかしエリート主義的な政治信条が独立革命後復活し、一八〇〇年以後も存続したので、職人たちは再度、自分たちの政治的代弁者を発見し、地方権力の分け前に与るために闘わねばならなかった。次の二〇年間、無党派の政治家たちと同盟して、彼らは活力ある政治的利害集団としての自分たちの立場を固め、独立革命を再検討して全く彼ら自身の平等主義的政治的伝統を確認した。

このような発展の背後にある情熱と伝統を完全に理解するには、われわれは一七六〇年代と一七七〇年代の街頭と委員会室に立ち戻らなければならない。歴史家たちは都市の職人たちにとっての独立革命の社会的意義について永い間考えを巡らせて来た。ほとんどの最近の研究は、民主的な職人に基礎をおく民衆運動がニューヨークで印紙法危機から（一七七四年と一七七六年の間に頂点に達した）独立革命の到来までの時期に発展したこと、しかもこの運動は西インド貿易商人とその船荷主たちと同盟し、一時期彼らによって指導されたが、それ独自の自覚した政治意識を持つ運動であったという点で一致している。(6) この運動は非常にゆっくりと、しかもいくつかの戦線で前面に現れて来た。群衆騒動《モッビング》や儀式化された街頭示威行動は、旧世界の都市民衆の集団的抗議の主な形態であり、一八世紀末のニューヨーカーにとっても日常茶飯事であり、（ある人々にとっては好ましからざるものであったとしても）下層階級の不満や精神の高揚のごくありふれた表現として受け取られていた。ハノーヴァー朝時代のロンドンでと同様、これらの騒擾の原因は、ごくありきたりのものから一見怪奇に見えるものまであり、仕事を求める競争や談合価格設定の疑いから、死体入手のためのコロンビア・カレッジ医学生によるいわゆる墓荒しまで千差万別であった。ニューヨークの群衆もまた一般に、財産に対する限定的で、しかも選別的な、暴力を伴う高度に象徴的なアングロ・アメリカ的行動規範（人形焼き、仮装の着用）に従っていた。(7)印紙法危機の間、リバティー・ボーイズの群衆が小商人と私掠船の乗組員に指導されて、イギリス高官の邸宅を略奪し、地元の印紙販売人に辞任を強制し、人形を焼き、知事の馬車を破壊し、印紙を貼った用紙を使う印刷工を恫喝するため「民の声」と署名されたプラカードを掲げた時、群衆ははっきりとした政治的抵抗運動の性格をも帯びた。政治的群衆は何度も登場し、一七六六年国王の軍隊に対して「自由の柱」を擁護し、一七六九年投獄された自由の息子たちの指導者を勇気づけ、一七七〇年英国守備隊と血まみれになって街頭で闘い、一七七四年小さなお茶の委託貨物を海中に投げ込み、そしてレキシントンの戦いのニュースが到着した後地元の兵器庫を襲った。一七七六年六月、群衆はトーリーの立場を公言する者の衣服をはぎとり、街頭で引きずり回し、彼らを投獄した。政治的理想とより日常的な社会的憤懣とがこれらの爆発の中に混じりあっていた。例えば強制徴兵や水兵の市内でのアルバイト労働に対する怒りは、一七六六年と一七七〇年の衝突の際のより普遍的なアメリカの自由の問題との見分けがつかなかった。しかしながら街頭に繰り出し、自分たちの意思を貫き、時には指導者たちの意図を超えて、群衆はニューヨークの忠誠派とホイッグ保守派の路線と彼らの特権に挑戦した。この挑戦的態度は以前の群衆の態度よりもはるかに既存の政治規範にとって脅威となるものであった――あるいは敵対者たちにはそのように思われた。彼らの一人は一七七四年、「製靴工と仕立て工がこの都市の忠誠で賢明な市民たちに命令する恒久的で無制限な権力を担おうとする限り、この連中」の活動は停止させる必要があると書いた。(8)

一方で、群衆《モッブ》が職人たちの騒然とした自己主張を儀式化した形で誇示していた時、他方で、恒常的に組織化された集団が民衆の愛国派政治のための新しい組織を創造し、やがて首尾一貫した民主的政治理念を生み出した。ラディカルな職人たちが既存の選挙方法を利用して反英煽動を指導する役割を果たすようになるにつれて、最初の準公式の諸団体が群衆と一緒に登場してきた。自由の息子たちによって指導された野外集会と各戸別説得が、軍隊宿営諸法反対と英国製品反対を活性化した。同様な活動が耐え難き諸法制定後に続いた。一七七四年における自由の息子たちに代わる独立の職人委員会《メカニックス・コミッティー》の形成は、この都市の穏健なホイッグ派に対する強い不信感と同時に、政治に対する職人たちの成熟しつつある自己確信を示していた。それはまた、アルフレッド・ヤングのいうこの都市の民衆的ホイッグのますます民主化する反英運動の存続をも保証した。全体会議がこの委員会の新しい職人会館《メカニックス・ホール》に、時には週一回の頻度で集まり、深刻化する危機について検討し、急進派の諸行動を調整した。一七七六年に戦争が不可避になり、忠誠派が一時的にこの都市から逃亡すると、委員会はますます多くの権力を行使するようになり、アメリカの独立に関する一連の宣言と男子普通選挙を含む政治改革要求を発表した。沸き上がる春から夏にかけて、この都市はペインのショッキングな『コモン・センス』(同年一月に刊行)に強く影響され、異常な民衆的政治討議の影響下に入った。この大波は一挙に反英世論を連合させ、来るべき独立のアメリカに関する論議を解き放った。あの賢明な保守派のグヴノア・モリスはすでに二年前、このような事態の到来を予知していた。その時すでに「暴徒《モッブ》」が実際に自ら考えて判断し始めていたのである。[9]

　新しい政治の世界がこのような努力の中で形成された。一七七六年におけるイギリスの軍事占領がニューヨークの民衆政治を停止させたが、職人たちはイギリス軍が撤退すると直ちに政治活動を再開した。フランス革命に対する反動、一七九二年の恐慌、一七九四年のジェイ条約締結の公表、およびいくつかの小さな紛争が恒例のパレードと破壊を誘発した時、群衆騒動と街頭デモが民衆の意思表明の手段として再び現れた。一七九六年の劇的なウィリアム・ケテルタス事件はそのパターンを繰り返し、三〇年前のロンドンのウィルクス騒動や自由の息子たちの運動のスペクタクルを再現した。二人のアイルランド人の渡し船の船頭が、地元の市会議員に悪態をつき、彼のために運行予定を変更してイーストリヴァーを渡ることを拒否したという理由で、公衆の面前での鞭打ちの刑の宣告を下された時、騒動が始まった。若い戦闘的な民主共和派の弁護士ケテルタスがこの船頭事件を取り上げ、この裁判所の決定は言語道断であり、州議会がこれに介入しなかったことは「独立革命以来の……最も破廉恥な権利侵害」であると断じた。ケテルタスもまた自説に固執したため、州議会の権威を侮蔑したという理由で投獄の判決を受けた――しかしその前にケテルタスと彼の共和派の仲間たちは政治的群衆を戸外に動員し、州議会議員たちとの最終的対決に向かうこの弁護士に同行させた。彼らの憤激は本物であった。しかしこの事件の成り行きは、そのままお芝居の脚本にしてもよいようなものであった。ケテルタスは（州議会の超満員の聴衆が固唾を飲んで見守る中で）挑戦的な態度で最終的に自己の主張の撤回を拒否し、その結果、何千もの人々が「七六年の精神」を歌っている道中を椅子に乗せられ街路を通って刑務所に連行されることになった。二カ月後ケテルタスが釈放された時、彼はもう一度群衆に迎えられた。今度は彼らは彼をアメリカとフランスの旗とフリジアン・キャップで飾りたてられた幌つき四輪馬車に乗せてパレードした。その題字には「てめえ、与太もん、何でお上を侮辱した」と書かれていた。(10)

これはすべて一七七〇年代を生きて来た人にとってはお馴染みの光景であった。ケテルタス事件に関するほとんどコミックな調子の新聞記事にみられる一七七〇年代との違いは、この群衆の演出技法が一七九〇年代においては、全く二次的重要性しか持たなくなり、職人委員会によって始められたより恒常的な政治参加によって取って代わられていた点にある。一七八三年、職人たちの投票は民衆に支持されたホイッグ派の候補者を州議会に選出し、一七八四年と一七八五年に職人の新しい委員会が独自の候補者名簿を指名した。この委員会の請願は、州議会と連合会議に保護関税、州債の支払い、無料の公教育、旧忠誠派の政治的権利の制限を強く求めた。職人たちは、その後間もなくこの都市の連邦派となる政治家たちとの結びつきを強めた。次の二年間職人たちの保護関税要求と、関税法を制定できる強力な国民的憲法の承認を求める要求とが、彼らを直接アレクサンダー・ハミルトンとこの都市の保守的ナショナリストたちへの支持へと向かわせたからである。他方、保守主義者の側は州政治における急進派の台頭を打ち破るための民衆的基盤を獲得することを期待し、同業者仲間の支持を求めていた。ジョージ・ワシントンが一七八九年に大統領に就任した時、ニューヨークの職人以上に熱狂的な親連邦派集団は全国で他になかった。(11)

連邦派との結びつきは一時的には便宜にかなっていたが、長期間継続するにはあまりにも矛盾に満ちていた。最初から保守派の政治的傲慢さは、革命後の職人たちに残された民主化運動の遺産を無視するものであった。ハミルトンは自己のエリート主義を抑え、職人たちの間で政治活動することを学んだが、彼は職人たちがエリートを当然自分たちの上に立つ者と考えているという自己の信念を決して捨てなかった。実際彼は「職人と製造業者たちは、二、三の例外を除けば、彼ら自身の職業や同業の者よりもむしろ商人たちを支持するものである」、と固く信じていた。長期的な連邦派と職人の同盟のチャンスは、一七九〇年代初期の多くの地方的問題に関する論争、とりわけ商業銀行の特許認可と、州議会の職人委員会に対する特許不認可に関する論争の中で浸蝕されていった。しかもすべてがワシントン政権の親イギリス外交政策と、政府の保護関税政策の後退によって険悪化した。一七九四年までに、この都市の何人かの最も政治的に活動的な職人たちは非常に不満を抱くようになっていたので、同業者仲間以外の同志とともにニューヨーク民主協会を結成した。(12)

「肉屋、鋳掛屋、落ちぶれた物売、及び大西洋の向こうの反逆者たち」――これは一時的に亡命していたウィリアム・コベット(当時「ピーター・ポーキュパイン」のコベットであって、まだ『ポリティカル・レジスター』のコベットではなかった)の民主共和派に関する記述である。ニューヨークの民主協会はやがてこのような記述を逆に利用するようになり、中にはこのレッテルを自負するメンバーもいた。しかしそのような記述はすべて誤解を与えるものであった。この民主協会は完全に民衆的なものからはほど遠いものであった。アメリカの文脈の中では、それはほんの一時期フランスのジャコバン・クラブに近づいただけであり、革命期のパリのサンキュロットが支配するセクションや、ロンドンとイギリス地方都市の「ジャコバン」職人通信協会からはさらにかけ離れていた。その役員は商人たちや、あるいは資産からの収入で生活する尊敬すべきヘンリ・ラトガーズのような富裕な専門職者たちであった。下級のリーダーの中にやっと若い法律家や教師と並んで職人たちが現れ始めていた。その会員は少なく二〇〇人を超えなかった。激しく貴族主義に反発したが、その回状や抗議書には徹底した民主主義は全く見られず、イギリスやフランスの職人団体を駆り立てていた「無制限参加」や普通選挙に対する信頼もなかった。その公的立場は「革命的」どころか「ラディカル」としても理解しえないものであった。その信念の試金石となったウィスキー反乱の時、この団体は政府の抑圧と消費税制度を非難したが、「憲法の執行」に対する反逆者の武装抵抗を強く否認した。その構成、気質、企図の点で、この民主協会は革命クラブや大衆運動というよりは監視委員会的性格を持つ萌芽期の政党のようなものであった。この協会は、出現しつつある反政府共和派の主流に比べ決定的に平等主義的で大胆ではあったが、ある歴史家が言うところの独立革命後のニューヨークの「党派文化」の限界内にとどまる運命にあった(13)。

ここで叙述をとどめれば、しかしコベットの非難とこの協会の人々の反発を惹起した肝心な事柄すべてを、したがって民主協会そのものを見失うことになる。この団体は、著名なラディカル・エリートたち――すなわちリバティー街とウォール街の横丁のコーヒー・ハウスや居酒屋に頻繁に出入りする裕福な自由主義的反体制派、若い法律家、仕事場店主たち――に指導されていたが、職人の居住地区にも浸透していた。それがどの程度だったかは明らかでない。われわれはこの団体が日没後集会を開いたことを知っている。この協会の主張によれば、「働く人々は夜しか集まることができない」からであった。アルフレッド・ヤングは一般の活動家の大多数は「中間」層ないし「下」層の人々であったと推測している。確かにこの団体はダウンタウンの印刷所や「ザ・スワンプ」内およびその周辺の皮なめしその他の仕事場にまで影響を及ぼした。より重要なことは、それが職人委員会(最終的には職人同業者総会として一七九二年に法人化された)や個々のクラフト集団や民兵と緊密な同盟関係を築き上げたことであった――これは一七七〇年代中期の民衆的民主化運動の中核の最新版であった(14)。

さらに重要な点は、一七九〇年代中葉の政治的文脈を想起することである。当時の政治的風潮の中で保守派はデモクラシーとフランス革命、(場合によっては)下層階級一般をあからさまに軽蔑し、彼らの独立革命期の懐柔的な言辞を撤回していたのである。コベットの悪口雑言とケテルタス事件を巡る取り乱したエリート主義的対応は、東部諸都市における反民主主義的過剰反応の一例にすぎなかった。このような過剰反応はニューヨークではニューイングランドやフィラデルフィアほど敵意に満ちてはいなかったが、ここでも危険なほど熱気を帯びていた。政府への反対は民衆煽動的党派心を掻き立てるものであるという非難は、間もなく「民主主義者アクイリン・ニムブル・チョップス」なる人物による匿名の中傷の中に現れた。彼は異議を申したてる職人は心なき群衆「油まみれの帽子」として無視したほうがよいと考えた。これはまだ穏健な方である。民主共和派に対するある漫画家の風刺は、当然のこととして海賊と共に仕立て工を無知な民主的群衆の一部として描いた(図版5)。連邦派が民主共和派は「最下層の職人、日雇労働者、荷車曳きを引きつける」のにうまく成功したと主張した時、彼らは讃辞を述べているわけではなかった。「烏合の衆」、「怪物」、支離滅裂な人民大衆――こういった悪態のすべては(そして実際にはもっとあった)、もしそれが今や共和国の名の下に統治している人々と彼らの友人たちによって述べられたものでないならば、頭の固い保守主義者の過剰な被害妄想として容赦することもできた。しかし彼らは共和主義フランスを公然と非難し、ジェイ条約を支持し、ある高慢なフェデラリストが成り上がり職人に向けた次のような説諭に大賛成するような人々であった。この説諭に曰く、

鋳掛け屋ごときが、ずうずうしくも
国家を修繕、するあたわず
靴屋ごときが、党派に煽られ

図版 5　『反フェデラリスト・クラブの内幕』

ニューヨーク市，1793年。ジェファソンがこの仮想の民主派の集会の司会をしている。聴衆の中には，酔っ払いの海賊や陰のようにつきまとっているフランス人と一緒に，仕立職人バサミを持った男がいる。どうやらこれはトム・ペインらしい。野党の民主共和派に対する典型的な保守派の見方。*Courtesy, Free Library of Philadelphia.*

仕事忘れて、身を滅ぼすな

これはもう一七七四年の時と全く同じような音響を発した(15)。

このような感情の激発に反発し、そしてまたあらゆる「勝手に作った団体」に対するワシントンの激しい非難に反対して、民主協会はペインの『人間の権利』の旗を掲げた。この『人間の権利』はフランス共和国の国王殺し擁護の書であり、「人類の平等の諸権利の上に根拠づけられた民主主義感情」に基づくアメリカ革命の平等主義的解釈であった。厳密に組織的な観点から見れば、民主協会の努力は、大半が地位の低い個々の職人や（職人が支配する友愛団体タマニー・ホールの一部を含む）クラフト諸集団を、マンハッタンにおける形成途上の規律ある地方的政府反対派に結集させるのに最も重要な役割を果たした。イデオロギー的観点から見れば、この団体は憲法制定論争とニューヨークの保守的ナショナリストによる権力統合の中で失われた民主的推進力を捉え、事実上民主主義を共和主義の必要条件たらしめた。「ペイン派」という言葉が、この団体の政治を記述するのに最適の表現である。彼らはすべての形態の敬意恭順を憎悪し、過去と単なる伝統に対して不信感を持ち、ペインその人を賞讃した（だが全く皮肉なことに、ペインは一七九四年の大半をジャコバンの監獄で暮らしロベスピエール主義者の徳の犠牲者となっていた）。

最後に――正直者トム・ペインに成功あれ、
彼がうまく説明しているものを享受すべく生き延びよ。
かの「人間の権利」をわれらは忘れず
それがイギリスの仲間を地獄のピットから救うから。

一七九五年の「デモクラティック・アーティザン独立宣言記念日祝祭」で表明されたこのような声明は、この団体とその同盟勢力が自分たちの団体結成の権利の擁護からさらに進んで、ハミルトンの財政政策のような諸問題についていろいろ考え始めるにつれて、やがてある種の社会的性格をも帯び始めた。民主共和派は、私有財産を疑問視したり、自活できない貧民の諸権利の問題を取り上げる方向には進まなかった。しかし彼らは中央集権化した金融勢力に対する古典的共和主義者の恐怖心を新たな方向に転換させ、生産的な営業に従事することなく財産を蓄積する者（すなわち、銀行家、商人、投機業者）は政治的に警戒を要する連中であると主張した――このような主張はすでに英国製品輸入反対運動の時に現れていたが、これほど明快ではなく、強力でもなかった。「奢侈にふける浪費的投機家よりは、貧困と闘う生産的職人に敬意を表して」、と一七九五年のニューヨーク青年共和主義協会の祝杯演説は述べた。(16) このような思想は潜在的社会革命家の思想というよりはむしろ、その後職人たちを発展途上の政党制度の中に組み込むのに最も効果的な役割をを果たすものであった。政治的徳と後のいわゆる生産諸階級とをほぼ同一視する観点は、すでに『人間の権利』第二部の中でイギリスの文脈に即して作り上げられていたが、民主共和派はこれを産業革命の黎明期のニューヨークでも定着させた。その後の数十年間、一七七六年の精神と生産的職人の高貴さへの言及は、職人たちの政治的レトリックの縦糸と横糸になった。

この民主協会が名をとどめたのは、当時、独立革命と平等主義的政党政治との間の中間駅としてであった。この集団は一七九七年に消滅し始めていたが、この協会に活気づけられた職人たちは、すでに「貴族支配」の覇権の脅威に反撃するためより永続的な連合を形成する道を進んでいた。一八〇〇年までに、職人利害《メカニックス・インタレスツ》は共和派の政治家と同盟し、同業者内部の関税支持の世論によって育まれ、都市政治の中の圧力集団として完全に統合され目に見える形で発展していた。（群衆騒動は、勿論、それ自体としては以前にもまして盛んで、一九世紀初期にも存続した。しかし一八二〇年代中葉までに、ニューヨークの群衆行動は政治論争よりもむしろ民族集団間ないし人種間の紛争やギャングの喧嘩が原因で起こった。政治においては、職人その他の人々は彼ら自身の街頭劇を上演しながら政党選挙運動と地方権力を求める闘いに集中した。）彼らは商人エリートの公職選挙支配体制に対して挑戦することはなかったが、クラフトマンと元クラフトマンたちは、もっぱらではないが主にジェファソン派と一緒に活動しながら、一八〇〇年から一八一五年の間、特に州下院と市の公職の指名で重要な分け前を獲得した。一八二一年における船帆製造業者スティーヴン・アレンの市長当選と、一八二五年までの党の候補者名簿に職人が継続的に現れていたということは、好感情の時代までの彼らの政治的存在感を確証している。終始、この都市の有力な職人、特に職人同業者総会の有力職人たちは、州監獄労働の制限、市立仕事場計画の拒否、選挙権の拡大、絶えざる私的利害の追求のため、彼らの高官職と政治力を利用した。(17)

初期政党制度の組織を運営することによって、職人利害は後の世代のニューヨーカーにニューヨーク民主党を連想させるような政治スタイルを身につけた。あたかも狂気の民衆の一団が「かの恐るべき専制者、人民」を立ち上がらせるために解き放たれてしまったかのように、「昔の二輪荷馬車曳きや靴直しや仕立て屋ども」が演壇によじ登っている様を、若きワシントン・アーヴィングのような確固たるエリート主義者たちは唖然として眺めていた。事実、彼らは新しい社会的人間類型である企業家の出現を目撃していた。スティーヴン・アレンはその典型であった。実際彼の政治経歴は、そのビジネスにおける成功と同様、一七七〇年代からジェファソン時代への移行の寓話として読み取ることができる。少年時代のアレンは、革命前の民衆運動の活躍に興奮し、民衆派のホイッグやラディカルな共和派の文献、とりわけ『ザ・クライシス』を熟読した。おじのために声を出してペインを読むことは、と彼は後に回想した、「崇敬の念」を掻き立て、この若者を「自由を擁護するこの都市の人民の熱狂」へと引き入れた。この日常的な政治教育は、イギリス軍占領期の愛国的家族の中での生活で味わった欲求不満も加わって、アレンの民主的な考え方を作り上げ、一七九〇年代には彼は政府に反対する民主共和派に加わった。その後間もなく、アレンの諸業種仲間の中での地位の上昇は、一八〇二年に彼に職人同業者総会会長の選出の栄誉を与え、ジェファソン派の政治家たちが彼に注目するようになった。一八一二年彼は市議会に選出され、そこにほぼ一〇年間とどまり、市の財政の再建と小さな民主的諸改革に特に意を注いだ。彼の成功と職人の有権者の間での無比の人気が、彼に一八二一年から一八二四年まで市長として三期の任期を勝ちとらせた。(18)

職人政治のもう一方の側面は、タマニー派戦士マシュー・リヴィングストン・デイヴィスの人柄の中に現れた。印刷工デイヴィスはアレンと同様、同業者職人総会の役員であり、少なくとも初めは本物の献身的な民主共和派の党派人であった。一七九〇年代に、デイヴィスと彼のパートナーでジャーナリスト・詩人のフィリップ・フレノーは「勝手に作った」諸団体の弁護のための反撃を指導した。一八〇〇年にタマニー協会に加入後、彼は積極的にジェファソンを支持した。アーロン・バーの友人たちに自らの運命を託し、デイヴィスは次の四半世紀の間、最も練達した黒幕・政治的実力者の一人となり、庶民的な職人のレトリックを使いながら自分の政敵たちを（その信条に関わりなく）貴族主義者として描き出す技術を開拓した。一八〇三年彼は、エドワード・リヴィングストン市長の犯罪者と貧民のための市立仕事場設立提案を契機に、同市長に対する職人たちの不満を煽動し、職人利害をバー派による分派形成の方向へと導こうと試みた。デイヴィスの演説は次のような非難の言葉を声高に叫んだ。すなわちリヴィングストンの博愛主義は、州による囚人労働の独占を作り上げ、「この都市の職人をイギリスの職人の零落した状態へと没落させ」ようとする貴族主義的計画を覆い隠すものである、と。五年後、分派結成計画の失敗にもめげず、彼は組織化した政党政治についての早咲きのヴィジョンを構想した。そこでは党規律と忠誠心、すなわち「党の要望と期待に一致する」立場を取ることが政治的徳の主要な基準となるものであった。デイヴィスの個人的影響力は一八二〇年代まで浮沈を繰り返したが、彼の功績はマーティン・ヴァン・ビューレンの連邦支配の時代に完成することになる徹頭徹尾職業的な政治家に指導された民主的政党政治のための道を切り開く役割を果たしたことにある。(19)

これらのジェファソン派の職人たちは実践力を持っていた。事実上すべての親方と多分ほとんどの雇われ職人が選挙権を持っていた州下院選挙の記録は、職人利害と職人票が一般にジェファソン派に忠実であったことに疑問を残さない。勿論このことは同業者仲間に絶対的な政治的意見の一致があったことを意味しない。一七九〇年代の危機が職人たちの忠誠心を揺さぶった時でさえ、一部の職人たち——とりわけ関税保護を必要としない者たち、保護=被保護の網の目にからめ取られていた貧しい職人、かなり裕福な親方、相対的には少数だが元忠誠派の職人たち——は連邦派陣営に踏みとどまっていた。一八〇〇年以後も、連邦派は中央及び外北区の票の少なくとも三分の一を獲得することを当てにすることができ、彼らは四人の候補者のうち少なくとも一人に関しては、クラフト出身者を入れた候補者名簿を作ることを怠らなかった。ダンカン・ファイフや皮なめし工ジェイコブ・ロリラードを含むこの都市の何人かの最も有名な親方職人は積極的な連邦派であった。新たな政党の出現を嫌った他の職人たちは、共和派と連邦派のいずれも独立心のある共和主義者を「屈辱的奴隷」にするいかさま師であると非難した。たとえばジョゼフ・ハーマーは、彼の『独立の職人』という新聞の名前は、「党派演説の汚らしい泥沼、岸も深みもない過ちの海」である党派政治の問題に関して、文字通り独立であるという意味に受け取られるべきである、と主張した。マシュー・デイヴィスの推定によれば、(職人と日雇労働者を含む)「下層階級」の有権者の三分の一以上がどの選挙においても投票しなかった。これは今日の基準では通常の数字であるが、同業者仲間での無関心と初期の「反政党」感情の拡がりを示すものであった。にもかかわらず、連邦派が通常共和派支持の区に食い込んだ出航禁止令の時期以外の年には、ジェファソン派が常に市全体での得票率よりもはるかに高得票率で中央と外北の区を制した。大半の活動的な親方と雇われ職人双方にとって、政治とは職人利害を支持し、ジェファソン派の候補者たちに投票することを意味した。[20]

このような発展の政治・イデオロギー的広がりは底が深い。一七九〇年代の論争の場合と同様、初期のジェファソン派の選挙運動は、スティーヴン・アレンのような明らかに誠実な人々によって指導されたものであれ、デイヴィスのようなより機会主義的な政治屋によるものであれ、アメリカ的平等を中産的生産者層の政治的成功(さらにジェファソン派の成功)に結びつけた。彼らの発言は民主協会とその同盟勢力の発言に比べ、それほど「民主的」ではなかった。例えば、民主協会はその活動家の中には何人もの全くペイン主義者的な奴隷制廃止論者を含んでおり、職人同業者総会と船帆製造協会は両者とも奴隷制度の廃止を要求した。他方ますます反黒人的になっていく全国的政治連合のパートナーであったジェファソン派は、この都市の小さな黒人票を連邦派に奪われた。一八〇三年ニューヨークへの帰還後のペイン自身は、彼の理神論の公言が障害となって、共和派の政治家たちに見捨てられ、一八〇九年にほとんど忘れられて死去した。[21] ジェファソン派はしかし、この都市の役職を求める争いを党派政治の限界の中で一七九〇年代の再現に転化しようと最善を尽くした——そしてこれは彼らにとって革命そのものの再現を意味した。状況認識の遅れたニューヨーク連邦派は、独立革命は限定された政治目的のために闘われたという彼らの信念や、「ジャコバン」ジェファソン派は豚のような大衆を煽ることによって金持ちと貧乏人との間に和解し難い敵意を生じさせているというバーク的な恐怖心を持っていることを隠そうともしなかったので、一八〇七年まで彼らのレトリックはほとんど変化しなかった。共和派――ジャコバンに非ず――はそのような意見は「連邦派領主」、生れのよい植民地富豪《ネーボブ》と貴族の考えであり、彼らの目的は「職人と日雇労働者から精神の独立を奪い取り」、(共和派の「職人」が一八〇五年に同業者仲間に言った如く)「諸君の権利を、卑劣にも、勝手に剝奪せんとするものである」、とここぞとばかり攻撃した。[22] 一八〇七年以後、出航禁止法と第二次英米戦争がニューヨーク市連邦派に人気のある争点を与えた時、ついに彼らは論調を変え彼ら自身の「クラブ」ワシントン慈善協会と共に民衆の支持を求めた――しかし彼らは職人をヒーローとして利用し、自分たちの政敵を難儀している働く人々とは無縁の「甘やかされた贅沢息子」として非難しただけであった。その時でさえ連邦派は、一七九〇年代の親英的な反ジャコバン主義を保持し、彼らはロバート・サウジーの有名な弾劾論説「ヒューマニティの友」のような著述を自分たちの党派新聞に再掲載した。共和派の側は、連邦派をイギリスの戦争遂行の秘密同盟勢力、アメリカ解体の煽動者、したがって人民の諸権利と独立の敵であると非難した。職人の世界と政治的平等の擁護との結びつきは、それが独立革命の時に最初に形成された時のままに存在し、一八二〇年代の「一党」政治まで続いた。[23]

この言説の重要性は、一七七六年と一七九〇年代の再現の呼びかけの問題はさておき、その社会的イメージにあった。この都市の最大の諸業種が新たな区分線に沿って分裂し始めようとしていたちょうどその時期に、職人たちは政治の場では依然として「高貴なる職人」として登場し、この「高貴なる職人」は貴族主義的な敵どもに対する利害と目的の一致を装うことによって美化され、仕事場内での対立の証拠をすべて隠蔽した。実際、職人利害は諸業種のすべての同業者仲間の声を政治的に代弁すると称したが、この都市の指導的な親方たちによって完全に統制されていた。職人同業者総会役員への選出ほど、職人の政治的成功を保証するものはなかった。一七八五年から一八一五年までの間、この団体の二八人の会長のうち、三人を除いてすべてが最終的には市議会か州下院の議員に指名され、指名された者のうち一九人が当選した[24]。市議会や州議会の議員に指名された者のうち、指名の時点で雇われ職人だった者は一人もいなかった。囚人労働、関税、リヴィングストンの市立仕事場計画のような職人政治家によって提起された諸問題は、地位の低い職人や雇われ職人の生活に関わるものではあったが、それらは独立の職人にとって最も直接的に重要性を持つものであった。雇われ職人の抗議行動は非常に異なった反応を惹起した。一八〇九年に共謀罪の廉で裁判にかけられた製靴工の組合員は、彼らの二人の共和派弁護士の支持以外には、事実上全く政治的支持を得られなかった。ストライキが党派新聞で報道される時には、非常に慎重に取り扱われ、通常は単なる事実の記述のみにとどめられた。数少ない例外の一つは、一八一〇年の大工のストに対するイギリス人ジャコバン亡命者で共和派編集者のジェームズ・チーザムによる論評である。彼自身かつての雇われ帽子職人であったが、この論評はストライキに対し、「不当な」要求を提起し商業を脅かすものとして非難した[25]。党派の一方が雇われ職人に味方して呼びかけた稀な例として、雇われ職人を粗末に処遇しているとして共和派の革なめし工と親方靴職人たちを攻撃した連邦派の弁護者「ブルータス」なる人物がいた。しかし「ブルータス」の誠実さは最初から疑わしく、秋の選挙の後彼が雇われ職人への言及をすべて停止した時、この疑惑は実証された[26]。逆に諸業種仲間内部で出現しつつある階級分裂を回避することによって、職人利害とその同盟勢力は、自分たちの問題関心の限界を示すと同時に、政治を手に負えなくする可能性のある紛争から遮断した。いわゆる「貴族ども」に対する攻撃は、古くからの一連の反貴族的、反エリート主義の社会的敵意を呼び起こし、すべての職人に共通の場を提供した。

こうして革命の遺産は、職人の政治生活に一連の潜在的な諸矛盾を残した。そしてこの矛盾とは、集団的平等のレトリックと諸業種の中での現実の諸条件との間の矛盾であり、政党民主主義の街頭での叫びと実際に誰が政治権力を保持しているかとの間の矛盾であった。やがてクラフト内の社会的分裂と一部の職人が経験した政治的疎外とが、職人利害と共和派連合に取って代わる非常に異質な政治参加と政治的連合を生み出すことになった――しかしこれは一八二〇年代末、共和派連合自体がそれ自身の内部闘争の結果崩壊した後のことであった。一七九〇年代の余波の中で、その後四半世紀間、ニューヨークの親方と雇われ職人は、当然のこととされていたエリート支配の下での静態的な敬意恭順の調和に反対し、彼らの集団的政治的権利の保護と拡大のため、一八世紀末の理想を擁護し続けた――あるいはもっと漠然と、「貴族支配」に反対して「平等」を求めたのである。仕事場や裁判所でお互いに争うようになった時でさえ、彼らは政治において――あるジェファソン主義者によれば「わが国の筋骨と筋肉」として――一致団結していた。こうして彼らは自分たちの政治的自由を踏みつける者、「政治体の血管を通して……腐敗」を注入しようとする者に対し、彼らの革命を護るために常に身構えていたのである。[27]

共和主義的宗教

政治は職人たちに独立革命とのある一体的継続性を提供したが、この都市の宗教生活は彼らの平等主義を強め、彼らの商業エリートからの文化的懸隔を拡げた。植民地時代のニューヨークはアメリカ諸都市の中で最も英国国教会（監督派教会）の強力な町であった。一七九〇年代初期まで、（特に）監督派と長老派は、旧オランダ改革派のエスタブリッシュメントと共にこの都市の支配的宗派であった。大覚醒の千年王国的熱狂に巻き込まれ、あるいはユニテリアン主義との境界にまで押し込まれた長老派内の異端的少数派を除けば、ニューヨーカーたちは父親の信仰を受け継ぎ、排他的な社会的特権を当然のこととする教義と生活感覚を保持した。このことは教会の家族専用座席料金に象徴的に現れていたが、この都市の有力な家門の威信を高めた。かつてのエリート的英国国教会の権威の牙城であったトリニティ・チャーチは、形式的には一七八四年に特権的地位を剥奪されたが、この教会は莫大な所有地を保持し、依然としてマンハッタンにおける最も富裕な団体であった。同様により小さな教会もニューヨークの上流社会にその権威の多くを与え続けた。ティモシー・ドワイトは彼の有名な訪問の期間中に、この都市は傑出した宗教的な町であり、そこでは「宗教的な性格を持つ人や物に対し敬意を払わずに振る舞ってもよいなどと考える者は、無法者の中にもほとんどいない」、と満足して記した。[28]

特定の教義を持つ宗派がこの時代のニューヨークの職人全体に浸透することはなかった。彼らのうち、少数の者が社会的地位の高い監督派と長老派に属し、民主共和派の職人の大多数はアメリカのホイッグ派と愛国主義と強く結びついていた長老主義に固執したようである。残りの者の中に、不信心者、メソディスト、バプティスト、及び職人たちの過半数を占める教会に属さない者たちがいた。宗教は確かに同業者仲間の集団生活に一定の役割を果たした。例えばクラフト団体の年次独立宣言式典は、結局教会で、通常は長老派教会かオランダ改革派教会で行われ、しばしば地元の牧師もその時説教することになった。[29] しかし教会の中でさえ、職人たちは宗教的権威の諸悪と腐敗したヨーロッパの教会の政治支配の復活の隠された危険について警告した。彼らの宗派的多様性の中で、彼らは世俗的共和国の中での宗教の地位に関する共通の理念を共有していた。

一七九〇年代後期の理神論運動は、ささやかではあったが職人の宗教観の展開に貢献した。連邦派指導者や正統派聖職者が驚いたことに、盲目の巡回説教師エリヒュー・パーマーは、彼の新聞『理性の神殿』を建国初期のアメリカ自由思想の代表的唱道機関にした。パーマーはキリスト教を専制主義の道具として糾弾し、(同時に、トマス・ペインの助けを借り)ヒューマニスト倫理とペインの『理性の時代』を混合し科学と共和主義的平等を讃美した。「貧困と富、悲惨と幸福は、一般に良き政府か悪しき政府か――賢明な法か賢明でない法か徳の影響か悪徳の普及かの結果と帰結であり、人間の活動の自然の所産であって、すべてに正しくすべてに賢明な神の不公平な摂理のせいではない」。[30] フランス人や英国の非国教派の懐疑主義の豊富な論述を引用したパーマーのアメリカ理神論は、アメリカ育ちの商人哲学者たち、自由主義的専門職者たち、さらに(仕事場の科学と民主的政治の中に自分たち自身の背景を持つ）職人たちの寄せ集めの人々を惹きつけた。彼らの数は決して圧倒的なものではなかった。（パーマーもその一員であった）民主協会の自由主義的環境の中でさえ、せいぜい一握りの活動家が理神論者になったにすぎなかった。ジョゼフ・プリーストリのより穏健なユニテリアニズムの方が（一七九五年の亡命者としてニューヨークに到着の折、民主共和派によって歓迎され）、ニューヨークの非正統的民主主義者たちにとって受け入れやすかった。共和主義愛国青年協会が一七九七年にトマス・ペインに敬意を表して祝杯をあげたとき、この協会は『人間の権利』を賞讃し、『理性の時代』を非難した。(31) 理神論者たちが与えた実質的な衝撃力は、彼らの仲間たちを超えて、聖職者に反対するより広範な漠然とした疑惑を強める役割を果たした。こうして民主協会は一七九四年に出された回状の中で、「宗教的信条における迷信と、世俗の制度における専制主義は、お互いに共通の親を持つ子供たちの間に存在する関係と似たような関係にある」、と記した。一時期それは、クレメント・クラーク・ムーア師のような穏健な保守主義者たちに対してさえ以下のように信じこませた。即ち、非キリスト教化するジャコバン蜂起が起こり、これが「最近世間を荒し回り、すべての悪事を吹き込んでいる鬼子」である民主共和派の追随者たちによって指導されている、と。(32)

しかしそのようなことは全く起こりそうになかった。自由思想家ジェファソンの再選が国家と教会の分離を護り通したという共和派の確信と、第二次大覚醒との狭間にあって、理神論組織は一八〇四年から一八一〇年の間に衰退した。しかしその痕跡――及び民主的政治に付随した騒々しい民衆的不敬虔の痕跡――はその後も生き続けた。ユナイテッド・クリスチャン・フレンズ協会のような二、三の小さなユニヴァーサリストの独立宗派《セクト》が闘って生き残り、ペインやパーマーの思想と全く無縁ではない普遍的救済に基づいた思想の火をクラフトマンたちの心に灯し続けた。粗野な行動の結果、キリスト教を中傷したという告訴に答えるため、二、三の人々が刑事裁判所に引き出された。反連邦派の政治活動は一七九〇年代と同様、しばしば不敬罪と結びついた。ジャリド・ベルは、「神を冒瀆し、罵り、ハートフォード大会を開くような人間を作るとは『全能の神なんて間抜けの頓馬だ』、もし神が全能ならば、神は彼らとイギリス全国民を一緒に地獄に送り込むはずである……」という冒瀆の言を吐きながら店に入ってきたという廉で逮捕された。もっとあからさまに冒瀆的だったのは、ジョン・ダンフォースなる人物の犯罪記事である――彼は「イエス・キリスト妾の子、あいつのかあちゃん商売女、神はとんでもねえ女郎屋の亭主」と街中でわめいた。もっと怒った連中は聖職者に室内便器を投げつけ、宣教師志望者に脅威を与え、教会財産をも破壊した。(33)

信仰復興運動推進者たちの情熱は、理神論者たちの強度に知的な民主主義や乱暴者たちの不敬虔とは全く別物であったが、これまた信奉者たちを正統派の信仰から遠去けた。他の東部諸都市、特にボストンと比較して、ニューヨークは一八世紀の巨大な宗教的高揚にほとんど関心を示さなかった。しかし第二次大覚醒は一八〇〇年から一八二五年までの間に教会員数の急激な上昇をもたらした。英国とアメリカ農村での経験の豊富な巡回説教師たちに鼓舞されて、一連のますます強まっていく信仰復興の波が、一八〇五年以後マンハッタンに打ち寄せた。その規模の大きさには、世故に長けた牧師ですら驚いた。植民地時代のニューヨークで迫害された独立宗派《セクト》のメソディストが最も発展を遂げた。この市の中央と外北の区におけるメソディスト宣教師たちの大いなる努力の結果、一八〇〇年には一握りの数の信徒集団にすぎなかったものが、二五年間に、合衆国におけるメソディスト信仰の三大中心地の一つになった。(34)

メソディズムは、他の福音主義的信仰と同様、ニューヨークにあらゆる種類の衝動を持ち込んだ――そのすべては、メソディズムの中核にある従順と平等主義との間にある緊張関係と結びついていた。メソディスト教団の中で、その最も「民衆的な」者でさえ、理神論者や自由主義的な長老派と似通った信仰を説く者はいなかった。シドニー・アルストロムがわれわれの注意を喚起しているように、一九世紀初期のメソディズムは人間性に関する楽観的な見方やアメリカ民主主義に由来するものではなく、「実際、ジョン・ウェズリーという全く異なった起源を持つ」ものであった。[35] ネイザン・バングズ師のようなより正統的で権威主義的ウェズリー主義者は、「過度の興奮」、「拍手、絶叫、跳躍に対しても」慨嘆した。しかしこのような慣行は一八世紀の民衆的な教会では一般に放任されていたのである。最終的には、バングズに指導され、この市の新長老派と同盟したメソディスト指導者たちは、自己規律に基づく勤勉道徳を強制する運動と緊密に一体化することになる。しかしこれを成し遂げるには時間を要した。独立革命後と建国初期のニューヨークでは、メソディズムは優れて中間層と貧民の宗教であり、彼らのための宗教であった。そしてその恩寵に関するアルミニウス主義の教義が、伝統的な監督派と正統的なカルヴァン主義者たちの社会的排他性を削り取っていった。自分自身卑しい生まれの説教師たちは——バングズはコネティカットの鍛冶屋の倅であった——自分たちの教会では座席は無料ですべての人に開かれているという点を強調した。ここでは雇われ職人や身分の低い日雇労働者でさえも救世主を知ることができた。彼こそは、バングズの言葉によれば、「すべての人のために死んだ、それ故戻って来て平和と許しを求めるすべての人に恵の扉を開いた」。これは中央と外北の区の家族の者たちが聞いたことのない呼びかけであった。これに従った者たちの圧倒的多数は仕事場店主、職人、不熟練屋外労働者たちであった。[36]

福音主義的宗教の民主的諸側面はあらゆる種類の民衆的信仰に浸透した。サーロー・ウイードは彼がニューヨークにおける最初の何週間かの日曜日を落ち着きのある長老派と監督派の教会で過ごした後、非常に人気のあるジョン・サマーフィールドのメソディスト教会を訪れた時、その違いに気づいた。ウイードの心を最も捉えたのは、その説教師と聴衆との間のほとんどカリスマ的な緊密な関係であった。

彼には教会から教会へと多数の人々がつき従い、彼はすべての耳とすべての心を魅了し、清めた。もし誰かが嘲ったとしても、彼らは「そのまま祈り続けた」……。彼自身が質素で外見を気にしない、救世主の「穏やかで謙虚な」信者であり、下僕であった。驚くべきことに彼は、その人となりと人格において救世主と見紛うほどであった。[37]

さらに異彩を放ち、信仰とスタイルにおいてより民主的だったのは独立宗派《セクト》の説教師たちであった――、デイヴィッド・ブルースの回想によれば、「ありとあらゆる信仰の宗教的熱狂者たち」がほとんど一日中ニューヨークの大通りで見られた。これらの中には何人かの有名な定住説教師と巡回説教師がいた。例えばニューヨークを彼の東部旅行中の休憩地として使ったメソディストの愛の伝道者ロレンゾ・ダウ、いわゆるストーヴ・フェンス説教師ドミニック・ヴァン・ヴェルソーや、多くの迫害を受けた室内装飾師でローズ・ストリートの伝道師のエイモス・ブロードもいたが、ウェールズ移民で第九区の名もない秤製造親方ジョニー・エドワーズほど注目を集めた者はいない。エドワーズ（これは彼の本名だったようだ）はニューヨークに一八〇一年に到着し、短期間に英国国教会からメソディストとバプティストとクエーカーへと一連の教会へ転々とした後、彼は一八〇八年頃にグリーン通りに彼自身のチャーチ・オブ・クライストを創設した。伝道者であると同時に芸人でもあったエドワーズは、罪深い通行人を喜ばせるため、彼の目盛り竿を積んだ車をこの都市の最も混雑した場所に持ち込んだ。彼の世俗の腐敗についての徹底したヴィジョン（ブルースによれば、彼は「地上には徳は存在しない」と主張して、いつも自分の地下室の中で竿を調整した）、彼の貧民への献身、金持ちに対する蔑視、彼のこれらすべての特質は、共和政時代の英国のラディカルたちにまで遡る「職人説教師」の伝統であった。一八一〇年、エドワーズはドロシー・リプリなる人物と協力し信仰復興運動を起した時、ウォール街に現れそこで三フィートのブリキの拡声器を通して金貸しが悔い改めるようにと大声を張り上げた。一八一〇年六月一〇日世界の終末がやってくるという自分の予言の失敗にもひるまず、彼は活動を続けた。十余年後、彼は名声の高い牧師たちの宣教活動に補助金を与えようとする市の有力者たちの尽力を愚弄した。彼は市議会への請願の中で書いている。「もしあなた方が三〇〇ドルで太った鵞鳥と七面鳥を買い、それらをかつては立派な生活をしていた貧しい人々に与えるのなら、その方が神やすべての善良で賢明な人々にとってはるかに受け入れやすいし、彼らはそのほうが三〇〇ドルの無駄金を投ずるよりはまだましだと考えていると私は確信しています」、と。他の俗人説教師はもっと直接的に政治的信念を表明した。デイヴィッド・ホワイトヘッドという名の庭師は、一八二六年にポッターズ・フィールドでの独立記念日風刺説教を行い、豪華に盛装し贅沢に豊かに生活しているニューヨークの「プリティーセット」に対して怒りを叩きつけた。「彼らは法律によって強奪を公認し、泥棒を保護するために法律を制定した」、とホワイトヘッドは叫んだ。彼らが考えることは、働く者から財産をもぎ取り、国王ジョン一世（ジョン・アダムズ）から借用した「煽動と冒瀆の脅威」という言葉を使い、彼らの特権を維持することであった(38)。

政治と宗教はまた、熱烈な討議と発見の対象として職人居住地区の中で渾然一体となっていた。両者は一八二〇年頃コーリアーズ・ホック近くの桶屋コックスの店での「土曜の晩の会合」に定期的に集まる一群の職人たちの討議を支配した。共和国の英雄たちに対する賞讃とトーリーの悪漢と目される者に対する攻撃がその会話を支配した。独立革命と一八一二年戦争の軍事上の遺物が時には崇拝の対象として回覧された。何人かの参加者は「彼らの双肩に煉獄の焰」をも浴びた。果てしない議論が二、三人のカルヴァン主義者や長老派をメソディスト、クローズ・コミュニオン・バプティスト、ユニヴァーサリストの一団に対峙させることになった。ある晩そこに到着した男は、自分は前から「(長老派の)ウェストミンスター誓約の厳しい秘儀とは断絶しているのだ」、と宣言した。最も異端的見解も、常に友好的とは言えないにしても、とにかく耳を傾けてもらえた。少なくともコックスの友人の一人は、「地獄を全くなくしてしまう新しい宗教を発明した」あるユニヴァーサリスト牧師の使徒である船長によって、自分が説き伏せられたと報告した。「時間ができるとすぐ」、とその好奇心の強い鍛冶屋ジョー・ホールデンは母親に書いた、「私はその問題を自分で研究し、その中に何があるかを確かめようと思っています。多分、彼の教説は結局それほど悪くはないのかも知れません」(39)。

だが結局、反敬虔主義と民衆的熱狂はその影響力を及ぼしてはいたが、ほとんどの職人たちはどのような信仰組織に対しても全く根本的に何の恥じらいもなく無関心であった。無関心の広がりは一八一二年戦争直後には明白なものとなった。この時、若い富裕な長老派の諸集団が福音主義者たちの成功に注目し、中央及び外北の区で宗派《デノミネイション》を超えた伝道活動、日曜学校、聖書の集まりを後援することによって社会的亀裂に架橋しようと試みた。一八一七年に文書伝道師ウォード・スタフォードは、通常の日曜日教会に出席する者はニューヨーカーの四人に一人より少なく、市内の貧しい地域ではそれよりはるかに少ないということを発見した。蹄鉄その他の魔よけのような魔術的（そしてスタフォードにとっては異教的な）意味を持つ表象は、下層階級の家庭では聖書よりも多く見られた。「われわれは人々が宗教に関しては嘆かわしいほどに無知であることがわかった」、とスタフォードは嘆いた。[40]

　このような職人たちの敬虔、無宗教、無関心の多様な潮流を十把ひとからげに論ずることは無意味である。多くの場合これらの諸傾向は戦争状態にあった。そうではあるが、職人たちの中で最も対立していた諸形態の信仰にも共通するものがあった。キリスト教及びキリスト教以外の何らかの信仰や信念を持っている者の間で、精神的平等の教義と、無批判な恭順に対する反対論が、種々の文脈の中で繰り返し主張された。このことは職人たちの文化的自立と、この都市のジェントルマンたち及び彼らの聖職者に対する不信感を示していた。理神論者とユニヴァーサリストたちはこの点について、「従順な気質を大切にし、人の心に卑下という神聖な徳を育成することが、位階制度の中にある政策の核心である」、とあからさまに表現した。より敬虔な人たちの宣言は、世俗の富と権力の所有は神の恩寵を示すものではないという点を強調した——実際、ある人の目には、莫大な個人財産の蓄積は罪深さの疑惑を感じさせるものであった。ウェズリー主義の位階制的体質にもかかわらず、メソディストの下層階級への訴えは、『インデペンデント・メカニック』紙上に現れた精神の平等の公言の場合と同様、全く直接的であった。「雇われ職人」作の詩「土曜の晩」は、安息日とともに訪れる「祝福された平和」の強調と言う点で典型的であった、

　　金持ち貧乏人、どこ違う？——

働くもんと、そでないもんと
ほんなら日曜には、みな同じ
どんだけ財産持ってても。

このような表現は、そこにおける現世の不平等に対する忍従の内包にもかかわらず、金儲けへの没頭や、商業エリートの真似をしようとする者すべてに対するより直接的な非難から遠くない。ある職人は、このエリートたちについて、「自ら地獄」に墜ち、「放蕩の、思慮のない、不道徳な人々の不条理で堕落した地位」にある者として記述した。ここからウォール街に立つジョニー・エドワーズやポッターズ・フィールドのデイヴィッド・ホワイトヘッドへは直接道が通じていた。[41]

さらに直接的だったのは、信念の如何を問わず、一八二〇年代までのすべてのクラフトの代弁者たちの言う非共和主義的な宗教的権威に対する職人たちの激しい敵意である。旧世界の貴族支配の下でのみ、「道徳的に破産」した「厚かましい」連中が神を政治権力と社会的威信の添え物として利用する、と彼らは非難した。共和国の敵だけが牧師とある特定の階級を他の階級の上に押し上げ、人々の精神を特定の信仰に縛りつける迷信を固持する。ユニヴァーサリストの製靴工トマス・キングが一八二一年に職人たちの独立記念日集会で述べたように、そのような「聖職者の専制支配は」「最も残酷なものであり、かつて人間を苦しめた最も無慈悲な専制支配」であった。幸いなことに宗教改革と共和主義革命がアメリカを形成し、そこではそのような権力は正当性を持たないものとされている。それでもなお、聖職者たちがフランス革命と「ジャコバン主義的」ジェファソンに対する非難を続けたので、職人たちと彼らの票を追い求める政治家たちは聖職者たちに対する監視の必要を説いた。共和派のジョージ・イーカーが連邦派に対して「偽善の聖衣」をまとっていると告発し、職人仲間に「死神によって放たれた矢よりも恐るべき機関である……党派の手中における」金権勢力と聖職者勢力との結託に注意するようにと警告した。一世代後、演説者たちは職人たちに共和国はいかなる宗教的形態もとらずに、「合理的自由の幅広い基礎の上に」築かれたということに注意を喚起した。彼の仲間のユニヴァーサリストにとってと同様、トマス・キングにとってもそのような考えは合理主義と「科学の太陽」の讃美へと導き、メソディストにとってはそれは国家の介入から逃れた千年王国の追求を示唆し、大多数の職人にとってはそれは自分たちの自由にやらせてくれということを意味した。[42]

宗教闘争の不吉な兆候が職人たちの言説の中に現れ始めるのは建国以降ずっと後のことであった。最も人目をひく反カトリック主義は職人たちのレトリックと共和派の政治と宗教の中では常に潜在的なものにすぎなかった。「聖者の偶像を持ち出すことは」決して職人の公共の集会を傷つけることにはならない、とイーカーは一八〇一年にクラフト仲間に語った。逆に聖者に対する讃美は「そのような破廉恥な不正に対する嫌悪」を表明しているだけのことであった。街頭ではギャングの略奪がしばしば完全な暴動に転化し、アメリカ生まれとアイルランド系プロテスタントをアイルランド系カトリックに対抗させた。オレンジ団のニューヨーク版が一八一二戦争直後、諸業種の中で若干の水面下の支持を集めた。しかしバビロンの緋色の売春婦〔ローマ・カトリック教会に対する悪口〕は一九世紀初頭の職人の演説には全く現れず、市内におけるカトリックの数が相対的に少なく、クラフトの中ではさらに少なかったことから、そのようなことは起こりそうにもなかった。どちらかと言えば、イギリスと土地貴族支配に対するアイルランド人の抵抗が、「迫害されたカトリック」と「哀れな貧農」に対する共感を誘発した。彼らの才能と剛勇はこれまでのところ、「乏しい不確実な収穫」しかあげていない、とサミュエル・ベリアンは一八一五年に指摘した。しかしアイルランド系カトリック――ある印刷工の頌歌がいうところの「教皇の暗闇」の保菌者――がニューヨークの社会・政治生活の中で目立つようになるにつれ、一八二〇年代までに反教皇の言辞はますます公然となった。一八二四年、七月一二日のボイン戦勝記念日のオレンジ派の祝典はグリニッジ・ヴィレッジのアイルランド人織布工の飲屋の内と外で荒れ狂う宗派間暴力をもたらした。コーリアーズ・ホックの人々の、カトリック信仰に対する「強固で、激烈な、根深い」憎悪ほど、彼らを特徴づけるものはない、と一八二〇年代のある年代記作者は書いた。これは一八三〇年代と一八四〇年代にさらに組織化された形態で再現することになる。[43]

覚醒運動の興奮の継続と仕事場における人間関係の変化が一八一五年頃以降ニューヨーク職人の生活の中におけるプロテスタント信仰の位置づけを変えた。バングズによって成し遂げられたメソディスト規律の強化は、一部のより熱烈な説教師と信徒集団を周辺に置き去りにし、福音主義宗教を道徳律と自己抑制の信条により緊密に結びつけるという二重の結果をもたらした。同時に、ほとんどが長老派であるこの都市の伝道書頒布団体は、改心と恩寵に関する厳しいカルヴァン主義の教義を緩め始めた。貧しい人々をキリストのもとへ実際に獲保することを重視するようになるにつれて、伝道書頒布団体と日曜学校運動家たちは彼らの仕事を拡大し、一八二五年までにニューヨークをその後間もなく強力な全国的福音主義連合戦線となる運動の先導的中心地にした。この運動への親方職人獲得の成功は、エリー運河完成祝賀行進における徒弟図書館の旗にはっきりと現れていた。「徳を鼓舞すると同時に悪徳を抑圧せよ」とのステレオ版印刷職人アドニラム・チャンドラーの訴えや、理神論、ソッツィーニ主義、その他の不信心に対する民衆的十字軍に参加し、「右手にバイブル、左手に剣」を取れという、九年後のある長老派牧師の都市職人主導の消防団に対する熱烈な説教の背景には、幅広い福音主義的反逆が存在していた。[44]

一八二五年以後、職人の反カトリック主義と福音主義的プロテスタンティズムの圧力の増大は、移民排斥運動の組織化、不信心者と信者との、教会員と非教会員との間の声高な衝突で頂点に達した。しかし強調すべき点は、これらのその後の全般的分裂傾向を伴った展開は、その歴史的文脈から切り離して抽象化すべきではないということである。民族集団間の緊張は常に存在した。しかしアイルランドのカトリック系貧農が最も集中している地域からニューヨークへの移住が加速した一八三〇年代になってやっと、反教皇主義は職人《アーティザン》とクラフト労働者を組織化する強力な政治的手段となった。そして飢饉の波がニューヨークに打ち寄せ、さらに一層破砕され工業化しつつあるクラフト経済に侵入して来た一八四〇年代の中葉と後期になってやっと、経済的移民排斥主義がクラフトの中で活力ある勢力となったのである。同様に、ジェファソン時代に現れ始めていた新しい仕事場管理体制と階級の社会的境界線が成熟した時、福音主義は仕事場に直接影響を及ぼし始めた。その時までは、職人たちの多様な宗教的意見は彼らの民主的政治活動にほぼ対応するものを提供していた。つまりそれは、自ら当然視する社会的優越を神の言葉で正当化するような「道徳的に破産」したすべての人々に反対するものであった。

というわけでわれわれは、同業者仲間の内部における合意の拠り所としてのデモクラシーと平等主義、即ち政治的・社会的服従に対する職人たちの抵抗に戻る。この平等崇拝のかなたに、職人たちは自分たちの共和国の理想とクラフトの理想とを深くイデオロギー的に結びつけた。そしてこの点にボードマンとペザラムは注目したのである。まさに一九世紀的な仕事場と市場の世界に変貌しようとしていた都市に住む職人共和主義者としてのクラフトマンたちを特徴づけたのは、単なる平等主義だけでなく、クラフトマンたちの政治とクラフト生産との結びつけ方にあった。これらの結びつきの何たるかを理解するため、われわれは再度、職人たちの表象のすべてをより詳細に検討しなければならない——なぜなら同業者仲間が驚くべき一連の公共の儀式を維持したのは、まさしく、この結びつきを顕現化するためだったからである。(45)

「われら同業者仲間の表象の品々」

一七八八年七月二三日、五、〇〇〇から六、〇〇〇の事実上ニューヨーク市のすべての職人が、合衆国憲法批准を支持する大行進に繰り出した。これは見事に組織された政治的イベントであった（同様のパレードが二週間前フィラデルフィアで行われていた）。ある記者は「これを見てすべての連邦派が歓喜した」と書いた。これは独立革命以来この市で最初の大街頭デモであり、連邦派政治家と職人との同盟の絶頂点であった。親方と雇われ職人と徒弟が、各々の同業者仲間の旗を掲げて一緒に行進し、この都市に対する職人たちの貢献と、保護関税がもたらす恩恵を力強く主張した時、このイベントは同時にクラフトの祝祭へと転化した。鍛治屋と水夫と造船指物師の出し物がその典型であった。(この場に相応しく「アレクサンダー・ハミルトン」と命名された)フリゲート艦の小型模型を先頭に、「この連邦船はわれらの商業を復活させ/それで商人と船大工と指物師が栄える」と宣言した旗を押し立てていた。(46)

約四〇年後、即ちガン講和条約祝賀の一〇年後、クラフトマンたちはエリー運河開通を祝賀する行列に参加した。世の中は大きく様変りしていた。とりわけ、この日の英雄はデュウィット・クリントン知事であり、彼はニューヨークにおけるハミルトンの宿敵ジョージ・クリントンの甥であった。しかしクラフトの表象は変わらなかった。(一、二の雇われ職人の集団は自分たちの親方から離れて行進したが)職人たちは職種ごとに行進し、再度自分たちの技に古来のシンボルで栄誉を与え、アメリカ商業の近年の発展を共和国《コモンウエルス》への偉大な貢献として歓迎した。再度、ほとんどすべての雇主と労働者が繰り出し、旗を押し立てて行進し(中には一七八八年に使われた旗もあった)、模擬仕事場の中でクラフトのページェントを繰り広げ、あるいは他のやり方で自分たちの技を讃美した。印刷工の歌はこの自己讃美の典型であった。

この技、それは彼女の息子を立ち上がらせる
物語のすべての奇蹟を超えて
なぜなら拘束なき出版、これ火の柱
彼らに自由と栄光を照らすなり

以前と同じように職人たちは自らを祝福する機会を捉えた。(47)

このように同業者仲間は建国初期の時代に何度も自分たちの旗を掲げて行進し続けていた。一七九四年、種々の

クラフトの大パレードが（今や連邦派ではなく、共和派の指導の下に）ラッパと太鼓で砲台まで行進し、それから渡し船でガヴァナーズ島に渡り、都市の防備を強化するのを助け、ジェイ条約に対する不満のデモを行った。同業者の旗を押し立てた同様な行進が一八一四年夏ブルックリンに向かい、ブルックリンの防備のために働いた。一七九四年クラフト集団とタマニー協会によって始められた独立記念日は、一八二〇年代まで親方と雇われ職人と共和派の政治家を集合させた。壮大さの規模は劣るが、同業者仲間はイギリス軍がマンハッタンから撤退した一八八三年の一一月二五日を「大盤振る舞いの愛国的どんちゃん騒ぎ」で称えるため、毎年この日に民兵隊と共に祝典を催した。一九世紀最初の一〇年まで、職人同業者総会はその慈善・金融事業とほとんど同じくらい祝典やその表象の誇示に没頭した。船大工・槙皮詰め工組合のような雇われ職人集団は会費の大部分を、「行列用のスクーナー帆船」、「大運河祝賀の音楽」、証書、バッジ、儀式用槙皮詰め木槌、その他「われら同業者《トレード》仲間の表象の品々」に費やした。職人会館の定礎式や徒弟図書館の開館式のような特別の行事では、職人同業者総会が準備した彩り豊かな祭典が執り行われた。(48)

これらのデモンストレーションをわれわれはどう理解すべきか。確かにそこにアメリカでは目新しいものがあった。一八世紀の互助団体が残した断片的史料は、アメリカの職人が古いイギリスの同業者仲間の図像表現法に少なくともある程度親しんでいたことを示唆しているが、これまで発見された限りでは、ニューヨークや他の海岸都市の職人たちが革命以前、クラフトの行列や式典を行ったということを示すものは何もない。建国初期のパレードはまた、遠い過去を称えるために演じられる骨董品的懐古趣味でもなかった。その大行進は、結局、経済発展に対する職人たちの支持を表明するものであった。進歩、新機軸、繁栄――これが職人たちのテーマであり、静態的伝統主義や特権団体的服従精神ではなかった。(49)

しかし彼らのあらゆる新機軸にもかかわらず、祝祭はまた職人たちを古来のクラフトの理想に、そしてまたその紋章とイメージに結びつけた。しかもそれらはイギリスのギルド規制の母体から育ってきたものであり、ある歴史家の言う「慈善的団体国家《ベネヴォレント・コーポリット・ステート》の残像イメージ」[50]に訴えた。イギリスではロンドン市長就任披露行列、旗、クラフト・ページェント、守護聖人のような同業者仲間のプライドを外部に誇示するものの多くはずっと前に影が薄れてしまい、一九世紀までには消滅し、資本主義発展のもたらす解体の犠牲となっていた――しかし、それらは完全に死滅してはいなかった。ニューヨークでは独立の獲得と慈善的共和国の創造に際し、古い紋章は依然としてクラフトの正しい表象としての役割を果たすのに相応しいものと思われていた。その結果、イギリスのクラフト儀式の完全な復活が起った。一七八五年、職人委員会がその紋章をデザインした時、この委員会はいくつかのロンドンの職種で使用されていた一五世紀にまで遡る腕とハンマーの標識を借用し、ロンドンの鍛冶屋の言葉巧みなスローガンを採用した。憲法制定行進には古来のロンドン市長就任披露行列のいくつかの出し物が含まれていた。各々の同業者仲間が仕事場のページェントを演じ旗を掲げて行進した。その政治的な隠喩は別として、これはエリザベス朝時代のすべてのロンドン市民には見慣れた光景だったはずである。仕立て職人の旗は、イギリスのパレードの旗と同様、アダムとイヴを描き、「そして彼らは五つの葉っぱを縫い合わせた」という伝説を書き込んだ。靴屋の旗には「クリスピン号」と書かれた立派な船がニューヨーク港に入港する姿が描かれていた。指物師と船大工によって運ばれた船の模型は多分ハミルトンを喜ばせるものではあったが、それは一七世紀のロンドンの造船業者たちのお気に入りのモチーフの復活でもあった[51]。

この象徴表現は四〇年間生き残り、エリー運河パレードではいっそう壮大な形で再現した。雇われ仕立て工は牧歌的イメージに戻り、「裸の我に、汝衣を着せり」というモットーの上にマントを受け取っている「先住民」を描いた旗を掲げた。桶屋は一七八八年に使ったものと同じ旗を掲げ、演台を作り、その上で二人の男と一人の少年――親方と雇われ職人と徒弟の伝統的トリオ――が大樽を作った。印刷工は以前と同様、印刷機を回し、この日のため

図版6　1825年のエリー運河完成祝賀行列の際の職人同業者仲間のエンブレム

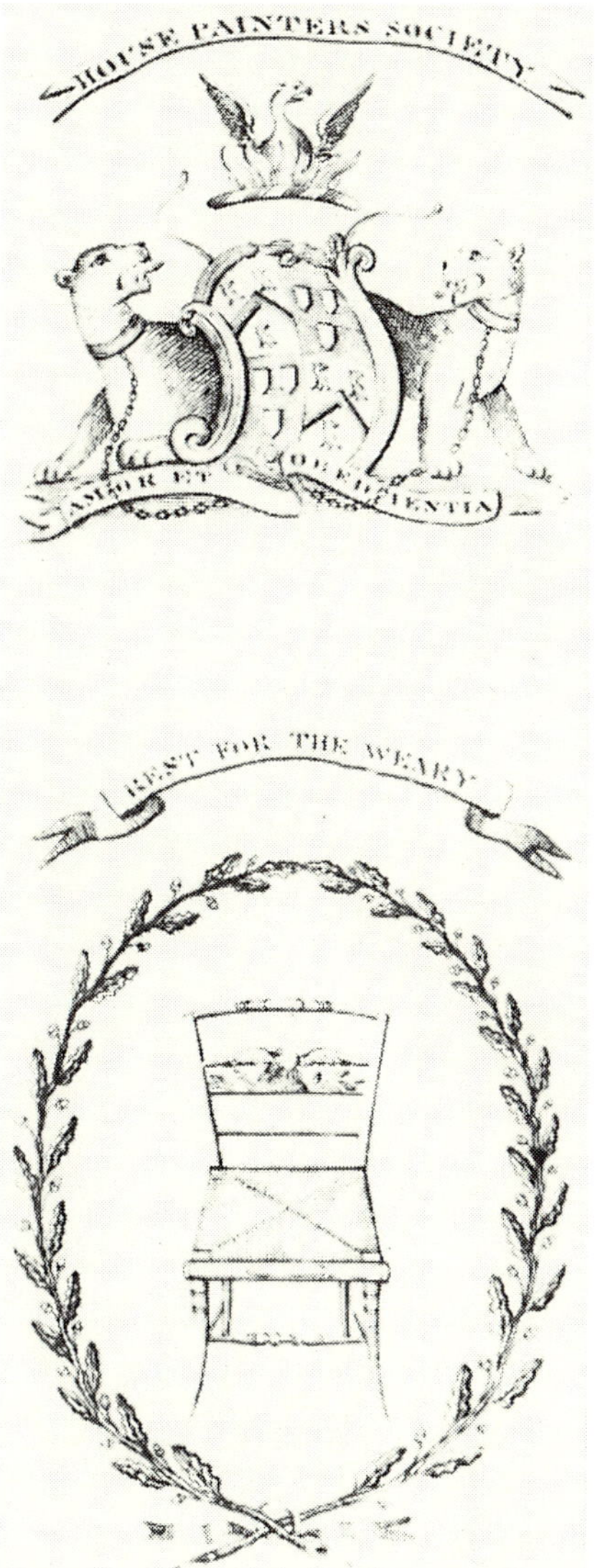

当時のイベントを記述したものの中に印刷されている。職人共和主義の図像表現の万華鏡。
Courtesy, Princeton University.

の祝賀頌歌を印刷した。櫛作りの親方と雇われ職人と徒弟はミニチュアの仕事場を登場させ、その中で「この業種の」七人の男と少年たちが単純な手動機械の最新のものを使って、六〇〇の櫛を作った。他の七つの業種が作業しながら同様のページェントを行った。帽子作りは「聖クレメンス——一四〇四年帽子発明」という言葉とともに彼らが選んだ守護聖人の絵を掲げた。パン焼互助組合は実際に、一三〇七年エドワード二世からロンドン・カンパニー・オブ・ベーカーに与えられたものからその旗を素直に複製した。他の記章、ギルド紋章、団体特許年が、椅子作りのアメリカ鷲のような、いかにももっともらしい共和国イメージとともに現れた[52]（図版6）。

新機軸と復古との間には、クラフトと政治とのある種の結合関係が存在し、この関係が旗や演説や街頭ドラマに表現されていたのである。一面では、このセレモニーは職人たちの政治体の一員であろうとする決意を表明した。

もはや「単なるメカニックス」ではなく、革命期の漠然とした中下層の群衆でもなく、誇り高きクラフトマンたちであり、彼らは重要な公共の祭典の折には公衆の前に現れ、クラフトの記章と道具を携えて整然と隊列を組んでロワー・ブロードウェイを上へ下へと行進した。自分たちの技術もさることながら、この自負心は「同業者仲間《ザ・トレード》」という理想のクラフト共同体によって喚起される社会的連帯の中に宿っているように思われた。一緒に行進することによって、各クラフトの雇主と労働者は自分たち自身の象徴的一体性を表現した。独立の親方は職人団の先頭に立つことによって、自分たちに相応しい位置を占めた。一八二五年、各々の業種の中で非常に尊敬されている親方たちがそれぞれの一団を先導したとき、確かにこの立場は特に強調された。にもかかわらず、各業種はその集団としての調和と協働と自尊心を強調した。最も神秘的な図像でさえ団体的な同業者仲間の理想に貢献した。例えば、旗の中での聖書からの引用は秘密の怪奇な信仰心の表明ではなかった。むしろ昔のイギリス職人の祝祭の場合のように、それらは各々の同業者仲間に集団的帰属意識を与え、そしてこの帰属意識は時には樽屋の「兄弟の如き愛」や靴屋の「われら契りて立つ」のような旗に書かれたモットーの中で強調された[53]。

同様に重要なことは、自分たちの仕事はすべての者の福祉に不可欠のものであり、商業と農業と産業の共同社会《コモンウェルス》の不可欠の構成要素であるという彼らの主張である。仕立て屋の旗は自分たちの労働はエデンの時代にまで遡り、これを知らなかったのは「先住民」だけであり、神のすべての子供たちが仕立て屋を必要としていることを指摘した。しばしば職人たちは、生産関係に対してと同様、彼らの顧客との関係に対しても、「前資本主義的」な理想の名残と思われるものを前面に押し出した。効用――奢侈や職人製品の特殊な用途ではなく、手工業製品の使用価値――これこそが彼らの製品の存在理由であり、彼らはこのことを他人を出し抜く自画自賛の広告戦略としてよりもむしろ、同業者仲間全体の名において宣言した。一八二五年の行進に参加したいくつかの業種の職人、特に目立った印刷工と櫛製造工は、まるで自分たちのこの都市への直接的奉仕を具現するかの如く、自分たちのサンプルを観衆に手渡した。椅子製造工たちの「疲れた人への安らぎ」というモットーを書き込んだ椅子の絵に見られるようないくつかの同業者仲間の紋章は、職人気質の自負心と公共奉仕者としての集団意識をともに強調した。いずれの場合にも、真の値打ちという観念が支配し、この考え方はこの都市の仕事場にすでに現れ始めていた企業家的管理体制とは全く異なった生産と分配に関する徒弟職人制度の理想と結びついていた。要するに職人たちとジェファソン派の政治家たちは、諸々の祝典の機会に自分たちは親方たちの言う「共通の絆と相互の共感」、職人共同体を支配しているはずの「最も強力な心情で織りなされた……紐帯と愛着」を祝賀するために集まったのだということに注意を喚起した。(54)

職人たちの政治に対する対応は、この「同業者仲間」の記念式典と結びついていた。ギルド紋章はクラフト古来の伝統を確立したが、国王に対する職人たちの態度を恒久化するものではなかった。イギリスで行われていた古来の祝日や聖者の祝祭の代わりに、職人たちは共和国に相応しい祝祭日を設けた。独立記念日と英国軍撤退記念日が最も重要な年中行事であった。臨時の祝典を挙行する時にも、同業者仲間は自分たちが「共和主義の諸原則に永遠の忠誠を誓う」七月四日や一一月二五日の祝日に行おうとした。一七八八年と一八二五年の行列では、愛国の旗がクラフトの旗と並んで翻っていた。七月四日には、職人出身政治家やジェファソン派の政治家が共和国政府を祝福して演説を行った。一八二〇年代まで、演説は旧世界の奢侈と虚飾に対する非難の警鐘を打ち鳴らし、「このような祭典に際し自由人によって表明される感情は、国王の臣民たちには無縁のものである」と、初期の演説者たちの主張を繰り返した。職人たちの最大の目的は、慈善的共和主義国家――関税を課し、運河建設に出費する国家――を祝賀することであったが、その国家に対する自分たち自身の主権を祝賀することでもあった。記章は国王に由来するものであったが、(55)職人たち自身は「共和主義的簡素」と「アメリカの真髄」と「人間の権利に基づく自由の正しい観念」に執着した。

このような熱烈な演説は、ただ単にイギリス人の忠誠心をより愛国的で民主的な感情に取り替えただけのものではなかった。むしろそれらは職人たちがいかに完全に共和主義政治思想を理解し、いかに彼らが共和国《リパブリック》と「同業者仲間」についての自分たちの観念とを結びつけていたかを示した。最も人目をひく点は、演説者たちが一八世紀アメリカ共和主義の基本概念——独立、徳、平等、公民精神、共和国《コモンウエルス》（あるいはコミュニティー）に訴え、クラフトにとってそれらの意味を説明する際の、その独特のやり方である。独立は第一にイギリスからの独立であり、ニューヨーカーが外国の干渉なしに自分たちの技を発揮する自由を意味した。「いかにわれわれの自然的利点が大であろうとも」と、サミュエル・ミラー師はある最初期の職人の祝祭で主張した、「イギリスの権力の手枷足枷がわれわれを束縛し抑制し続けたならば、それらは役に立たなかったはずである」。革命前「われわれ職人の生来の才能が抑制された」時、「われわれは自己の依存状態を理解し感じとった」、と新聞編集者であり職人同業者総会の会員でもあったM・M・ノアは四半世紀後に主張した。「国土の正統な所有者たち」が権利の返還を主張した後にやっと、この都市は職人の才能を開花させることができた。さらに独立は「人格的」独立、あるいはジョン・アービングのいう「独立の平等」を内包していた——即ち、これは各市民が他人による制約や外国で非常によくみられる腐敗した特権に因われずに、自由に考え行動する能力を意味した。「相手が誰であろうと、自分が行うことに関し、傲慢な命令を甘受するな」と船帆職人ジョージ・ウォーナーは一七九七年に同業者仲間に告げた。「同時に何人であれ、自己の所信の誠実で自由な表現の故に世論の祭壇の生贄にされるべきではない」。その後の演説者たちはこの主張を取り上げ、「人間の権利」の保持とアメリカの職人を「奴僕と奴隷」に転化しようとするあらゆる試みに対する抵抗を通じての個人の自立のヴィジョンを描いた[56]。

彼らが独立について語るとき、職人たちは私利のための私利の追求を是認しようとはしなかった。各市民は人々が古典的共和主義の慣わしに従って徳と呼んでいるものを実践し、自分自身の福祉より共同社会《コミュニティー》の福祉を優先させることができなければならない、と演説者たちは主張した。ウォーナーは個人的利得のみを求める者は、特に政治においては「共同社会全体とは利害を異にする」不徳の人であり、このような人々は過去の諸文明と同様、アメリカを「専制支配に至る変更不可能な進路に向けて」導き、「そこでは富者と貧者との区分線ははっきりと画され、後者が前者への依存状態に置かれることになる」のは明らかだと主張した。「徳こそ栄誉の基礎たるべし」とジョージ・イーカーも二、三年後に同じ主張をした。本物の共和国は「高い徳故に信任を得た人が称揚される」政体を維持する、とジョン・アーヴィングは一八〇九年に宣言した。アメリカの「政治的英知が達成した素晴らしい業績」に対する愛は、「徳がその礎にある」ことを想起するよう求める、とサミュエル・ロメインも三年後に述べた。(57)

これらはペイン主義の伝統と、より幅広い共和主義思想の諸潮流とに由来する思想である。したがって職人たちにとって、平等と公民精神《シティズンシップ》は絶対的な経済社会的民主主義による水平化された社会を意味するものではなかった。一八二〇年代後期までは、財産を持たない小親方と雇われ職人はまだ、マースインのいう社会の中での富の「人工的な差異」や、この差異が不可避的に存続することに対する根本的異議を表明してはいなかった。職人たちは、親方であれ雇われ職人であれ、貧民の境遇を改善することには何ら関心を示さなかった。彼らから見れば、貧民は容易に専制君主の手先になる自立できない人々であり、アーヴィングは彼らを「愚鈍で、水草のように流れの底で安全に眠る……あの従順な階級」として記述した。むしろここでの平等は、政治的平等、即ち職人を含む独立にして有徳のすべての市民の権利であり、その権利は特権や富や爵位を持った貴族の干渉を受けず自らの意志を行使することを意味した。この論理の延長から、公民精神は自己の自然の政治的権利を行使する人間の義務をも意味した。ウォーナーが「自分自身を政治体にとってあまりにも無力なものと考えている」正直で勤勉な人々に対して、彼らを意図せざる反逆者であると糾弾したのはこの意味においてであり、これは政治的平等に関する自由主義的思想に社会的義務を加えて均衡を図ろうとするものであった。同様にアーヴィングが共和政体を、指導者たちが「立法者としては尊敬され、統治者としては人々が服従するが、しかし対等な者とみなされている」政体として賞讃するとき、彼の念頭にあったのは平等と公民精神であった。[58]

このようなお馴染みの共和主義的観念は、それ自体職人たちを、当時完全に定着していたアメリカ人の政治思想及び政治的表現の諸類型に結びつけた。彼らの見解の独自性はアメリカ共和主義と「同業者仲間《ザ・トレード》」の理想とを結びつける方法にあった。職人たちが他の市民団体と一緒に行進し共和国を賞讃する時でさえ、彼らは、同業者仲間は多くの重要な集団の一つではあるが、より大きな社会的団体の中では上位の者に対して服従すべき身分にすぎないという伝統的な考え方とは一線を画していた。一方で彼らは商業を賞讃しながら、他方で資本に対する疑惑を表明した。職人たちは、繁栄には商人と農民と職人との間の正しい均衡が必要であることを否定はしなかったが、自分たちは小さな仕事場《ショップ》こそ、まさしく共和主義的価値観の具現体であると考えていることをはっきり公言した。何人かのニューヨーカーの考えとは逆に、ウォーナーは職人団体に対して「富の所有は、優越した理解力や心情の美徳を必ず伴うものではない」と語った。実際、「永年の経験は、凡人の身分の方がその両者に相応しいことを確認している」と彼は述べた。巨大な富を持った人々が共和国を支配したならば、独立は失われる。なぜなら教育者で共和派の政治家サミュエル・ミッチェル（彼自身は貧乏人ではなかった）が指摘した如く、「金は力であり、その所有者に貫禄を与え、その貫禄は尊敬を集めるということがやがて明らかになる」からである。職人のような相対的にほとんど財産を持たない人々は、「贅沢に関する研究によって身につけた洗練」や「金持ちの壮麗な愚行」に誘惑されにくい、と石工のジョン・ロドマンは一八一三年に述べた。国内の職人芸は、他の職業よりも「われわれの政府の本質に適しており、全体の幸福をもたらす」ものである、と彼は考えた。要するに、有徳の農民というジェファソン派のテーマの都市的変種が現れ、これがクラフトの自負心と、服従に対する憤りと、依存状態に対する恐れとを同業者仲間の共和主義的賞讃の中に融合させた。ジョン・アーヴィングは「社会の真の枢軸」としての職人のイメージを提示した。その手中にこそ「われわれの自由の守護神が宿る」というのである。他の人々は職人の技術を持つ労働こそが共和主義的政治を推進し、貴族支配の脅威を暴露するときっぱり宣言した。ジョージ・アズブリッジが一八一一年に彼の仲間に語ったように、印刷工は特に熱心に、自分たちの同業者仲間は「専制権力の侵入に対抗して隊伍を組むことができる最も恐るべき破壊力を持つ機関の一つ」であると強調した。サミュエル・ウッドワースは自分の同業者仲間への頌歌の中で、同様の主張から伝説の印刷工ファウストは世界の最初の共和主義者であったと讃美した。(59)

共和国と「同業者仲間」との間の隠喩的連想は、職人の平等主義的共和主義を強化した。共和国と同様クラフト自身が、個人の能力を尊重することでよく知られていたが、徳の高い相互依存と協同の関係をも強調した。各親方は自己の仕事場の関係の中で、自らの決して堕落することのない徳を自由に実践する自主独立の精髄として現れた。雇われ職人と徒弟の依存状態は原理的には一時的なものであり、ノアの描くところの「互酬的」義務の網の目の中で、彼らの技術の所持によって和らげられ、彼らの親方の愛情と配慮によって美化されていた。協働の場としての仕事場は、公共に役立つ手工業製品と同時に、同業者仲間の位階構成の中で上に立つ新しい独立のクラフトマンたちをも生み出す理想的な場であるとされていた。親方たちは他人の労働だけでなく、模擬仕事場の中で演じたように、自らの技術と額の汗によって生きていくべきものと考えられていた。彼らは熟練労働者と共に、まさしく共和国が必要とする私心なき、生産的な人々であった。なぜなら彼らは他人を搾取せず、ある職人同業者総会の演説家の言葉によれば、他の何人にも「奴隷的に仕える」ことはないからであった。クラフトと政治との間の結びつきに関する職人たちの観念は弁証法的なものであった。クラフトの絆が共和国を支え、補完するのとちょうど同じように、職人たちが理解する共和主義は、クラフトの政治的地位だけでなく経済的地位をも高めるものであった。イギリスとヨーロッパの職人たちが「銃剣の前に屈従」しているのはニューヨーカーにとって驚きではなかった。働く者が市民である共和国アメリカでのみ、職人たちは自称貴族たちの気紛れから自己を護ることを期待できる、と彼らは主張した。徳と協調が重んじられる国でのみ、技術が育成され、親方と働く者との間の結びつきが永続する。旧世界の君主政体は非常に堕落しているので、「そこでは親方たちでさえ、彼らの威厳は高慢さと陰気な自負心へと退廃する」とイーカーは述べた。これと対照的に、「われわれの経験のすべてがこれまで一連の輝かしい進歩と繁栄の拡大であった」のは、「われわれの共和政体の成果で」ある、とサミュエル・ベリアンは唱いあげた。[60]

ここでは職人の政治的平等主義、クラフトの自負心、社会的共和国《ソーシャル・コモンウエルス》のすべての要素が結集した。ゴードン・ウッドの言うところの「古典主義的政治」の死滅のずっと後まで、他の社会集団と同様、職人たちも古典的共和主義の政治用語を保持した。[61] その言葉を使って、職人たちは「同業者仲間」の協働的エートスにペインや革命期の職人委員会や民主協会に特徴的な民主的・自由主義的な考え方をブレンドし、これらすべてが互いに区別できなくなっていた。このような古くからの既存の理想の適用は、大衆の静止的な過去への憧れを示したものではない。繰り返し職人たちは、彼らの以前の経済的・政治的依存状態を攻撃し、楽観主義でもって繁栄する未来に目を向けた。彼らのヴィジョンは平等主義的で、小生産者倫理で覆われていた——しかし二〇世紀的な意味での「リベラル」や「プチ・ブルジョア的」ではなかった。それは個人の諸権利と共同体的責任との均衡を保つ民主的社会のヴィジョンであった——それはまた独立で有能な市民たちと、やがては恒産を獲得することになる人々からなる社会であり、政治においてと同様、幸福の追求における彼らの勤勉も、個人的利得のためだけでなく公共の善のための義務を負う者であった。

明らかに、職人たちのこのような理想化の繰り返しは後になればなるほど、仕事場における現実の諸条件から乖離していった。したがってその折々に、職人たちは彼らの式典と演説を変更し古い言葉に新しい意味を付与し、この不一致に対応していたようにみえる。少なくとも三回（そして多分もっとしばしば）、個々の雇われ職人団体は、製靴工たちが一八一三年にやったように、「社会における有用で知的な階級」として自らを讃美するため、親方から独立した自分たち自身の独立記念日祝典を催した。エリー運河開通祝賀行進に際しては、五つの雇われ職人の集団が彼ら自身の旗の下に集まった。親方職人たちの側は、一八一五年以降、諸権利と徳に対する彼らの讃美に、企業家精神の奨励をつけ加え、それらの言葉の定義そのものを転換させ始めた。「平等は」、一八二二年の職人たちに向けて演説したM・M・ノアにとって、自分自身の野心と才能と功績によって世の中で出世する機会の平等をも意味した。「大都市では」、とトマス・マースインは一八二〇年の徒弟図書館を称える祝典で語った、「雇用とコミュニティーの残りの人々との交際は広範で多岐にわたっており、契約と責任が常に入ってくる」。こうして各々の職人は契約取り引きにおける自己の「能力」を拡大し、「諸権利を理解し、過失を避けるため」、経理のやり方を学び、浪費を避け、「勤勉と徳の道、道徳と宗教」に従わねばならなかった。しかしながら、このような新事態への適応が行われても、祝祭は少なくとも本来の目的の外観を保持していた。雇われ職人たちは、自分たち独自の祝祭を催した者たちでさえ、通常は共和国と自分たちの技術と同業者仲間を賞讃し続けた。エリー運河パレードでは、少なくとも二つの雇われ職人団体が「同業者仲間」のジョイント行進の中で親方たちと一緒に行進した方がよいと考えた。製靴工や製帽工を含む雇われ職人の大多数は昔ながらの流儀で振る舞った。親方たちもまだクラフトへの自分たちの義務について語り、依然一八二五年のページェントに出演し、まだ共和主義的同業者仲間の儀礼を遵守していた。(62)

一八三〇年代には、そのような儀式的な仲間意識すら再建することはできなくなっていた。儀式とシンボルは再び現れた、しかしそれは親方と雇われ職人との間の階級の亀裂を明示するためであって、クラフトの調和を賞讃するためではなかった。E・P・トムスンがイギリスのクラフト儀式における同様の変化に関して述べた如く、「同業者仲間」の団体的帰属意識から雇主集団と雇われ職人組合との二元的世界へのこの移行は「われわれを産業革命の中心的経験へと導く」。(63)しかしながら、さしあたって建国初期のニューヨークにおけるクラフトの相互依存と協働についてのクラフト理念の力とその持続力に留意することが肝心である。慣習的な社会結合を解体しつつあるすべての事態にもかかわらず、職人たちの平等主義は彼らの小生産者倫理と分かち難く結びついて存続した。アメリカ革命の記憶がまだ生々しく、選挙戦のたびに復唱されており、産業革命のニューヨーク版がまだほとんど進行していなかった一九世紀の黎明期においては、このセットになった思い出が職人の自負心と社会的帰属意識の最も鮮明な自画像を生み出した。それらはまた一八二〇年代初期までは、たとえそれが一年のうちの二、三日であったとしても、共和主義的同業者仲間を団結させるに十分なほど強力であった。

共和主義と紛争

このような団結のエピソードが演じられていた時期は、模擬仕事場で讃美された調和がストライキと抗議に解体した時期でもあったが、この時職人共和主義に一体何が起こっていたのか。これらの出来事のイデオロギー的次元に関する証拠は乏しく、ほんのわずかの新聞記事と、若干の手紙と、若干の裁判所での発言と証言があるだけであり、そのうち職人たち自身のものはそのまたほんの一部であった。現存している史料は、職人たちが自分たちの職人共和主義の理想と、彼らの現実認識とを整合させようと悪戦苦闘していたことを示している。彼らは同業者仲間の世界が変化しつつあり、ある場合にはすでに解体し始めているということを認識していたのである。共和主義もその職人版も、それ自身では、提起されている諸問題を完全に説明することも、解決することもできなかった。そうではあるが、職人共和主義は試練を受け、その折々に修正されながらも消滅しなかった。古い理想を新しい紛争に適合させようとするこの闘争は、一八〇九年の雇われ靴職人の裁判で最もはっきりと示された。

この裁判は完成消費財業種の雇われ職人たちが何度も労働力構成を規制しようと試みた後に起こった。一八〇八年、この都市で最も組織された雇われ靴職人組合の組合員たちが、組合の規制に反して一人の年長の非組合員の職人と一人の非合法の徒弟を雇ったという理由で、ジェームズ・コーウィンとチャールズ・エイムズの二人の共同経営者を非難した。コーウィンとエイムズは渋々反対された職人を解雇したが少年を手放すことは拒否し、二人に雇われていた者たちはこれに抗議してストライキを行った。その後間もなく他の親方たちがコーウィンとエイムズの注文を引き受けることに同意したので、この組合はこの業種全体のゼネストを呼びかけ、結託の停止と歩合賃金の引き上げを併せて要求した。この都市の最も大きな雇用者たちを含む約二〇人の靴親方たちが、当局に訴えて二四人の組合指導者たちに対する告訴状を出させた。それは営業活動に干渉し、コーウィンとエイムズによって解雇された職人から彼の生計を奪った共謀の罪で告訴するものであった。共謀罪訴追を要求することによって、親方たちは一八〇六年フィラデルフィアでの同様の事件で出された判決を獲得することを期待した。少なくとも彼らは組合を潰すことを望み、できれば労働組合主義に対する事実上の法的禁止令を獲得することを期待した。自分たちを弁護するため、雇われ職人たちは何とかアイルランド人亡命者でジェファソン派のウィリアム・サムプソンの協力を得ることができた。この訴追はもう一人のアイルランド系のジェファソン主義者で、同様に有名な折り紙つきのジャコバン派であり、ロバート・エメットの兄弟であるトマス・アディス・エメットによって指揮された。この訴追は、当時フェデラリスト仲間で人気のあったコモン・ローの適用可能性を主張する考えに頼ろうとするものであった。しかしこの裁判がかつて歴史家たちが主張したような、反労働者的フェデラリスト派と親労働者的ジェファソン派との間の代理戦争であったという証拠はない。ジェファソン派の中でも雇われ職人の側についたのはサムプソンと彼を助けた人々だけであった。党派哲学や政党政治に関する、与党か野党かの問題よりもはるかに厄介な新しい社会的諸問題がこの法廷論争を駆り立てていたのである。(64)

エメットは政治的平等と経済的平等の両者の侵害という理由で雇われ職人に対する攻撃を開始した。組合員が親方に強制し、非組合員の雇われ職人や靴を必要とする顧客に賦課金を課すことが、どうして「単なる個人的権利の行使」と見なされ得るのか、と彼は問いかけた。より直接的に、ストライキ権は果たして「健全な政治経済学」と考えうるのか。個人の権利は、とエメットは主張した、「すべての人に自分自身の意志に従って自分自身の職業に従事すること」を許すことによって確保されるものであるが、雇われ職人たちは自分たち自身の私的利益のために結託することによって、私的利益に対する最も専制的侵害を恒久化している、と。これに対しサムプソンは、労働組合主義に関する首尾一貫した理論は持ち合わせていなかったが、政治経済学の両義性に関してすでに十分に研究していて、「深遠にして洞察力のあるアダム・スミス」の議論で訴追を打破しようと試みた。弁護側がスミスを解釈した如く、スミスは親方同業者たちが自分たちの労働者に対して恒常的に共謀していたので、「この共謀は自然の成り行きとして見過ごされ、注目されなくなっている」ことを論証していた。サムプソンはこの点に注目した。組合員たちを組織化に向かわせたのは、雇われ職人たちを抑圧するこの以前からの「強欲な結託」であった。サムプソンの見解によれば、雇われ職人の団結権は「コモン・ロー」に対する迷信的な偶像崇拝」に因われた人々だけが疑問視しているにすぎなかった。(65)

市場における自由で無制限な商品としての労働概念が、少なくとも製靴親方の間で、仕事場の正義と相互信頼についての昔からの職人的な考え方を著しく侵食してしまっていたということを、これ以上力強く証明するものは他にない。この裁判の意義はしかし、親方と雇われ職人との意見の対立の事実そのものよりもむしろ、両者が平等主義的共和主義政治をそれまで経験したことのない対決の場に何とか適用しようとしていた点にある。特に目立つのは個人の諸権利に関する理念の適応力である。一八三〇年代の敵対者たちと比べると、一八〇九年の両当事者たちは、自分たちの議論がどこに辿り着くか確信が持てず、奇妙なほど当惑していたようにみえる。彼らは後に何千何万もの人々を行動に駆り立てることになる告訴と反論を初めて即興的に演じていたかのようである。それだけでなく、共同社会=共和国《コモンウェルス》と自主独立に関する職人共和主義の諸規範がまだこの問題の核心に残存していた。エメットの説明によれば、利己的な雇われ職人たちは親方の市場における諸権利だけでなく、コモンウェルスに対する自分たち自身の義務をないがしろにするものであった。その義務というのは、「すべての階級が互酬的関係に入っているという暗黙の契約である。すなわちそれは人々が相異なる職業間で役割を分担し配分している時……彼らは一般的福祉に貢献すべく自己の職業に従事する義務である」。彼らは私的利害に取りつかれて公共の秩序に挑戦し、他人の自主独立を制約し、検察官の言うところの「貴族的・専制的統制」を加えようとしたということになる。これに対し雇われ職人側は雇主たちの偽善と彼らの非共和主義的専制を戒めた。逆説的にではあるが、サムプソンは彼独自の立場に立ってスミスを利用し、単に自分たちの権利を主張している諸個人にすぎないという親方たちの立場を否定しようとした。以前からずっと親方たちは利己的な集団的利害を行使してきたのだと彼は主張した——ただこの集団的利害の行使が第三者には目に見えなかっただけのことであった。問題は「親方たちの強欲心」が自らの忠誠心を同業者仲間から自分たち自身に向けさせ、当然視されてきた労働慣行を侵害し、自分たちの徒弟を「正当に処遇する」義務を否定したことにある、とサムプソンは主張した。さらに悪いことに、親方たちは検察の手を借りて貴族的で不平等な法律をアメリカに秘かに持ち込み、自分たちの立場を強めようとした。「これは人間の権利とは相容れないものではないか」とサムプソンは問いかけた。「もしそうだとすれば、それはわれわれの憲法と相容れないのではないか。もしそれがわれわれの憲法と相容れないとすれば、それは法なのだろうか(66)」。

この裁判は引分けのような形で終った。一旦、裁判所がコモン・ロー問題で起訴を却下すべしとの弁護側の申し立てを退けると、有罪評決はほぼ確定的になった。しかしながら有罪宣告文の中で、ジェイコブ・ラドクリフ市長は問題を曖昧にし、雇われ職人の平等権の中には「集会を開き、自分たちの利害関係を規制し、賃金を要求し、働くか拒否するかの権利」が含まれるが、仲間の市民の権利を剝奪する権利はないと主張した。その後で彼は一ドルプラス裁判費用という軽い罰金を課した。これは雇われ職人の組合を直ちに圧殺する判決ではなかった。六カ月も経たないうちに、大工の雇われ職人たちは賃上げを要求して長期の厳しいストに突入していた。一八一一年に製靴工組合は先に告訴された同一人物の指導の下にもう一度ゼネストを行って賃上げを獲得した。(67)

クラフト内での緊張の永続化につれて、この都市で最も急激に変化している業種の職人たちは自分たちの行動と言語を調整し続けた。親方たちは何度も雇われ職人たちの我が儘と無分別を非難し、自分たちの市場の権利に関する自由主義的解釈の中に、自分たちの建前としている慈善心の表明と、業種内の諸条件に関する自分たちの知識の卓越性を主張する信条表明とを混入した。そしてこのような考え方は多様な文脈の中で職人同業者総会や『メカニックス・ガゼット』によって宣言された。一八二五年までに彼らはスミスの思想を紛れもなく我が物とするところまで到達しようとしていた。他方、組織を作った職人たちは、もたつきながらも自分たちの行動のための一貫した正当化論を構築しようとしていた。親方と雇われ職人との間の利害の不可避的対立に関する一八一七年の印刷工組合員たちの宣言は、一時的な利害対立の激化を示唆していた。一八二〇年代初期までに、何人かの雇われ職人たちは、自分たちの窮状を生み出すより深い社会経済的基盤を検討し始めていた。しかしそれでもなお職人共和主義は、あらゆる場面で雇われ職人たちに、親方たちの態度の是非を判定し自分たち自身を護る道徳的根拠を提供し続けた。職人共和主義に関する彼らの新しい理解は、一八一〇年の大工のスト期間中に並外れて力強く表面に現れた。親方たちは雇われ職人たちの戦闘性から生まれてくる「害悪の増大と強圧的傾向」に直面した時、この都市の建築家と測量士たちの協力を得て、自分たちの特権を譲渡することを断固として拒否した。とりわけ彼らは、雇われ職人たちに対して「彼らの能力と勤勉さの違いを基準にして」賃金を支払うことが決定できなくなるような標準賃金を認めようとはしなかった。雇われ職人たちは次のように反論した。「傲慢で横暴な」親方たちは——その中には「名前だけの建築親方」もいるのだが——自らの利害とすべての大工の利害を誤って理解し、正当な賃金以下で労働者を雇い、すべての者の稼ぎを抑え込んでいる。その結果雇われ職人たちは親方になることが期待できなくなった。だからわれわれはストをしたのである、と。職人としての腕ではまだ尊敬されている雇主たちでさえ、四輪馬車を乗り回し、煉瓦作りの自宅を建て、親方職人よりも「奴隷に命令を下す人々に相応しい」振る舞いをすることによって、すべての忠誠心を失っていた。親方たちは同業の仲間と共和国の双方を否定し、貪欲な堕落の権化となってしまっていた。雇われ職人たちは自由人として共和主義の正義のためにストをした。「人間の譲渡すべからざる権利の中には、生命、自由、および幸福の追求が含まれる」と雇われ職人たちは宣言した。

社会契約によって、社会のすべての階級はその貢献度に応じて恩恵を受ける資格を持つべきである……。社会が諸個人に負う義務の中には、当座の生計費だけでなく、仕事ができなくなった時の扶養のための資産形成を彼らに与えることも入っている。

一八二五年以後、階級、自然権、公正な賃金、および「生涯を通じての雇われ職人たち」の当然の期待に関するこのような考えは、組織した賃金労働者たちに、よりいっそう大胆な結論を引き出させる助けとなった——その結論は個人の自由と道徳的慈善を強調するものではあるが、同時にそれは、洞察力あるアダム・スミスを超えてさらに一歩踏み出すものであった。(68)

職人共和主義とブルジョア個人主義の限界

一七世紀以降のアメリカの北部社会を「ブルジョア的」なものとする記述が、立場を異にする歴史家たちの間でこのところの慣行となっている——「中産階級的」、「利潤志向的」および「近代的」がその別の呼び名である。多分、ハドソン川流域の地主や領主《パトルーン》たちが自称した「所領」を除けば、本物の封建遺制はこの国では発展しなかった。土地が豊富で、進取の精神が求められており、旧世界の権威主義的君主制から逃れてきた住民に恵まれていた（という風に論じられている）アメリカは、社会的緊張とヨーロッパ的な政治経済体制の支配を免れていた。資本主義は白人の最初の船荷と一緒に到着した。ロンドンによって課された限界の変動の中で、植民地の独立自営農民と都市の商人と勤勉な職人は局地的、場合によっては広域的《リージョナル》な市場で真剣に競争した。これは競争的・民主的個人主義の範例であり、そこには貴族的地主も小屋住み貧農もいなかった。この文化のもたらす機会とその真空状態を捉えたホフスタッターは、初期アメリカを理解するためには、「中産階級的世界」を想起すべきであることを「基本的事実」として最も説得的に述べた。一九世紀初期の経済成長は、何ら偉大なイデオロギー的あるいは社会的変化を必要とせず、既存の資本主義の精神を解き放つのに必要な運輸と通信の「革命」がありさえすればよかった。この精神を『ナイルズ・レヴュー』のヘゼキア・ナイルズは一八一五年に「前進しようとするほとんど普遍的にみられる野心」と呼んだ(69)。

ある点では、建国初期のニューヨークの職人はこの記述に一致する。彼らは拡大しつつある、そしてますます競争的になっていく市場の中で生産しながら、賢明な企業家になることができた。親方たち、あるいは少なくとも先導的なクラフト親方は、資本主義的ビジネス慣行に(常に熟達したわけではなかったとしても)鋭敏な対応を示していた。職人たちの獲得欲の存在を否定する疑念は、職人同業者総会の演説や一八一五年の講和祝賀祝典を飾ったドル金貨の溢れ出る豊饒の角の表示によって反証された。もし彼らのビジネスマンとしての能力を疑う来訪者がいるならば、彼らはダンカン・ファイフの仕事場に立ち寄るか、他の諸都市に製品を出荷する手配をしている親方たちを観察しさえすればよかった。もし親方職人と雇われ職人が商業的拡大の恩恵を評価していないと思う者がいるならば、彼らはエリー運河祝賀パレードを見さえすればよかった。

職人たちの「中間階級的《ミドリング》」共和主義政治はニューヨークの植民地富豪《ネーボブ》たちの権力と文化に対する彼らの不信感と、自立できない貧民に対する彼らの共感の欠如を伴っており、これはC・B・マクファーソンが記述したブルジョア的所有個人主義のラディカルな変種をも想起させるものである。自分たちのクラフトに対する職人たちの賞讃、不熟練労働者に対する彼らの敵意、および商人貴族と尊大な牧師たちに対する彼らの攻撃は、すべて私有財産の尊重の故に緩和されていたが、次のような信念を例証するものであった。すなわちその信念によれば、独立の相対的に小さな資産を持つ人々こそが、完全な市民権を持つ資格があり、かつそれを行使するのに最も相応しい資質を持つ人たちであった。政治的・宗教的恭順に対する彼らの民主的攻撃、個人の進取の精神に対する彼らの敬意の表明、および彼らの同業者仲間の経済的利害擁護の努力、これらすべては彼らに、永い間ブルジョア的礼節の胚種と考えられていたフランクリン的美徳の擁護者の風貌を与えた[70]。

しかし職人《メカニック》たちは、彼らの職人共和主義《アーティザン・リパブリカニズム》でもって、単に前述のことだけを擁護したのではない。堕落、平等、および自主独立に関する共和主義的言語の豊かなレトリックを用いて、彼らは技術に基づく互助的な位階制《ハイアラーキー》と協働的仕事場に対する忠誠心を表明し続けていた。職人の自主独立という言葉は、絶え間なく私利を追求する勤勉ではなく、すべてのクラフトマンが最終的には自己管理する独立の有能な親方になるような道徳的秩序を想起させた——これは自分たちは「誰からも盗まん」という石工の詩の文句に合致するような秩序であった。そこでは人々の活力は個人的野心や利益だけでなく、共同社会《コモンウェルス》＝共和国に向けられる。仕事場では相互の義務と尊重——「心の最も強力な紐帯」——が支配する。さらに公的な領域ではクラフトマンたちは彼らの平等の権利を主張し、非常に堕落しやすい商業・金融的エリートに対抗して、自分たちの集団的利害を護ると同時に徳の支配を維持する観点に立って、自分たちの公民権を行使することになる。独立した自由に基づく個人の自己決定と社会的・団体的責任とのこの融合体は、初期アメリカ政治思想の核心であり、他の人々が「団体的個人主義」と呼んでいるものに非常に近く、この融合体は職人の思考のブルジョア的傾向に対して、そしてまた次のような不可避的事実に対して、不安定でますます対立的になる関係の中で存続した。その不可避的事実とは、クラフト経済の拡大と労働関係の転換と共に職人たちの中に、親方と賃金への依存から抜け出せない人々が出てくるという事実である[71]。確かに一八二五年までに、職人共和主義を失墜させたものの多くはある点ですでに再検討されていた。その結果このような事実は何人かの親方たちによって彼ら自身の経済的福利と仕事場における彼らの経営革新を正当化するものとして、そして組織化した雇われ職人によって彼らの組合とストライキを弁護するものとして解釈されていた。しかしそれでもなお、彼らがトクヴィルが一八三〇年代に観察したような個人主義によって支配されるようになるには、同業者仲間はいましばらくの間社会的およびイデオロギー上の過程を旅し、クラフト内でのより大きな変化を耐え抜かねばならなかった。そして雇われ靴職人たちや他の初期のストライキが予示した如く、この移行は激しい抵抗に直面することになる。

II　雑種仕事場　一八二五年～一八五〇年

毎日の仕事、ワークショップ、工場、作業場、オフィス、店、デスク、
かなとこ、鋏、ハンマー、斧と鎖、差し金、留め継ぎ、ジョインター、仕上げかんな
船大工仕事、波止場建設、魚の薫製作り、船の渡し、石割り、歩道の旗振り
その中にこそ真の重石、その中にこそ意外な重みが、意外な軽みも
その中にこそテーマが、ヒントが、刺激が——そこになければ、この世にテーマ、ヒント、刺激なし、
すべてなし。

『民衆支配の讃歌』、III、二九

第三章　メトロポリス型工業化

一八二五年から一八五〇年までの間に、ニューヨークは合衆国で最も生産力のある製造業都市になった。このメトロポリスを中心とした製造業集積地域は、南は遠くデラウェア州にまで及び、一八四〇年代末までには、多分、世界で最も急速に成長している工業地域になっていた。(1)この驚くべき発展がこの都市の職人《クラフト》の世界を一変させた。しかしそれは初期工業発展についての通常のイメージから想起されるような変化とは著しく異なっていた。大企業が何千何万もの職人労働者《クラフトワーカー》を吸収したが、この都市の小生産者を根絶することはなかった。新しい高度に精巧な蒸気力を用いた機械が工場地区で轟音をたてていた。しかしニューヨーク最大手の製造業者たちの大半は、労働節約機械に投資するよりもむしろ、すでに始まっていた労働過程の分業をさらに推進した。二、三の急速に成長しつつある業種がこの都市の製造業経済を支配したが、何百もの業種が存続し、ニューヨークに執え所のないほど種々雑多な製造業部門を残した。今日の歴史家と同様に当時のアメリカ人たちも、他の地域に目を向けて工業時代の到来を解釈した。とはいえ一九世紀中葉、全国で最も生産力のある製造業中心地は、ローウェルのような最も機械化された人工都市でも、リンのような単一業種によって発展した新興タウンでもなく、工場と小職人企業、中核作業場《セントラル・ワークルーム》と下請け地下室仕事場《アウトワーカーズ・セラーズ》、奢侈品製造企業と零細苦汗搾取仕事場からなるメトロポリスの迷宮であった。(2)

この初期の工業メトロポリスの外観の異常さに惑わされてはならない。ニューヨークの仕事場では、単なる生産の拡大ではなく、革命が起こっていた——『ハンツ・マーチャンツ・マガジン』は一八四九年にこの革命こそまさに「時代精神に合致した」ものであると評した。(3) この革命はすでに一八二五年に始まっていた。それは南北戦争後の金ピカ時代、さらにその後にまで続くものであったが、すでに一八五〇年までにニューヨークのいくつかの最も大きな業種で、労働と独立（人格の自立）の意味そのものを変えてしまっていた。この革命を叙述するのは容易ではない。われわれはこの革命の震源地に終始君臨したニューヨーク港から始めることにする。

メトロポリスの製造業とクラフトの雑種化

「掘返し、掘返し、掘返し！　これがニューヨーク式のやり方である」とフィリップ・ホーンは一八四五年の日記に書いた。「われわれの祖先の骨は、墓の中にわずか四分の一世紀の間、静かに横たわることすら許されない。生きた人間の世代は先代のすべての遺跡を除去することに専念しているように思われる」。これは今なおマンハッタンで聞かれる叫びである——しかし当時としては全く予期されなかったことであり、ある時期に突然認識されたことであった。三年後、フィリップ・ホーンとは全く性格を異にする二人のドイツ人の社会批判者は、この現象を成熟したブルジョア社会の絶えざる破壊と再建という言葉で表現した。(4) そこではすべての個体が雲散霧消する。ホーンや彼の仲間たちが人生の門出をしたばかりの二〇年前には、そのようなことを考えるニューヨーカーは一人もいなかった。冒頭のホーンの概嘆は、彼自身が市長あるいは商業資本家として、いかに新しい攻撃的な社会体制の形成を助けたかについての自覚の欠如に起因する。この都市のエートスそのものを変える何かが二〇年間に起こっていた。その何かは商業と結びついていた。しかしそれはニューヨークの生活のすべての面に及んでいたのである。

一八二五年以後のニューヨークの商業発展に関する政治・経済史は、すでにいくつかの研究で詳細に叙述されており、われわれがこれに関わる必要はない。しかし二、三の点は強調されねばならない。第一に、南北戦争前のアメリカ全体の貿易と金融に及ぼしたニューヨークの支配力の増大に関する考察は依然遅々として進んでいない。貿易統計はこの発展を理解する手がかりを与えるにすぎない。商業資本と運輸ルート（最初は運河、ついで鉄道）のマンハッタンへの統合が貫徹していたので、「大ニューヨーク市は、この偉大な国民の運命に、わが国の他のどこの住民よりも五倍以上の影響力を及ぼしている」と言い出す観察者も現れた。ニューヨークが全国商業を支配したように、商人と金融業者と法律家からなる商業ブルジョアジーはメトロポリスを支配し、趣味と教養の規範を確立し、二大政党の中での要職を保持した。(5) 第二に、ニューヨークの貿易が急速に加速され、そしてまた全体としてのこの都市が驚異的な発展を遂げ、それと共に経済的不平等のよりいっそうの深刻化と貧民及び中間層の居住地区における生活諸条件の全般的悪化が、特に中央部の第四区・第五区及びイーストサイド沿いで生じた（下巻付録地図2）。一八二〇年代と一八四〇年代の統計は、富の継続的な再配分による最上層階級への集中を記録している。これはすべての拡大しつつある商業的首都に共通した現象であった。ニューヨークの貧民・労働者居住地区における人口過密、疫病、不潔、大量死といった過酷な犠牲は、野放しの都市発展がもたらした災害としては、他の都市に比べ最悪の人的コストを示している。(6) 最後にそして何にもまして、農村からの移住者と貧しい移民がこの港に溢れるにつれて人口の大混雑が起こった。一八二五年と一八五〇年との間に、ニューヨークの人口は三倍以上増加し、その結果、一八〇〇年以来の増加率は七五〇〇％に達し、世界最高の一つを記録し、リヴァプールの二倍、マンチェスターの三倍、ディッケンズ時代の伝説となっている都市の野放図な人口増加よりもっと倍率が高かった。一八三〇年頃までは、この人口増加は主にニューイングランド地方とこの都市の周辺の後背地からの新来者、イギリスのプロテスタント、及び小さな流れではあるが徐々に増加していたアイルランド系カトリックとドイツ人の移民によって供給されていた。しかしその潮流は一八三〇年代に転換し、一八四〇年代には何万人ものドイツ人と飢餓に苦しむ農村のアイルランド人の到来と共にさらに急激に変化した。一八三〇年代初期から一八五〇年代中葉までのほんの二〇年余の間に、ニューヨークは、アメリカ生まれの人々が住民の大多数を構成する大きな港町から、その住民の半数以上が外国生まれで、移民の五分の四以上がアイルランドとドイツからやって来た大都会《メトロポリス》へと変貌を遂げた。(7)

港の拡大を伴ったこの人口爆発がニューヨークにおける労働者階級出現の前提条件となった(下巻付録表9)。貿易と金融のテンポの加速化がホワイトカラーの事務職の数を著しく増大させ、この仕事の大半は地元の息子たちや在住の商人たちとの縁故のあるアメリカ農村からの新来者たちに委ねられた。この新しい男性事務労働者集団と共に、(港湾労働者、荷馬車曳き、ポーター、二輪荷馬車曳き、その他あらゆる種類の日雇労働者を求める)不熟練の仕事の数と割合が突然急上昇した。他方、中産階級の富の増大が女性の家事使用人の需要を拡大し、その数は世紀中葉のこの都市最大の職業になっていた。これらはこの都市の黒人及び移民、特にアイルランド人の仕事であった。一八五〇年代までに、この都市の男性アイルランド人労働者の半数以上が日雇労働者や二輪荷馬車曳きになっており、この都市のすべてのアイルランド人女性の四分の一以上が家事使用人であった。(8)

もっと多くの説明を要する事柄は地元の製造業生産の拡大である。この拡大はニューヨーク賃金労働者の最大の雇用部門として、製造業・クラフト労働者を後に残した。(下巻付録表10)。一見すると一八四〇年代の商業都市ニューヨークには、二〇年前にもまして、製造業都市としての将来性はなさそうに思われた。中心地区の地代はすでに一八二〇年代にに高すぎるとみなされていたが、商業・運輸施設の発展と居住空間の過密化とともに、うなぎ昇りに上昇し、その結果、二、三の業種を除けばすべての業種で工場や大規模な中核仕事場《セントラル・ショップ》の建設を妨げた。マンハッタンにおける動力化できる水力源の欠如は、水力の全盛時代を迎えた一八四〇年代には以前にもまして歴然となった。イギリス、ニューイングランド地方、ニュージャージー州、及びデラウェア川流域からの運輸の容易な製造業製品の流入は、ニューヨークでの多くの商品の製造を不必要にした。全体的に見てニューヨークはロンドンと同様に、ドロシー・ジョージの言葉通りに、産業革命の風雲が避けて通る都市のように見えたとしても不思議はない。(9) しかしニューヨークでは、これまたロンドンと同様に絶え間なく人口が増大し、これが合衆国における最大で最も多様性に富む消費市場と最大の余剰賃労働の集中をもたらした。この人口の大群に、いかに粗末なものであろうとも食料を供給し、家に住まわせ、着物を着せるためには労働者たちが必要であった。その莫大な労働者の集中、信用機関、イギリスやニューイングランドからの未完成原料の利用機会、運輸路線――これらに恵まれたニューヨークは、地元での消費と外部への出荷のための完成品消費財生産の最適の立地であった。

製造業に対するこれらの制約条件と誘因の相互作用が、メトロポリス特有の初期の産業転換の形態を生み出した。若干の違いはあるものの、これはニューヨークだけでなく、一九世紀中葉のロンドンとパリでも明らかに見られた現象であった。(10) 初期のメトロポリス型工業化の主な際立った特徴は簡単に要約できる。製造業労働者がニューヨークの賃金労働者の最大の集団であったが、その製造業経済の最も重要な部門は、建築業とならんで依然として伝統的な軽手工業、とくに完成消費財業種であった。若干の重要な例外はあった。特化したメトロポリス市場への近接が必須であるような資本集約産業、とりわけすべての鉄の鋳型・鋳造がこれにあたる。この他に新しい都市的な重工業――ガス生産と精密道具製造――がイーストリバー沿いと街外れに定着し、醸造業、蒸留酒生産、砂糖精製のようないくつかの古くからの産業も、すべて都市人口の増大と共に繁栄し成長した。これらの産業は、ほとんどのアメリカの諸都市にはるかに先んじて、ニューヨークの重要な工場生産部門の発展を促進し、そしてまたメトロポリス経済に対して大きな影響力を持っていた。しかしその雇用数はすべてのニューヨーク製造業労働者の一〇%を超えなかったし、一八五〇年代のすべての賃金労働者のわずか約五％にすぎなかった。[11]ジェファソン時代と同様、南北戦争前のニューヨークにおける典型的製造業労働者は鉄鋳型工や醸造労働者ではなく、最大の職業のみを列挙すれば、仕立て工（あるいは仕立て女工）、大工、靴工、製パン職人であった。

クラフトの中心的重要性の指摘だけでは十分ではない。一八五〇年までにメトロポリスの主要産業の工業化はより錯綜したものになっていた。一般にニューヨークの製造業の成長は、他の地域と同様、個々の企業規模の着実な拡大を伴った。その結果、一八二〇年代の生まれたばかりの頃の規模のマニュファクトリー（工場制手工業）は、間もなく零細企業とみなされるようになった。一八五〇年には六〇〇近くの企業がそれぞれ二〇人を超える労働者を雇っていた。しかもこれらの企業が製造業労働力の大半を雇用していた（下巻付録表11）。もしわれわれがこの大企業の発展を大工場の建設やこの都市の小生産者の根絶と同一視すれば、この数字は誤解を生むことになる。一八三〇年代と一八四〇年代に大企業化が急速な機械化を伴ったのは、メトロポリスの主要なクラフトのうち印刷業だけであった。ここでは、初期のメトロポリス型工業化の三つの特質が加わってその形態を複雑にした。第一に、奢侈品・注文生産業種が消費財生産のあらゆる分野で重要な業種として存続した。ニューヨークはとりわけ、わが国の最も裕福なエリート市場を誇りとしていた。ヴァジニアの人ジョージ・フィッツヒューは決して軽率に北部を賞讃する人物ではなかったが、彼はあえてこのエリート市場は「最高の技術と能力」を必要とするものであると断言した。[12]最も急速に工業化している業種の中でさえ、このような分野では職人的伝統と小仕事場生産が続いた。第二に、業種全体がその生産工程を著しく変えることなく巨大な成長を遂げた業種もあった。この中には、まだ高度の熟練職人を要求する海運関係業種と共に、もっぱら地元の消費市場と結びついたクラフト、とりわけ食品調達業種が含まれる。最後に、そして最も重要な点は、この都市のほとんどの先導的職人企業家が、この港の制約条件と誘因に適応し、コストの切り下げと生産の増大をはかるため、労働の分業の強化と何らかの形態の仕事場外請負に頼ったという事実である——そしてこのような経営上の新機軸は、通常、歴史家たちによって、「過渡的」あるいは「プロト工業的」性格を持つものと規定されている。これらの産業編成は都市内アウトワーク（住居での委託加工）から屋根裏仕事場請負に至るまで業種ごとに異なっていた。しかしその論理は常に概して同一であった。製造業者たちは仕事をその最小の細部にまで分割し、没落した職人、屋根裏仕事場労働者、あるいはアウトワーカーのようないくつかの種類の低賃金労働者のいずれかに依存し、できるだけ多くの労働を実現しようとした。実際には、彼らは、すでに一八二五年以前に始まっていたこの新機軸を導入し、クラフトの不熟練労働化を単に拡大したにすぎなかった。しかし彼らは、より大規模な形でこれを行い、全く不安定な状況を生み出した。まだ職人を意味する「メカニック」や「ジャーニーマン」という呼び名にしがみつく労働者もいたが、一八五〇年までにこの労働の細分化と問屋制前貸の発展は、この都市の業種のほとんどが全くクラフトとは呼べない段階にまで到達していた。その代わりに雑種職人制度《バスタード・アーティザン・システム》とでも呼ぶべきものが現れた。この制度は、いくつかの完成消費財生産業種に機械が導入された後、さらに後のジェイコブ・リースの時代、そして遠く二〇世紀までニューヨーク製造業の中心に存続した。(13)

一八二五年から一八五〇年までの間にマンハッタン全体にこのように多種多様な労働環境が拡散した主な理由は、ニューヨーク市場の多様性と特定の製造業部門の早熟的機械化と共に、この雑種制度の優位にあった（下巻付録表11）。これらの中では工場はまだ二次的な重要性しか持っていなかった。実際、二、三のニューヨークの業種は、非常に早く機械化したが、工場生産は重工業、若干の建設業の小部分、及び印刷業の書籍出版・定期刊行物部門を除けば、事実上一八五〇年のニューヨークには存在しなかった。そしてこれらの場所でだけ、ニューヨークの労働者は厳しい労働規則の強制、巡回する職長の絶えざる監視、間断なき動力機械の騒音を伴ったローウェルやマンチェスターの労働条件に近いものを経験した。その場合にも、類似以上のものではなかった。工場は何百人もの労働者を雇ったが、その多く、おそらくその過半数は、高度に熟練した労働者（例えば、印刷工場における最も熟練を要する植字工）か、あるいは厳密な意味での肉体労働者（例えば、荷造り人や配達労働者）であった。彼らは決して均質的な半熟練工場労働者の大集団ではなかった。(14)

工場と同類ではあるが、ニューヨークの制約条件によりよく適合していたものとして、この都市の小さな機械化された仕事場がある。各々の仕事場では三人から二〇人の間の労働者を集め、（たとえ労働過程のほんの一部分であったとしても）最も簡単な動力鋸から精密な蒸留装置に至るまで、種々の機械で作業していた（下巻付録表12）。いくつかの印刷・版画企業と同様にこの都市の二、三の醸造所や蒸留所がこの範疇に入る。しかしながら、これらの企業の全体の中に占める割合は小さく、そこで働く労働者の割合はさらに少なかった。残念ながら、われわれはこのような場所で仕事がどのように行われたかについては何も知らないに等しい。しかしそれらを一括してミニ工場ないしは最も搾取の厳しい仕事場と見なすことが誤りであることだけは確かである。そのほとんどがそれぞれ一五人未満しか雇っていなかった。建設職種の中の単純な肉体労働の仕事場を除けば、そこでは大半が、製造業労働者の平均よりも高い賃金を支払っていた。とりわけほとんどが、機械製造、精密道具製造等のような産業革命によって創出された新しい業種の中にあり、専門化した伸縮性のある市場に連結しており、大量生産には結びついていなかった。労働節約機械の存在にもかかわらず、これらの企業の中での仕事の多くは最高度の技術を要した。実際、いくつかのこれらの業種の賃金労働者は、生産が工場に移行してしまった後、一九世紀後半になっても依然としてわが国の最も熟練した労働者であった。(15)

マニュファクトリーと問屋制マニュファクトリーが雑種職人制度の本体であった。マニュファクトリーとは機械のない工場だと考えてよい――ここではこの言葉を二〇人を超える労働者が集中し、その各々が厳しく細分化された日常業務の中で古い手工業の仕事をしているものと定義する。工場の中と同様に、マニュファクトリーの仕事は厳しく監督された。両者の違いはマニュファクトリー労働者が文字通り零落したアーティザン（職人）であった点にある。彼らの大部分は熟練雇われ職人がかつて自分だけでやっていた労働のほんの一部分だけしか行わなくなっていた。この都市の最大の雇用主である問屋制マニュファクトリーの経営は違っていた。ここでもマニュファクトリー内と同様に、分業体制下にあったが、最も熟練を要する仕事のみが敷地内で行われ、半熟練のアセンブリー仕事の大半は請負人や直接外部労働者に問屋制前貸しされた。国勢調査の記録はこれらの企業における外部労働者に対する「仕事場内」労働者の割合を明らかにしていない。大手の衣服企業に関する二、三の現存する報告は、それが極端に低く、多分外部労働者各五〇人に対して一人の「内部」労働者であったことを示している。ある控えめな評価によれば、この都市の職人労働者のほとんど半数が、問屋制マニュファクトリーで雇用され、そのうちわずか五%だけが「仕事場内」労働者であり、その残り——この都市の全職人労働者の四六・三%——が外部労働者であった。(16)

ほとんどの職人労働者が実際に生計のために働く場所は、以前から存続していた仕事場であり、これらはすべて小規模で、すべて機械化されていなかった。居住地区の小さな仕事場は、一八五〇年になってもまだニューヨークでのショップ（店＝仕事場）数としては最大であったが、その中には鍛冶屋や肉屋のような相対的に技術の雑種化や希釈化の影響を受けていない業種の企業と並んで、最も急速に工業化されつつある業界の中でなお存続していた特注生産企業（高級製靴業、独立の特注仕立て業）も含まれていた。屋根裏仕事場は若干大きかったが、通常、雑種職人制度と結びついていた。ほとんどの屋根裏仕事場の労働者は小親方と以前の雇われ職人によって監督され、製造業者のために外注の仕事をするか、あるいは卸売業者や地方の小売商に大量に売られる単一の生産物を提供した。いずれの場合にも、彼らは屋根裏親方によって設定された出来高賃金で分業体制の下で働いた。そして親方自身はパトロンが設定した加工賃の中から自分の取り分を工面した。最後に、国勢調査には特別に記載されていない製造業作業場として、外部労働者の家があった。そこでは家族と友人の集団全員が製造業者や請負人から手渡されたアセンブリー仕事に精を出した。[17]

これが世紀半ばの製造業都市ニューヨークの景観であった。そこには夥しい規模の多様性があり、最も大きな製造業者と最低の外部労働者との間のギャップを埋める雇われ職人、請負人、小親方、独立生産者からなる錯綜した中間層の広がりがあった。これは初期産業革命に関する大変動のイメージとは全く異なった景観である——これはすべての機会が商人資本家の侵入によって抹殺され、すべての職人がプロレタリア化した賃金労働者につき落とされてしまっている状況ではなかった。フレデリック・コプル・ジェイハーが指摘しているように、ニューヨークの商業ブルジョアジーは、職人企業家への信用供与以外には、地元の製造業の拡大に直接関わり合う必要はほとんどなかった。むしろ衣服業種におけるいくつかの重要な例外を除けば、自分自身の経営を一変させ、あるいは他の人たちの経営水準から抜きん出ることによって、製造業エリートを支配するようになったのは、この都市の先導的な親方職人たちであった。中には目覚ましい成功を遂げ、この都市の最も富裕な人々の中に列挙されるような者もいた。また他の親方たちは大金持ちにはなれなくても堅固な身代を築いた。確かに彼らは商人の支配する一八五〇年のニューヨーク・エリートの中では、昔のジェファソン時代の親方職人ほどには目立った存在ではなかった。エドワード・ペッセンの最近の研究によれば、上層階級の所有する富の中での製造業者の財産の割合は、実際、一八二八年から一八四五年の間に若干減少した。にもかかわらずダンカン・ファイフの世代とそれに続く世代の職人企業家は、この市のマニュファクトリーや仕事場、及び職人同業者総会を含む種々の「職人」団体の双方の中で、依然として重要な地位を保持していた。[18] 同様に小親方たちもまた、最も急速に変化している業種の中と徒弟職人制度が根強く存続していた職種の双方でまだ多数生き残っていた。国勢調査の数字が証明しているように(下巻付録表13)、小親方、屋根裏仕事場親方、小製造業者が、なお一八五〇年における雇用者の大多数を占めていた。雇われ職人に関しては、最も雑種化した業種においても、すべてが恒久的依存状態に追いやられたわけではなかった。最も格落ちしたクラフトで請負人や小親方として開業する場合、その必要資本金額の小ささが、多分少なくとも原理的には、かつての雇われ職人が自分の仕事場を持つ場合よりもこれを容易にした。賃金労働者にとどまっていた者も、少なくとも理論的には、注文生産仕事場や問屋制マニュファクトリーの中でのより特権的な地位をめざすことができた。

一般論としては確かにこのような機会が存在したが、具体的には大部分の職人労働者と小親方にとって、製造業仕事と市場の厳しい現実があった。資本の利用機会は南北戦争前に非常に拡大したが、平等ではなかった。「上方流動性」即ち出世の可能性もまた、自由で公平な市場の中での競争の結果ではなかった。銀行の委員会は信用を求めるすべての要求を丹念に審査した後で手形割引をしたので、当然、危険度が最も低いと思われるものを助けることになった。ダンカン・ファイフと彼の息子たちは、一八四〇年代まだ彼らの業界の指導者だったが、二、三〇〇〇ドルの資産でこの分野に入ってくる無名の人々よりもはるかに容易にビジネスを拡大することができた[19]。一八五〇年代におけるこの都市の親方たちの間での資本配分が著しく不均等であったことは驚くにあたらない[20]。一方、職人労働者大衆の状況の悪化は、若干の基本的な統計を検討することによって間接的にアプローチできる。第一に、一八三〇年代と一八四〇年代にこの都市の主要な職種で平均実質賃金が下落したことは疑えない。雑種職人制度全体の論理は、雇用者たちは賃金支払いを削減することによって生産を拡大することができるという前提に基づいていた。労働者の少数のエリートは高賃金を支払われたが、大半の男子と事実上すべての女子は人並み以下の――ある者にとってはどん底の――収入しか稼げない出来高賃金で働いた。一八五〇年国勢調査に記録されている賃金高は、この下方圧力の全般的結果を示唆している。一八五三年のニューヨーク『タイムズ』紙の記事の推計によれば、医療出費を最低に見積もった四人家族の最低家計費は、年間六〇〇ドルに達した。インフレを調整すると、これは一八五〇年の最低家計費が、ジェファソン時代の五人家族の最低より約二八％高かったことを意味する。しかしなが一八五〇年国勢調査によれば、男子労働者の年間平均所得は最低家計費の五分の三に当たるほぼ三〇〇ドルであり、一八〇〇年と一八二〇年の間に劣等な職人に支払われた賃金に近かった(下巻付録表14)。主要な業種の最も賃金のよい男子労働者でさえ、平均で推定最低家計費に近い稼ぎをしていたにすぎなかった[21]。このような環境の下で、男子の職人労働者は、食料購入の節約からごみ箱あさりまで、ありとあらゆる帳尻合わせの適応手段に頼った。助けてくれる男子のない女性職人労働者——寡婦、小児を持つ若い女性、一八三〇年代と一八四〇年代に洪水のようにニューヨークにやって来た田舎娘——は、ただ生きるためだけの金稼ぎに悪戦苦闘した[22]。追加収入のための最も一般的な解決手段は、配偶者や子供や他の親戚、あるいは下宿人に頼ることであった。一八五五年における貧しい第五区と第六区での一二〇世帯の単純なサンプル調査は、その数は少ないが、現れつつあるパターンを示している。突きとめたすべての男子「職人《アーティザン》」——雇主と被雇用者——のうち、二八・一%は何らかの形態の複数の所得確保の手段を持っており、二二・五%が自分独りで家族を支えており、四九・四%は下宿人であった。自分の世帯に男性のいない女性職人労働者の半数(突きとめた女性職人労働者の四五・二%)が生計の一部を他の人の稼ぎに依存していた。(男性のいない女性が大部分を占める)女性労働における「ダブル・スプリット」市場の出現に伴う、このような複数の所得源泉に依拠する世帯の広範な出現は、ニューヨークの労働者を、中産階級の生活経験と家庭の領域に関するアメリカン・ヴィクトリアン・イメージ、この双方からかけ離れたものにしていた。(国勢調査には記録されていない家族仕事場世帯に関しても同様のことが言える。)勿論、仕事そのもの、そしてまた居住、所得水準もかけ離れていた[23]。

さらに人口統計上の証拠は、先導的な諸業種の仕事がまさしく極貧層の仕事になっていたことを示唆している。一八五〇年における労働条件の厳しい抑圧状態の明確な指標は、女性の存在である。全体では、女性はニューヨークの製造業労働人口の約三分の一であった(下巻付録表14)。そして先導的な衣服製造諸業種では、労働者の大多数が外部労働者であったが、そこでの彼女らの割合は四分の一から五分の四の間であった。[24] 一八四〇年代の中葉から後期にかけての各業種における民族構成の変化もまた、事態を理解する手がかりとなる。一八五〇年以前の相当数のニューヨーク移民が修業を積んだ職人であった。特にドイツ人の中には、何千人もの木材加工業や食品加工業の熟練労働者がいた。しかし仕事が分割され外注に出されるようになるにつれて、ここでも安い賃仕事の大半は、どんな安い賃金でも働くほとんど熟練を持たない窮乏化した移民(特にアイルランド人)の手に落ちた――家具製造はドイツ人、石切工と石工はアイルランド人、仕立て業はドイツ人とアイルランド人の仕事になった。最大の諸業種の労働者の四分の三が一八五五年には移民(その半分近くがアイルランド人)になっていたということは、いかにニューヨークの製造業の仕事が低賃金労働になっていたかを示唆している(下巻付録表15)。この年住民の約半数が外国生まれであった。これらの移民、特にアイルランド人が完成消費財や建設のような最大の、しかも最も打撃を受けたクラフトに集中する傾向を示したということは、問題の核心をより明確に示している。[25]

しかしこれらの数字はせいぜい示唆を与えてくれるにすぎない。この数字がもっと精確であったとしても、メトロポリスの工業化がいかに生産の社会的関係を転換させたかを明らかにするものではない。この転換はすべての人――大雇用者、小親方、あらゆる種類の賃金労働者に、それぞれ違った影響を及ぼした。したがってこれらの社会関係の変化を理解するためには、個々の業種に当たって、さらに綿密に見ていく必要がある。ニューヨークのどの二つの業種をとってみても、全く同じようにあるいは同じ速度で工業化した業種はない。あるものはほとんど変化しなかった。メトロポリスが一八五〇年以前の最も有名な初期の工業タウンと違っていた点は、ニューヨークの労働者と雇主の社会的体験におけるこの画一性の欠如であった。この点こそは一八三〇年代と一八四〇年代におけるメトロポリスでの階級形成と階級闘争の輪郭を形成する決定的要因となるのである。

苦汗搾取業種――衣服、靴、家具

一八四五年、ニューヨーク『デイリー・トリビューン』紙はニューヨークにおける労働条件に関する一連の記事を掲載した。『トリビューン』の記者たちは自分たちが発見した事実にショックを受け、彼らはこれを何とかうまく説明しようとした――特にこの都市最大の諸業種を蝕んでいる異常な安値受注と搾取を解明しようとした。二、三年後、『トリビューン』の通信員のジョージ・フォスターがこの時代の最も偉大なジャーナリストの著述を読んだ後、彼は最も的確な言葉を発見した。それは「苦汗搾取《スウエティング》」という言葉であった。「『モーニング・クロニクル』のメイヒュー氏の最近の調査で徹底的に暴露された……この厭うべき方式」、このやり方はすでに「ロンドンと同様、この都市でもそれなりに大規模に」普及していた。(26) あれこれ形を変えた苦汗搾取がニューヨークのほとんどすべての初期の工業業種で現れた。それは完成消費財業種で最も純粋な形態で出現し、衣服生産で最も悪名高かった。

ニューヨークの衣服革命が地元の市場を征服するのに、一八二五年から一八三五年まで、わずか一〇年しか経過していなかった。一八五〇年までに、この革命は男子用既製服の全国市場を創出し制覇した。最初にこれを誘発したのは、この都市の衣服卸売商人、オークション・マーチャント、仲買人たちであった。彼らは英国輸入製品市場に対する支配力を活用し、ニューイングランドへの販路を拡大することによって、初期の廉価品製造企業家の請負計画の採用と拡大を促進した。彼らの成功と、彼らから布地と信用を提供された親方仕立て職人あがりの製造業者たちの成功は、神の摂理のわざでも商業の成長の不可避的な結果でもなかった。ニューヨークのすべての仲買人と製造業者の中で、攻撃的な販売方法を完成させる点で、最も才覚を示したのは衣服業者たちであった。より重要な点は、この衣服業者たちこそが自分たち自身の取引関係を拡大し、他の都市の競争者（及びニューヨークの小さな仲買人）を市場から締め出すため、地方の小売商や農村の仲買人に寛大な信用を拡大する技術を最初に習得したことにある。一八三五年までに、彼らはニューヨークの既製服業を全国最大の地場産業の一つに仕上げ、その中には各々三〇〇人から五〇〇人を雇用する企業もあった。その生産の大部分は「安物」商売用であり、具体的には（南部の奴隷のための「ニグロ・コトンズ」と共に）南部の顧客のための既製服、西部の農民や坑夫のためのダンガリーやヒッコリー・シャツ、及び都市貧民のための安物衣類であった。一八三〇年代に入った頃から、衣服業者たちは仲買人や小売商に精力的に支援され、注文仕立て屋に行く金や時間のない事務労働者・仕事場店主・金持ちの顧客のための高級既製服生産部門を導入し、高級品市場にも参入した。最も国際都市的センスを持つ顧客の間にはこの非注文生産に対して最初若干の抵抗もあったが、衣服業者たちは一八四〇年代末までに人々の考え方を変えてしまっていた。一八四九年に『ハンツ・マーチャンツ・マガジン』の記事は、ある既製服企業の衣服は「すべての市場で、最も貧しい日雇労働者から社交界の紳士まで、あらゆる階級の人々に受け容れられている」と絶讃した。この製品の民主化及び南部市場の継続的拡大と共に、ニューヨーク衣服製造業は南北戦争前の巨大製造業となった。一八五〇年までに、ニューヨーク最大の諸企業は五、〇〇〇もの仕立て工と裁縫女工を雇い、「一目で観察者を驚かすほど精密度の高い」製品を生産していた。(27)

既製品の出現は、生産のすべてのレベルでニューヨークの仕立て業を一変させた。中には昔気質の親方職人も生き残っていた。彼らは概して高級品業種に従事していた。一八五〇年代のニューヨークのビジネス人名録にはまだ、ブロードウェイの特注服《カスタム・フィッター》店やジェントルマン・テーラーの屋並が誇らかに列挙されていた。しかしながら、一八三〇年頃以後、最高級の特注生産親方でさえ競争の危機を感じ始めていた。ブルックス・ブラザーズのような大手の特注生産企業は自ら既製服市場に参入し、その仕事場を注文生産部門と廉価商品生産部門とに分割した。早くも一八三五年には、仕立て業親方たちの広告は、店主と雇われ職人たちの技術と同時に既製服調達をも強調していた。既製服営業の金融を賄う資金を持たない小さな注文生産親方の中には、でき損なった商品を取っておいて、これを

「既製服」として売り捌こうとした者もいた。他の親方は、職長としてあるいは半独立の小売商として製造業者のところに仕事に行き、特定の企業の既製品を売り捌き、自分でも少しばかりの注文生産をした。これらの人々の中には、自分自身が大雇用者になる者も若干いた。この大雇用者と衣服商人は、単なる拡大したクラフト企業とは異なる、全く新しい種類の企業を指揮するようになっていた。(28)

衣服の外部労働制度《アウトワーク・システム》の中心は、ニューヨーク版中核作業場《セントラル・ショップ》であり、表の通りから見ると魅力的な造作になっており、その均整のとれた建築構造と優雅な列柱が商品を見ようとする顧客を招き入れた(図版7)。中に入った顧客が目にするのは豊富な品揃えと事務店員だけであった。裏手に回ると、衣服労働者のエリートである仕事場内裁断工たちが型紙作りをしていた。このエリートたちの監督に当たる裁断長《ヘッド・カッター》は市内に約五〇人を数えた。各々年間一、〇〇〇ドルから一、五〇〇ドルの所得を得ていた彼らは、多分、ニューヨークで最も高い賃金を稼ぐ職人労働者であった。彼らは確かに最も特権的であった。労働者を訓練監督する権限だけでなく、裁断長は(しばしばピース・マスターとも呼ばれたのだが)すべての仕事を雇われ職人、外部労働者、請負人に前貸しする仕事を担当していた。彼らの評価——あるいは気紛れ——次第で、裁断工や裁縫工はまっとうな立派な暮らしができた。この点での公平というのは裁断長の徳目の中には入っていなかった。「一般に」、と『トリビューン』紙は報じた、「彼には自分のお気に入りがおり、多分、兄弟やいとこや特別の友人なのだが、この連中も『仕事場の甘い汁』を吸って、その結果しばしば週三〇ドルあるいは四〇ドル稼ぐことができた」。自分の所得と、日常業務や部下の生活に対する密着した統制力と、上役の製造業者=雇主の厚い信任とでもって、裁断長たちがいずれは自分の店を開くことができると考えたのは当然のことであった。(29)

裁断工たちは相対的に高賃金(ほぼ週一〇ドルから一二ドル)を稼ぎ、定期的雇用を保証されたが、職長の権限は持っていなかった。迅速で規則的な作業計画が裁断場に普及した。デヴィル・アンド・ブラザー社では、裁断工は上着、ズボン、ヴェスト、トリミングの部門に分割されていた。その全生産工程は、ある記者によれば、「一つのシステムに纏められていた」が、そこでは仕事のすべての部分に番号と労働者の名札がつけられていた。型紙通りに裁断する際にスピードと精確さが強く要求された。技巧的な仕上げより迅速さを意味する所謂「南部業種裁断」が、少なくとも一八三〇年代には早くもニューヨークの大手の衣服企業における最も一般的な仕事のやり方になっていた。裁断工たちは失敗やちょっとした怠業や職長との単純な諍いが原因で、仕事場での最良の仕事を失うことにもなった。彼がそのペースに適応できなければ解雇された(30)。

図版7　デヴリン製服会社

ブロードウェイ・ウォーレン街交差点，1854年。ヴィクター・プロヴォスト撮影。デヴリン・アンド・カンパニーは1840年代と1850年代におけるこの都市最大の問屋制衣服製造会社の一つであった。前景にはシティホール公園の入り口の門がある。*Courtesy, New-York Historical Society.*

裁断長すなわちピース・マスターは、(これも顧客の目にはみえないが)裁断室から裁断した布を外部労働者と下請人に配分した。苦汗搾取の最悪の収奪が始まるのはここから先のことであった。いろんな種類の外部労働制度が存在した。大多数の加工請負人は、自分の仕事場を維持できない小親方か、独立のための最も確実な道を求めている雇われ職人であったが、裁断工や仕事場内雇われ職人の中にも自分の仕事の一部分をうまくごまかして下請けに出す者がいた。大手企業は外部労働者を直接管理した。いずれの場合も、この制度は過酷な競争と出来高歩合の継続的低下を招いた。請負契約網のどの段階でも、利潤は請負人と製造業者たちが受け取った金額と、彼らが諸経費と労働のために支払った金額との差額から生じた。二つの要因がこれらの仕組を絶えざる搾取の温床にした。第一に、製造業者の発注に対する請負人による相次ぐ安値受注が（製造業者間の競争と共に）、請負人の所得を押し下げた。第二に、この業種全体が小売商や地方の卸売商による信用買いに依存したため、仕事の完了までの期間のすべての労働者への支払いが遅れ、そこから慢性的な現金不足が生じた。その結果、雇主は自分の労働者に支払う賃金を容赦なく切り下げ、しばしばその支払いをできるだけ先に延ばそうとした。中産階級の改革者たちの目から見れば、この制度の悪の張本人は、請負人その人であり、彼は残忍な主人と組んで、貧しい女たちと零落した雇われ職人の労働を貪欲に喰い物にする「苦汗搾取人」であり、「血も涙もない詐欺師・いかさま師」であった（図版8）。しかし請負人も製造業者も、競争者に安値でせり勝ち非常に薄い信用マージンで生き残ろうとしていたので、彼らにはこの問題で他に選択の手段はなかった。「もし彼らがすべて最も純粋な博愛主義者であっても」、と『トリビューン』紙は一八四五年に認めた、「彼らには自分たちの裁縫女工の賃金を生活費まで引き上げることはとてもできない」。請負人と屋根裏仕事場親方は債権者たちに追い回され、支払い遅延と破産の妖怪に駆り立てられ、自分の労働者に対する配慮など重荷になるだけだと考えるような状況の下で生きていた。この状況の下で、冷淡さ（そしていくつかの記録された事例では、剝きだしの残酷さ）が彼らの生き方になっていた。超過のドルを稼ぐために陰険で卑劣な手段に訴える者もいた（最も流布していた不満は、外部労働者の手仕事が十分な品質でないという口実で賃金支払いを留保する請負人に関するものであった）。すべての者が利用できる唯一の源泉、即ち外部労働者と屋根裏労働者の不当な低賃金労働によって自分たちの経済的自立を維持した。(31)

外部労働者と屋根裏仕事場の労働者、即ち衣服産業の大多数の労働者の苦難は、最も感傷的なヴィクトリア時代のアメリカ人の想像力をも掻き立てた。改革者たちの判断がしばしば複雑な状況を道徳談義に還元するものであったとしても、彼らは決して衣服労働者の状況を歪めて伝えてはいない。クラフトの一員としての自負心は、外部労働制度の中ではすべて消え去った。大量の低賃金労働が利用可能であったので、正規の徒弟教育や正規の標準賃金表は一八四五年までに消滅していた。一八三〇年代と一八四〇年代のどの時点をとってみても、請負ネットワークの中での安値受注が、外部労働と屋根裏仕事場の出来高賃金を極度に低く押し下げたので、縫製工は最もみすぼらしい生活水準を維持するため一日一六時間働かねばならなかった。一八五〇年、第二区最大の南部向け衣服企業の中には、男子労働者に支払う平均賃金が生活賃金をはるかに下回る企業もあった。住居の確保も困難で、地下室住まいか、あるいは二部屋以下のアパートに二家族以上が同居することになった。単身男性は外部労働下宿屋の狭い部屋に詰め込まれた。仕事が少なく景気が悪い時、衣服労働者は繋ぎの仕事や慈善救済や肉ぬきの粗食で何とか急場を凌ごうと悪戦苦闘した。貧しい雇われ仕立て職人は一方で裁断長や請負人と交渉しながら、自分と家族を酷使する以外には方法はなかった。単身者

図版8 「1シリングのためのシャツ作り――あるいは悲惨と崇高」

Godey's Lady's Book, 1853より。貪欲，苦難，偽善，及びセンチメンタリズムのヴィネット。

の場合、自分と一緒に働いてくれる他人の娘や寡婦たちと非公式の取決をすることになった。あるドイツ人移民が後に回想しているように、一八五〇年代以来のニューヨークの格言によれば、「仕立て工は女房がいなければ役に立たぬ。そして非常に多くの場合子供も要る」。お針子や仕立て工の妻は最も飽き飽きする仕事（最悪がシャツ縫い）を割り当てられ、請負人の恫喝や性的辱めにさらされ、最もあからさまな搾取を受けた。小請負人や家族仕事場の家父長として働く男たちは、相対的にみれば一定程度の独立を享受していた――しかしそれも一八五〇年代の組合活動家が書いたように、ただそれだけのことであった。[32]当然その生活条件は困難を極めた。労働者たちが自分の労働を強化し、多くの仕事を引き受けることによって自分の稼ぎを増やそうとし、その結果労働市場における短期的供給過剰と、よりいっそうの出来高歩合の低下を招いたので、外部労働と屋根裏仕事場の賃金がますます低下し、この傾向によって彼らの生活条件はさらに悪化した――メイヒューはこれを「働き過ぎが賃金低下を生み出す」原理と呼んだ。さらに加えて、既製品の出現は労働市場における季節的変動を強めた。製造業者たちが春秋の販売季節に向けて準備する四月と一〇月には、正規の仕事は相対的に豊富であった。一年の残りの間衣服労働力の三分の二は、すでに供給過剰になっている労働市場の中で臨時の仕事で繋いでいかなければならなかった。[33]

ほとんどのニューヨークの製靴工の生活もこれと大差なかった。長・短靴製造業種は、衣服生産と同様、この都市の取引範囲の拡大と卸売商人による販路の追求と共に劇的に変化した。一八二九年までに四大靴仲買業者がマンハッタンで開業していたが、一八五〇年までにはその数は一〇倍以上に増加していた。最も積極的な大手企業は衣服ディーラーと肩を並べて、内陸市場を南はアラバマ州から西はテキサス州にまで拡大した。しかしニューヨークの靴企業は、衣服業者と違って、高級既製品生産で全国の先頭に立つことはできなかった。ほとんどの企業はリンやヘイヴァーヒルのような製靴業中心地の定評のある企業に頼るか、周辺のタウンで自前の労働者を雇うことになった。そこでは「労働者はわれわれの都市の職人の生活費のほぼ半分で生活できる」、と『トリビューン』紙は一八四五年に報じた。ニューヨークに留まったのは、繁盛している注文生産業種は別として、修理仕事、婦人靴製造、長靴製造、及び政府軍部請負人や南部交易に携わる卸売出荷業者向けの最も安価な靴製造の部門であった。製靴業者はイギリス人著述家ジョゼフ・スパークス・ホールの言うところの「チープニング・システム」、即ち顧客の注文を求める果てしない競争にさらされていた。(34)

信用と競争と商人の後援がもたらした変化は、この業種の成功物語の一つ、ジョン・バークの出世話に最も劇的に現れていた。アイルランド人バークは　ダブリンで製靴クラフトを学び、そこでラディカルな反英政治にも足をつっこんだ。アイルランドのじゃがいも飢饉後の状態やイギリスからの独立の夢に絶望し、彼は「偉大な共和国」で自分の運を試す決心をして一八四七年にニューヨークに到着した。ある最高の注文生産店の皮革裁断室で働き口を見つけたバークは、間もなくニューヨークのこの業種がアイルランドとは非常に異なっていることを学んだ。つまり自分の恒産を築くには、彼は自分の雇主の顧客に取り入り信用を得なければならなかった。かつてのラディカルな職人は企業家になった。入国後二年足らずで、彼は「すべての顧客が私の味方になった」と自慢して書き残している。一八五二年には、彼はモーゼス・ビーチからの時機を得たローンのおかげで自分の店を開業した。このビーチはニューヨーク商人たちの資産に関する毎年の情報を編集出版していた人物である。次の一〇年間、バークは自分の事業を拡大し（最終的には元の雇い主たちの一人の企業を買い取って、このことを大変自慢して書いている）、そしてついにビーチの後援を得て「短靴業界で第一級の地位を獲得し」始めた。彼は「立派な友人たち」の助けがなかったならば、自分の生涯がずっと「災難と失意と逆境との闘いになっていたに違いない」ということを率直に認めた。バークのような技術と縁故と如才なさとを兼ね備えていない何千もの雇われ職人にとって、このような逆境の生活はさけ難かった。自立を達成しようとする者は請負人になって、競争の激しい製靴業の世界で「業種全体の中の最大の暴君」という烙印を押される以外に選択の余地はなかった。そこではホールが述べた如く、「お金の質ではなく、お金の量だけがビジネスの唯一の基準になる」[35]。

長・短靴製造における労働の分業は、全体としては衣服業と同じ発展形態を示した。注文生産店及び婦人靴工房や長靴工房の仕事は、(バークのような男たちによって行われる) 極くわずかの熟練裁断の仕事と、もっと単純で反復的な靴革型つけ工、靴革縫合せ工、底付け工の仕事とに区分された。ほとんどの雇われ職人はこの単純な仕事で週六ドル稼ぐのがやっとであった。彼らは収入を補うため、この業種の高級な製品部門の中で最も時間がかかるやっかいな作業である一連の装飾的な「エキストラ」の仕事をした。仕事場での徒弟制度は一八二五年以前すでに衰退過程に入っていたが、一八四五年までに「ほぼ一掃された」と報道されるまでになっていた[36]。仕事場の外では、屋根裏仕事と外部労働の働き口を求める人々の需要が非常に多かったので、一八四五年に『トリビューン』紙が雇われ靴職人ほど平均して少ない金額で多くの仕事をする職人階級はいないと判断する事態になった。慢性的失業と不完全就業は衣服製造よりも靴製造でいっそう厳しく、雇われ職人たちは仕事があるときには無茶苦茶に働いた。三〇年前イーリ師にショックを与えたような家族仕事場制度は、その後より一般的に見られる光景になっていた。

われわれはニューヨークのあちこちで約五〇の地下室部屋を見て回った(と『トリビューン』紙は報告した)、その各々には製靴工と彼の家族が住んでいた。床は粗末な板を粗雑に打ちつけただけであり、天井は長身の男の背丈ほどもない。壁は暗く湿気が強いし、幅広いわびしい暖炉が入り口の右側の中央に大きく口を開いている。裏口はなく、勿論、裏庭使用権もない。みすぼらしい部屋の採光は地表に一部分だけ向けられた窓枠と、傾斜の急な朽ちかけた階段から何とか入り込んでくる小さな光だけである。このアパートに自分の仕事台を持つ男と妻と年齢の上から下まで五人か六人の子供が住み、多分これに体の麻痺した祖父と祖母、しばしばその両方が……。ここで彼らは働き、ここで料理し、食事し、祈り……。

外部労働縫いつけ工はそのほとんどが女であったが、裏手階段部屋で働かされた。そこで彼女らは夜明け前から日没後まで出来高賃金で働き、一日わずか五〇セントの稼ぎにしかならなかった。卸売商人とリンの町の製靴業との勝ち目のない戦いをしていた小親方は、最も安い品質の靴を作り、一八四五年の『トリビューン』紙の主張によれば「近隣の地上に住む裕福な人々がたまに持ち込んでくる紳士や子供の靴の修理の仕事で」生きのびた。「しかし彼らも貧しい靴修理職人に高い工賃を払うほど恵まれてはいなかった[37]」。

家具製造における苦汗搾取は異なった形態をとり、発展するのに若干時間がかかった。その転換は一八三〇年頃に始まった。この頃大きな家具製造親方が賃金支払いを削減し、これまでのクラフトの賃金基準を回避するため、イギリスやヨーロッパの職人たちにニューヨークへ来住するようにと誘った。五年間に何百人もの家具職人がマンハッタンに移住した。彼らの多くはドイツ人で、没落しつつある職人町からやって来た者たちであり、親方たちが望む労働者の供給過剰をもたらした。あるイギリスの家具工は一八三四年にマンハッタンに到着した時、できるだけ早く人口過剰のこの都市を去るようにと忠告された。ここでは安定した家具の仕事を見つけるのは難しく、大抵の働き口の賃金は非常に安かったからである。しかし安価な労働を求める過程で、親方たちもまた自分の立場を掘り崩した。というのも、ドイツ人の中から自らこのビジネスに参入し、他のドイツ人を低賃金で雇って既存の企業より安く売ろうとする者が出てきたからである。間もなくドイツ人の小さな仕事場がハドソン川とイースト・リヴァーの河岸に点在するようになり、卸売商人のために安価な商品を生産し、アメリカ生まれの雇われ職人にとっては考えられないほどの安い出来高賃金を支払っていた。これに対抗して、既存の親方たちは——ダンカン・ファイフ自身を含め——もっと安い製品(いわゆる肉屋の家具)を生産し、その分だけ雇われ職人の賃金を切り下げた。このことは結局、家具仲買人がもっと多くの商品を屋根裏仕事場から買い付ける結果を招いただけであった。一八四〇年代初期までに屋根裏仕事場請負経営がこの業種に溢れてしまっていた。手配師がこの都市の波止場を徘徊し、移民たちを見つけては低賃金仕事場へ連れて行った。家具製造は通常の形態の外部労働を免れたが、苦汗搾取請負業種となってしまっていた。[38]

家具労働者の過半数は注文生産労働者からなる小さなエリート集団と卸売商人や小売商のために既製品を生産する者とに分かれた。第一級の労働者はファイフ・アンド・カンパニーのような企業のためにエレガントなデザインを次々に考案し、週六〇時間で一五ドルも稼いだ。しかし一八四〇年代中葉までには、そんな仕事は稀にしかなくなり、これにありつけるのは二〇人の家具労働者のうち一人以下であった。一八五三年におけるある調査者の推計によれば、徒弟は五〇人の家具労働者の中の一人にも達しなかったが、徒弟制度は存続していた。その制度に留まった者は二年から四年の期間奉公した。この期間では「この業種ですでに修業を積んでいた者の話によれば、この業種に関する完全な実践的知識を獲得することは不可能である」、と『ヘラルド』紙は主張した。「二級の」あるいは「へぼの」労働者は、ハドソン川沿いの比較的大きなマニュファクトリーかあるいはロワー・イーストサイドの小さな家具製造屋根裏仕事場の居住地で、限られた種類の反復的仕事に携わった。そこでは、家具職人エルンスト・ハーゲンが回顧したように、仕事は厳格に分割され、親方たちは「一般に一部品に関してのみ専門家であった」。請負人たちや小親方たちの間での厳しい競争が、「当事者たちが名誉や正義のすべての感覚を喪失してしまっているように思われるほどの」安値受注の制度を生み出したので、彼らの窮状は『ヘラルド』紙で報じられた如く、仕立て工のそれと全く同様であった。一八五〇年までに、大部分の家具職人は「飢餓賃金とほとんど変わらない、煉瓦運び人や下水掘り労働者に支払われている一般標準賃金すら」稼ぐことを期待できない、と雇われ家具職人が不満を述べるまでになっていた。[39]

衣服製造と靴製造と家具製造は、同じような諸問題に直面した完成消費財業種の中の最も劇的な例であった。他の業種——帽子製造、傘製造、その他等々——でも何らかの形の出来高仕事と外部労働と苦汗搾取が一八二五年から一八五〇年までの間に生まれた。葉巻製造のような他の業種でも、クラフトを完全に雑種化する力がその後一世代の間に感知されることになる。それらすべての中で、われわれは一九世紀初期の資本主義発展がもたらした最も極端な形での光と蔭の遺産に直面する。ニューヨークの完成消費財生産の転換が衣服、靴、家具を安価に、かつそれまでより大量に（しかも高品質のものを）提供したという点で、何百何千万人ものアメリカ人の物質生活を改善したことは疑いない。外部労働制度のどん底の人々、特に一八四五年の飢饉に襲われたアイルランド人にとっては、苦汗搾取仕事場や外部労働の地下室の仕事でさえ、そしてまた小請負人に酷使される生活でさえ、農村での災難や飢餓の恐れに比べればまだましであった。ジョン・バークのような極くわずかの幸運に恵まれた人々にとっては、まだ何らかの手段で社会的独立の地位を保つだけの資産を築くことを期待することも可能であった。しかしこのことは苦汗搾取業種の厳しい現実を変えるものではなかった。生産性、農村災害からの救済、そしてある人々にとっての成功の機会、これらのために支払った代価としてクラフトの崩壊が起り、これに替って競争と安値受注とあからさまな搾取のネットワークが作られた。これらすべては、商人エリートと成功した製造業者たちがアメリカ最大の資産を蓄積した都市で起こったことである。これらの変化は、店の奥の部屋の仕事場の中と外部労働者の地下室部屋の中に隠されていて、ほとんどの顧客や記者には見えなかった。ニューヨークの上流・中産階級の人々の目には、メトロポリス型工業化の開始は、概して、「あらゆる需要に対応する」新しい商品の目くるめくようなパレードとして映った。職人労働者にとって最も明らかな事実は、労働の強化と賃金切下げと他人の支配への従属であった。とりわけ、ニューヨークにおける苦汗搾取の完成消費財業種を最も零落したクラフトに転落させたのは、そこでの明々白々たる搾取であり、生産のあらゆる段階における権力と物質的期待可能性の明らかな不平等にあった。それがまた一八二五年以後のこの都市の労働運動の高揚の中で、これらの業種をなかんずく最も騒然たるものにすることになるのである。

大規模な完成消費財業種などと違って、印刷業は一八五〇年以前に技術革命を経験した。早くも一八一八年にデイヴィッドとジョージのブルース兄弟が先導して、ニューヨークの親方印刷職人たちは植字労働の量を削減し、印刷の速度を上げるためにステレオタイプ工程を使う実験を始めた。一八三三年までにニューヨークの印刷雇われ職人たちは、ステレオタイプの普及の結果、植字工が家族を養うことがますます厳しくなったと不満を訴えるようになっていた。二、三年後、不満の種は市内の大手の定期刊行物・製本企業における蒸気印刷機の導入と印刷工《プレスメン》の解雇に対する非難へと変わった。ニューヨークの印刷業は四半世紀前までは相対的に小規模な地元新聞と印刷所の集まりに過ぎなかったが、一八四五年までにそのメトロポリスの地位にふさわしく合衆国の印刷業の中心になっていた――しかしその結果、と『トリビューン』紙は報じた、ほとんどの植字工の仕事は「印刷工《プリンター》、すなわち言葉の最も厳密な意味での仕事人《ワークマン》によってではなく、単なるタイプセッター」によって行われるようになり、その間にこの都市の印刷工の一〇人中九人が仕事を失ってしまった。全体的にみて、印刷の歴史はニューヨークでは例外的存在で、苦汗搾取業種というよりもむしろ、産業革命の典型的な先導部門《リーディング・セクター》の一つのように思われる。諸々の問題が起こった、しかしこれは仕立て工や製靴工を襲ったものとは非常に異なった問題であった。[41]

しかしながら機械化は印刷業における変化の唯一の原因ではなかったし、あるいは第一義的な原因でもなかった。(当然、機械による人間の排除を非難した)雇われ職人の側から見れば、実際この新しいテクノロジーは、一八二五年時点以前からすでに進行が始まっていた分業と技術の希釈化の過程を最も効果的に推進した。そしてこの過程が一八三〇年代と一八四〇年代に印刷仕事場の苦汗搾取の形態を産み出すことになったのである。以前と同様、問題はこの都市への農村の印刷工の到来によって産み出された過当競争に起因した。彼らは『トリビューン』紙が報告したように、商人たちの注文を求めて互いに安値受注を強いられた。なりふり構わぬ印刷親方たちが「半人前」の少年や来たばかりの移民を安い出来高賃金で雇うようになったので、まっとうな印刷親方は自分の職人の出来高賃金を切り下げるか、破滅するしかなかった。一八三六年に、ある年長の印刷親方は「半人前」の徒弟の広範な使用と「そのような堕落した慣行によって産み出されるすべての道徳的義務感の弛緩」に対する警告を発した。最終的には、と『トリビューン』紙は一八四五年に説明した、「雇われ職人の賃金は次第に切り下げられ、ついに均一的な賃金表ではなく、すべての人が相手の言い値の賃金で働くことを強いられるようになった」。定期刊行物と書籍の生産部門における機械化によってほとんどの小親方が、最も儲けのある仕事から締め出されたので、機械化されていない仕事場の諸条件が悪化した。その結果このような「小さな屋根裏仕事場の活字や印刷機等々は、競売では五〇ドルにもならなくなった」。一八四〇年代までに印刷雇主の中には、少年たちを使いほとんどの雇われ職人を排除する者も現れた。彼らは自分たちの利潤マージンを確保するために賃金の計画的な留保を含めて、衣服業の「苦汗搾取人」のやるトリックのすべてを模倣した。(42)

このようにして印刷工は、二つの全く異なった形態をとりながらも相互に関連した初期の産業上の技術革新に巻き込まれたのである。印刷仕事場と印刷労働力の構造変化はこれらの再編成がもたらした衝撃が不均等であったことを示している。第一に、印刷のすべての部門における分業は他のクラフト同様に徹底していた。ホレス・グリーリが（彼がまだ雇われ職人であった）一八三六年に手紙で書いたように、印刷屋は「ビジネス全体を一つのシステムにして」親方の職務を自分の仕事場の監督と顧客取引とに分割し、仕事場の調整はできるだけ多く部下の職長やボスたちに委ねることができない限り、ニューヨークでの成功は期待しえなかった。一八五〇年までに雇われ印刷工は、仕立て工と同様、職長管理体制の情実支配をこの業種の最も耐え難い職権乱用の一つであると不満を述べるようになっていた。この体制が巨大な蒸気力工場と小さな屋根裏仕事場に蔓延するにつれて、印刷労働力は三つの主要な集団に分かれた。この都市の印刷工の約五分の三が大手の定期刊行物と書籍の工場で働いていた。彼らの中には最高の植字工と印刷工《プレスメン》が含まれ、この人々は安定雇用保証つきで週一六ドルも稼ぐことができた。そして彼らの助手たちは週平均六ドルであった。第二の、もっと小さな集団が最も人気のある日刊新聞の印刷・植字室で通常非常勤の「サブ」の資格で働いていた。彼らは普通は書籍印刷工よりもさらに高額の賃金を受け取っていた――しかし一日一六時間も働くことが期待され、雇用保証もほとんどあるいは全くなかった。残りの人々はもっと小さな店で雇用され、そのうちのほんの一部だけが精巧な図版印刷の企業（ここでの賃金は平均週二〇ドルにも達した）で働き、あとは三流の賃仕事印刷の競争のジャングルの中で働いた。そこでの最高の労働者の平均賃金はほぼ週六ドルであった――この金額を印刷工組合は一八五〇年に「文字通り日雇労働者の賃金より安い」と非難した。ほぼ五人に二人は、雇われ職人がまあまあだと思う賃金を稼いだが、残りはそうではなかった。(43)

もちろん機械化と苦汗搾取にもかかわらず、印刷工たちが自分たちのことをニューヨークの他の職人労働者と比較して特権的だと考えるのには多くの理由があった。全体的に見て、雇われ印刷工はこの都市の最高給の賃金労働者であった（下巻付録表14）。安定した職についている者は、と『トリビューン』紙は指摘した、「ゆとりのある生活をし、ある程度の上品な生活スタイルを維持している者も少なくない」。最も低賃金の印刷工でさえ、平均すれば、苦汗搾取されている仕立て工や製靴工よりは多く稼いでいた。印刷労働者の多くの労働分野では、英語の読み書きができなければならなかった。この必要条件がドイツ人や極貧のアイルランド人を植字作業場から締め出した。一八五五年の印刷工の半分近くがアメリカ生まれで、移民の三分の一近くがイングランド、スコットランド、あるいはウェールズ出身であった。技術上の進歩も労働力の希釈化も、印刷工がクラフトメンであるという観念を完全に破壊するものではなかった。「一つの団体として」、と『トリビューン』紙は主張した、「彼らは個々人の身だしなみに誇りを持ち、彼らの仲間の集まりが排他的選別的になる場合も少なくない……」。それにもかかわらず古い規範と新しい現実との間のギャップはすでに一八二五年時点で明らかになっており、一八二五年から一八五〇年の間に機械化された企業と端物印刷屋の両方で目に見えて拡大した。一部の「紳士的な」印刷工にとっては、立派な生活とは体面を保って行くことであって、『トリビューン』紙が述べたように「金をため込むことは滅多になかった」。他の人々にとって印刷工の生活の非常に難儀な点は雇用の不安定であり、恒常的な「サビング」、即ち臨時の仕事を求めて仕事場から仕事場へと渡り歩くことであり、職長が要求するへつらいと恭順であった。とりわけすべての印刷工にとって、大印刷工場を開業する莫大なコストとこの業種の底辺での低賃金及び競争との間にあって、独立する見込みが暗いということがますます明らかになった。『トリビューン』紙の評価によれば、最終的に自分の店を開業できるニューヨークの雇われ職人は、二〇人中一人もいなかった、そして実際に開業する者もせいぜい、友人と分担出資して小さな店を開業することを期待できたにすぎなかった。雇われ職人たちはこのことをよく知っていた――実際彼らは、賃金が上がったとしても、駆け出しの小親方印刷工が直面する心配事と失敗の危険に、あえて挑戦する労働者はほとんどいないと主張した。雇われ印刷工になれば、生涯雇われ職人で終わる――サーロー・ウィードのこの予言は、一八一六年に彼が憂慮していたよりもはるかに広範にすでに現実のものとなっていた。この不可避的趨勢が、熟練雇われ職人に代わる「半人前の」少年労働者の代用の進行と機械化に伴う前途の不安定も加わって、その後印刷工を製靴工、仕立て工、家具工、その他の人々との共通の立場に立たせることになる。(44)

下請けと建築業種

印刷業と同様に、ニューヨークの建築業種の熟練仕事が極貧の労働者に委ねられることはなかった。しかしこの仕事も家具業種の仕事と類似したやり方で分割し、下請けに出すことはできた。一八一九～二二年の不況の後、仕事の粗雑な建築業者と請負人の数が急増した。これはできるだけ早く、できるだけ安価に仕事をやらせることに関心を持つ地元の不動産投機業者たちにとっては利益になったが、この都市の伝統的な「正直な」建築業者やこの都市の雇われ職人にとっては悩みの種であった。すでに一九世紀初頭に始まっていた安値受注をこのようにして拡大することによって、建築請負人たちはジェファソン時代には経験しなかった競争価格で既存の同業者を、そして最終的には雇われ職人たちを脅かした。(45)

一八三〇年代と一八四〇年代、ニューヨークの公共事業と住宅建設のブームの最中、請負人＝企業家たちは、建築業の構造だけでなくニューヨークの外観をも変えた。大工を自称する者たちがこの都市の至るところで建設契約をひったくったが、彼らの中にはかつての日雇労働者や建設工事労働者もいた。彼らの仕事は、軽蔑され「大工のドーリヤ式」だとか「大工のゴシック」と悪口を言われながらも、それまでの簡素でがっしりした建物を陳腐でどぎつく飾りたてたデザインに取り替えてしまった。これらはしばしば全くの見かけ倒しの代物であった。このような建築業者が一八三五年の大火の後の復興建設の一〇分の九を請負った。彼らのうち最も成功した者は、市当局と土地投機業者と地元の銀行から十分な援助と信用を獲得して、請負業と不動産取引で資産を築いた——そしてその過程で街の新たに開発される地域の仕事から資力のない親方たちを排除した。(46)

請負人と建築業者の後援の下に、プロジェクトの仕事は何十もの小さな仕事に分割され、そのすべてを他の企業家たちが受注した。当時、各建築業者は自分の仕事の一部を他の業者に下請けに出すのが普通であった。そしてその業者がまた必要な助ッ人を雇ったり、その仕事を再び下請けに出した。その結果、単一業種部門内部での分業が強まった。例えばニューヨークの石工は他の都市の石工と違って、一八三〇年代半ばまでに石切工とははっきり区別されていた。そして石切工もまた、正規の日給労働者と出来高賃金労働者とに分割されていた。競争受注後、その仕事を実際に監督する者たちにとっての利潤マージンは非常に少なかったので、(しばしば起こる詐欺的破産と共に) 苦汗搾取は必然であった。一八四〇年代半ばまでに、建設業界は小さな投機的企業の迷宮になっていた。高賃金を稼ぐ名誉ある雇われ職人が建築現場で苦汗搾取作業仲間と一緒に働き、下請け業者に窓枠やドア枠のような既製品を供給する多くの苦汗酷使仕事場から原料を受け取っていた。建築業者や請負人はその仕事を高賃金の職人と出来高賃金労働者とに配分しながら、コストをさらに切り下げる新しい方法をたえず追求していた。請負石工たちが囚人の仕上げた安価な製品を州刑務所に調達させようとした時、彼らは激しい怒りを買った。労働者新聞は囚人労働の悪影響を誇張しがちであったが、一八三五年のニューヨーク大学の建築のような巨大プロジェクトに際して囚人が作った材料の使用は、雇用者たちの労働者や「同業者仲間《ザ・トレード》」に対する「無神経さ」を確証するものと思われた。一八四〇年代末における建設工事の種々の技術改良――平削り盤、蒸気力石材仕上機――の導入は状況を悪化させただけであった。これによって、請負人たちは単一の仕事にますます専門化し、かつては非常に精巧な技術を必要としていた仕事を普通の労働者を雇ってやらせることができるようになった(47)。

印刷工と同様に熟練した建築職人も、最も零落した消費財業種に対比して多くの優越的な地位を享受していた。苦汗搾取の出現にもかかわらず、建築労働者の中での最大の集団である雇われ大工職人は、平均すれば、この都市の最も高賃金の職人労働者であった(下巻付録表14)。移民が業種内にいること自体が分業と苦汗搾取の存在の証拠となるのだが、彼らは大工職種の中では他の職人労働者と較べるとはるかに少なかった。一八三〇年代と一八四〇年代を通じて、建設労働の中で最もひどく苦汗搾取化された部門である石切り労働でさえ、装飾的で精巧な仕事のできる熟練労働を提供した。それ故ジョン・フレイジーはまだこの仕事を、美術で身を立てるための最適の修業期間である高貴なクラフトとして賞讃することができたのである。この都市の最も有名な「独力で出世した」建築業者アレクサンダー・マスターソンやリチャード・カーマンのような精力的な人々にとっては、幸運と野心がうまく結びつけば、まだ財産を築きあげるチャンスがあった。しかしそのような人と比較することは、自分の職種が投機と賃金切下げに押しつぶされているのを目のあたりにしている苦汗搾取部門――とりわけ出来高賃金で働いている石切り、ペンキ塗、賃仕事大工——の人々にとってはほとんど何の意味もなかった。安価なサッシや日除けや枠組仕上げに長時間費やしている酷使仕事場の労働者にとってはなおさら無意味であった(48)。インフレの一八三〇年代における実質賃金低下に対する組織された熟練大工の不満とともに、熟練職人たちのこのような状況に対する憂慮が、建築諸業種を戦闘的組合運動の最前線に立たせることになったのである。

伝統の持続——造船と食品製造

外部労働用地下室住居、端物印刷所、建築現場などと違って、一部のニューヨークの業種は分業も苦汗搾取もなく発展した。都市の先導的な海運関係業種がその中に入る。中でも造船ほど多くの技術を要し、尊敬を集め、あるいは従来の慣行に固執した海運関係業種はなかった。「すべての他の職人芸では、王としての科学の権威が進歩の笏を保持しているが」、とジョン・グリフィスは一八五四年に仲間の雇主に言った、「造船業では伝統的知識が哲学の産物に対して優位に立っており、天才の活動範囲の拡大を制限している(49)」。これは不満の種ではなかった。グリフィスにとっても、他の港湾関係者にとっても、これらの限界はその高水準の技術と親方船大工と労働者たちの技能を証明しているだけのことであった。イーストサイドのドック周辺ほど技術の腕前が誇りに思われているところはアメリカには他になかった。一八二五年から一八五〇年までの間、地元の海運業者からの需要の莫大な増大とニューヨークの造船親方の名声のおかげで、マンハッタンは国内で最も生産力の高い造船中心地となり、一時は世界で最も繁盛している中心地となった(50)。

クリッパー船の時代における生産の増大と、個々のプロジェクトの規模拡大にもかかわらず、船体のデザインと建造との基幹業務は通常の職人労働者には任されず、この業種への新参者が指揮することもできなかった。家屋建築労働と同様、労働は下請け制度によって組織され、仕事の一部分は半熟練や不熟練の補助労働者によって遂行された。しかしながら船舶建造は（注文生産業種と同様）最高の技術と細心の注意力を要するので、そしてまた雇われ船大工自身が自分たちの賃金を確保するために目を光らせていたので、これらの作業編成は苦汗搾取にはならなかった。船舶デザインの改良の結果生じた分業には、全体的な組み立て工程の他に、全く新しい職種――特に特注金属加工――が加わったが、既存の技術の分解や軽視は起こらなかった。他方頂点においても、その職種に関する知識の乏しい企業家が参入する余地はなかった。熟練親方船大工はすべて（通常は隣接した作業場の一つで）正規の徒弟修業を勤めた者ばかりであり、彼らが建造を監督し続けすべての大手企業を経営していた。他のどの親方集団にもまして、造船業者は自分たち自身の職人一家《クラフト・ダイナスティ》を築きあげ、本来の正規の年限の徒弟制度と恩情主義的秩序を維持するために配慮した。少年たちは親方たちに対する畏敬の念を抱いていたことを報告している。ウィリアム・ウェッブの仕事場では、徒弟たちは時には親方たちの設計室の中を覗くことが許されることがあり、そこで彼らは親方職人の船舶モデルや設計道具やその他の装置に感動した。イースト・リバー地区での経験によって修業を積んだ徒弟は、全国の造船企業で指導的な地位を獲得した。正規の地位を獲得した他の何百人もの船大工、大工、指物師にとって、ニューヨークでの仕事は毎日くたびれかえるものであったが、その稼ぎは結構なものであった[51]（下巻付録表14）。

親方たちは高賃金を払っている労働者に対して第一級の仕事を求めたが、彼らは自分たちの慣習的恩情主義体制の一部として仕事の息抜きを許した――実際、これを公然と奨励した。大きな船が進水するたびに「サトゥルヌスの祭」が行われ、この労働者の祝祭はイースト・リバー一帯で自動的に公休日となった。郵便船とクリッパー船のオーナーたちは「いつも労働者たちに『大盤振舞い』を与えるように主張し、通常ビスケットとチーズとラム・パンチと賓客が飲むシャンペンの費用を支払った」。毎年七月四日にはウェッブの仕事場の雇われ職人たちは記念の船舶モデルを作った。これは「同業者仲間《ザ・トレード》」の古い祝祭の最後の名残であった。もし彼らがもはや一八世紀のように自分たちの労働者の賃金を水割ラムで支払うことはなくなっていたとしても、ニューヨークの造船業者は自分たちの労働者に昼間おりにふれて酒を振る舞い、長い造船労働時間中にケーキやキャンディーの物売りがドックを回って、スナック菓子を売るのを許した。いつも各親方は、ある雇われ職人の言葉を使えば「本物の職人」としての自己のイメージを保つために個人的触れ合いを強調するように心がけた。(52)

親方たちの恩情主義が雇用者と労働者との間の内在的・構造的な危機や紛争から造船業を完全に遮断することにはならなかった。造船親方が自分たちの仕事場を急激に拡大したことが、一時的な雇用不足をもたらし、あらゆる種類の造船労働者が（親方たちによって連れて来られた多くの者も含めて）仕事を求めてマンハッタンにやって来た。商業的経済活動が健全な状態を保ち、いくつかの造船プロジェクトが同時に進行している限り、みんなに行き渡るほど十分な仕事があった。ピーク時には他の業種の高度に熟練した大工に仕事を提供する造船業者さえいた。しかし業界にちょっとした景気変動や不況があると、労働者たちは「あちこちに四散し、多分多くの者が他の三週間の仕事を求めることになった」と、ある引退した船大工が回想している。造船に付随したクラフト——索具、帆の製造、その他——では、下請け業者たちが造船所の近くに小さな苦汗仕事場を開くことによって、伝統的な秩序に混乱を持ち込んだ。一方、ドックでの気前の良さが到底善意から出たものとはいえない場合もあった。「しばしば」、とかつての雇われ職人は回想している、「日が沈んだ後、ボスの一人が自分の労働者たちに水割ブランディーを飲ませて元気をつけさせ、その後で木材を組み上げてくれと切り出し、その結果彼らが家に帰る前に日はとっぷり暮れてしまっていた」。しかも彼らの超過労働は只働きであった。(53)

親方と雇われ職人はこのような問題、特に労働時間に関して衝突した。一八三〇年代と一八四〇年代末の周期的インフレもまた賃金ストを誘発した。すでにジェファソン時代に組織化した経験を持つ彼らは一八三〇年代に再び組織を作った。造船所の紛争で目立つのはしかし、完成消費財、印刷、家屋建築業の紛争との違いであった。労働時間の長さという最も切実な問題に関して、ニューヨークの造船労働者は彼らの相対的エリートの地位と、彼らの業種の伝統主義の双方を誇示する決然たるキャンペーンを展開した。一八三一年、五〇人の船鍛冶と船大工の雇われ職人たちは市議会に請願し、「不規則な仕事の開始・終了時間を排して正しい基準を設定すること」を威儀を正して要求し、さらに家族生活を享受し正しく安息日を遵守するために十分な余暇を持てるように「よく聞こえる大型の、適宜時報を告げる」鐘を自前で調達することを申し出た。市議会と親方たちはこの問題を検討することに同意し、親方と労働者との間の二年以上もの間の交渉の後、造船地区の中心に設置された「職人の鐘」が一日一〇時間労働を実施するため定刻に鳴り響くようになった。これはまさしく雇われ職人の画期的勝利であり、後に労働改革者ジョージ・マクニールはこれを、労働時間短縮運動においてアメリカ労働者が勝ち取った最初の大勝利であると称えた。それはまた他の業種につきものの荒々しいレトリックや公共の場での示威行動なしで勝ち取られた勝利であった。植民地時代のニューヨークの職人たちが自分たちの苦情の救済を地元の役人に訴えたように、造船労働者は自分たち自身の思いやりのある政府が共同の福祉のために介入することを求めた。彼らの申し状には親方の側に悪意があるとか、雇主が自分たちのトレードをおろそかにしているなどという言葉はない。いずれにせよ、船大工のように金を集めて鐘を作って設置し、自分たちの要求を勝ち取ることを思いつくほど高賃金を稼いでいた集団は他にほとんどなかった(54)。

徒弟職人制度の牙城としては他に、食品調達とりわけ精肉業があった。他の食品業種と同様に肉屋には、歴史的に長期にわたる生産の全面的規制と(時には紛争を伴った)市政府との緊密な関係があった。ジェファソン時代を通じて、彼らの専売の仕事場は四カ所の市の大市場の中にあり、彼らは市議会によって認可された免許店舗で働いた。免許状を手に入れることは普通難しいことではなかったが、親方志望者は自分が正規の徒弟修業を積んだことを立証しなければならなかった。一度免許をとれば、肉屋は規制された市場で繁盛する機会に恵まれた。通常彼はその日に売るだけの肉を携えて、徒弟と多分一人の雇われ職人と一緒に早朝店に着く。夜明け前には、必要な肉切りは終わる。朝十時までに、ほとんどの顧客は買物を済ませてしまっており、肉屋の主な仕事も終わる。彼の競争上の悩みの種は、非合法の店舗を開いたり、街頭で行商することによって安売りしようとする闇売り業者や「脱法者」やその他のもぐり業者であった。そのような場合、肉屋は仲間と一緒に、市場の書記と市議会市場委員会の迅速な行動を要求し、通常この要求は受け入れられた(55)。

このシステムは基本的に一八四〇年代まで変わらなかった。肉屋はまだ地元の家畜商と精肉供給業者と信用供与者に依存し、しかもまだ免許を受けた市場の中での地元の取引に携わっていたので、自分たちのやり方を変える必要がなかった。一八六〇年代におけるシカゴとシンシナティの精肉業の機械化と、その後数十年間における冷凍鉄道輸送の完成までは、ニューヨーカーが他所からの強力な競争に直面することはなかった。ただ若干の変化が一八二五年から一八五〇年までの間にこの業種に影響を及ぼした。この都市が物理的に拡大し、顧客によっては市場まで行くのが困難になる者が出てきたので、肉屋は配達に応じるようになり、そのために配達人や走り使いの少年を追加して雇わなければならなくなった。一八三〇年代中葉における冷凍技術の改善は、大量の肉の販売と貯蔵を可能にした。この都市は店舗認可に対する諸制限と免許制限を若干緩和し、一八四〇年代までに都市の公設市場と並んで私立店舗の経営も現れた。しかしこれらの小さな変化を除けば、他のどの業種よりも精肉業は、資本主義的企業でありながら、同時に近代初期のクラフトの名残でもある労働形態、市政府との関係、及びその団体精神を保持した。市の市場委員会はこの都市の親方によって選出された精肉業者執行委員会と協力して精肉販売を規制し続けた。徒弟修業は肉屋になるための必須の第一歩であり、自分の店を開くための必要条件であった。苦汗搾取はほとんど意味をなさなかった。公設市場の年少の雇われ肉職人は(賄いと実入りのいいチップに加えて)月わずか約一〇ドルしか稼げなかったが、年長の職人は賄いとチップに加えて三〇ドルも稼いだ。市役所による肉屋免許規制の継続はその労働力組織を政治に結びつけた。一八四〇年代の大半を通じてのタマニーの市場委員会支配のおかげで、ドイツ人とアイルランド人の移民もこの業種の分け前を保証された。にもかかわらず精肉業では、ほとんどの他のクラフトよりも長期にわたってアメリカ生まれの男たちが生き残った。団体的帰属意識の存続が、「われわれは保存するために屠殺する」というの威勢のいいモットーを掲げた肉屋互助協会の結成へと転化した。そしてこれが少なくとも一八四〇年代初期まで営業規制と組織化した社会的機能を強制する助けとなった。[56]

肉屋の日課はまた、他の職人よりもはるかに多く街頭へ出てスポーツとレジャーを楽しむ機会を彼らに与えた。彼らが不審の目で見ていた街頭呼売り人や行商人たちにも負けず、肉屋はこの都市の街頭生活の盛り場を占拠し、市場のスペクタクルである群衆の渦に参加し、その間常に自己の本領を発揮した。血のついたスモックを着て、トップ・ハットをかぶり、宝石のついたネクタイ・ピンを身につけ、男度胸で名を売り、包丁と大鉈の扱いに巧みな彼らは、男性的な同心仲間のメンバーの風貌を具え——そしてまたそんな臭いがした(図版9)。公設市場の破れた囲いは、苦汗搾取の屋根裏や卸売業者の裁断室に較べればその制限ははるかに少なく、雇われ職人たちが抜け出して近所の菓子店や酒屋で息抜きをすることはよく知られていた。強度の労働の後に暇な午後と夕方が続く肉屋の生活のリズムは、職人たちに飲んで騒ぐためのたっぷりの時間を与えた。この都市の親方は、その多くは非常に金持ちで「堅実で裕福で生真面目である」との評判を得ていたが、徒弟と年少の雇われ肉職人は悪仲間を作り、喧嘩を売って歩くという点で無敵の勇名を馳せていた。この業種の拡大はこのような慣行を妨げるものではなかった。実際、一八四〇年代における私立店舗の増加や、アイルランド人の食品店や肉屋のこの業種への侵入とともに、公衆の心の中での肉屋と酔っ払いの馬鹿騒ぎとの連想イメージはさらに強まった。このような慣行の下では、親方と雇われ職人との間の紛争はほとんど起こらなかった。ある労働者新聞は一八四六年に、精肉職人が自分たち自身の利害を推進するために一緒に行動することは極々まれなことであると報告した。[57]

図版9 『肉屋』

ニッコリーノ・カルヨ作の水彩画，1840年頃。カルヨは1840年代初期ニューヨークを徘徊し，様々の呼び売りや行商人をスケッチして絵に仕上げた。中でも「肉屋のブラウン氏」は最も粋で自信に満ちた人物像である。彼は肉切り包丁を手にし，客の問いかけに即座に応答している。彼のトップハットとワイシャツにはしみ一つない。

ニューヨークのもう一つの食品調達業種である製パン業は独特の事例を示している。この場合、クラフトの構造は最初肉屋の発展の型と同じであったが、その後新しい型の競争に見舞われた。一八二一年まで市議会はパンの正規の法定価格を施行したが、その後数十年間ローフの目方の基準値だけを維持することになった。過当競争に対する制限はパン屋をひどく悩ませるものではなかった。しかし法定価格は生産に厳しい制限を課したので、親方たちは利潤を稼ぐのに十分なパンを焼くことができないと主張した。一連の請願運動がついに市議会を説得し、その統制を緩めさせた。しかしながら、制限が廃止されても製パン業は近隣の小親方の手中にあった。そして彼らの最大の関心事は西部の製粉所との交易ルートが悪天候によって閉ざされた時に、十分な小麦粉を手に入れることにあった。造船業者と同様、パン焼き親方は労働を分業にするよりもむしろ、労働時間を延長することによって労働慣行を変えた。一八二〇年代を通じて、パン焼き雇われ職人は日曜日に長時間働かされることに対して最も多く不満を訴えた。彼らは慣行に従って、ストやボイコットではなくて市議会への請願という形で救済を求め、安息日労働を「自分たちにとって不必要な労働であると同時に道徳的・宗教的観点からも」誤っていると慨嘆した。(58)

この状況は一八三〇年代に悪化した。雇主側のパン屋は雇われ職人の不満には同情せず、製パン業における労働時間を全然改善しなかった。一八四〇年代末には、一日一六時間から一八時間労働で、しかも日曜労働までというのが標準であった。パン焼きの場合、技術革新の欠如はおそらく雇われ職人に不利に作用したようである。労働条件は従来通り原始的で肉体を消耗させるものであり、仕事は依然として難儀であった。状況を著しく悪化させたのは親方が「半人前」とインチキ徒弟を雇用したことにある。製パン雇われ職人は一八三四年に初めて労働組合を組織し、特にこの弊害に言及し、雇主に徒弟の数を仕事場当たり一人に制限させるためにストを行った。(59)種々の製パン互助団体の美辞麗句にもかかわらず、そして請負制度の欠如にもかかわらず、ニューヨークの製パン業は永続的な緊張状態を生み出した。この業種は小額の資本しか持たない企業家（特に一八四〇年代後期にこの業種を事実上受け継いだドイツ人移民）にずっと開かれており、(60)そしてその小生産者的性格を維持し続けたが、この業種は様々な搾取形態の雑種となった。

工業化時代のメトロポリスの職人労働者

今や、一八二五年から一八五〇年までの間のニューヨークの生産関係の不均等な技術革新のすべてを、初期の工業変化に関する単一のモデルによって説明することは不可能であるということは明らかである。永い間、典型的な一九世紀工業都市とみなされて来たディッケンズのコークタウンが、もしスティーヴン・ブラックプールが記述したように混乱状態であったとすれば、当時のニューヨークはもっと混雑したごった混ぜであった。異なった諸業種の主な変化の諸類型を要約すればこのメトロポリスの多様性は確認できる(下巻付録表16)。しかしいくつかの基本的なテーマがすべてのクラフトの歴史に貫通している。非常に大きな消費財業種では、かつて職人によって行われた熟練の仕事は、少数の高賃金の雇われ職人と多くの低賃金労働者に分割された。この低賃金労働者の中には女や(ますます多くの)貧しい移民が含まれる場合もあった。請負人や屋根裏親方がその分野に入って来るにつれて、そして信用がビジネスの活力源になるにつれて、企業家間競争が強まった。地元の消費及び全国市場のための大量生産の初期的な形態が、最大の生産諸部門の仕事の焦点となった。そうでない場合、非常に少数の工場生産化した業種を除けば、徒弟職人制度が少なくとも一八五〇年まで存続した。

一八五〇年以前にメトロポリス型工業化によって最も影響を受けた業種でさえ、生産の技術革新が自己昇進のすべての道を押し流してしまうことはなく、熟練労働の権威を完全に破壊したわけでもなかった。野心のある雇われ職人は、(多少評判を落すことさえ気にしなければ)請負人としてまだ満足のいく暮らしをすることができた。仕事場店内の仕事はまだ尊敬され、相対的に高賃金であった。奢侈品企業は屋根裏・外部労働企業よりも高度の技術水準を維持し、高い出来高賃金を支払った。しかしながら同時にメトロポリス型工業化は、生産の社会関係の再組織化と賃労働の市場商品への完全な転換をもたらし、クラフトの仕事と仕事場内人間関係についての基本的な諸前提、即ちそれまでの「同業者仲間《ザ・トレード》」の真髄に対して挑戦することになった。同業者たちが彼らの演説と街頭行進の中で雄弁に表現したように、かつては独立、徳、平等、協働、及び労働過程における役割分担が職人共和国の基本理念であった。しかし廉価品製造店や卸売業者の需要にありつこうとあくせくしている屋根裏小親方の独立とは何だったのか。苦汗仕事場や外部労働のための地下室部屋の中で、あるいは資本家の恩顧や信用に依存する世界の中で徳は維持されうるのか。職長の計画に合わせて部品を生産する店内労働者の労働はいかにして協働的でありうるのか。外部労働マニュファクトリーの中のどこに平等がみられるのか。ジョン・バーチによって記述された逆境と競争の生活や「サビングしている」印刷工や苦汗搾取されている製靴工や仕立て工の絶え間ない不安定な生活は、どの程度まで「同業者仲間」の生活の延長として記述されうるのか。

これらの疑問はすべての同業者仲間の中で生じたのではない。疑問が生じなかったクラフトでは、古いアーティザンの連帯は一八五〇年以後も強く存続した。しかしニューヨークのほとんどの職人労働者と彼らの雇主にとって、従来の諸原則と仕事場の諸条件とのギャップの拡大は真の職人共和主義についての論争を激化させた。ニューヨークにおけるメトロポリス型工業化に固有な多くの独特の展開――労働力の民族的・性的分断化、小親方の根強い存続、特権的労働者と零落した労働者との社会的懸隔――、これらが闘いの成り行きに影響を及ぼした。しかし労働者たちの分断――そして出現しつつある階級の境界線を超えた一部の雇主と労働者との結びつき――にもかかわらず、同業者仲間の中での変化は企業家、ラディカルの代弁者、職人労働者の間での活発な論争をもたらし、この論争は徐々に社会的ヴィジョンの形をとって激突した。イデオロギー上の危機――職人共和主義の危機――は職人労働の分断を伴った。やがてこの危機は、クラフトの外部に最初はその場その場での、そして最終的には十分に組織された労働者の運動を生みだし、アメリカ固有の形態の階級闘争をニューヨークにもたらすことになった。

III　勤労者の代弁者　一八二五年〜一八三二年

お前が私のアメリカに持ち込むもの、これは一体なんだ？
それは、この国に相応しいものなのか？
以前にもっとましに語られたり行われたものではないのか？
お前はそれを、あるいはその精神を船に乗せて持ち込んだのか？
それは単なる物語なのか、韻文なのか？
それはこれまで敵国の詩人や政治家や教養人に追随してはいなかったのか？
それは悪名を残して消え去ったものが依然、ここに存在すると考えているのか？
それは普遍的要求に応えるのか？
それは習俗を向上させるのか？

『民衆支配の讃歌』、I、二九

第四章　企業家と急進主義者

一八二〇年代末、徐々にではあるが不可逆的に職人共和国は崩壊していった。二五年から翌二六年にかけてと、二九年の二つの厳しい短期の突発的不況を伴った急激なインフレの進行が、エリー運河開通により満々と抱かれていた自信とは裏腹に、商業を混乱させ職人の事業を破壊した(下巻付録図1)。二五年以降、雇われ職人たちの組合活動は沈滞した。しかし、ストライキはいくつか起こった。中でも重要なのは雑役労働者、半熟練労働者、女性によって引き起こされたストライキである。政治においては、「好感情の時代」の「一党支配」の中での派閥間抗争の決着とジャクソン民主党の台頭が、旧来の職人利害の崩壊を予示した。こうした出来事により、職能内のイデオロギー的分裂は一層複雑かつ深刻になり、より激烈になった。新思想と共に再定式化された旧思想が仕事場に浸透した。二つの主要な思潮が発展した。一つは資本家的企業家の擁護に傾く思潮、もう一つは出現しつつある社会への急進的批判者たちの思潮である。それぞれの立場の主張者たちは、当該の同業者仲間に係わる問題に互いに異なる説明を提起したが、職人共和国を擁護する点では共通していた。

企業家十字軍——道徳改良運動と政治経済学

ニューヨークの指導的な親方職人たちの徹底した企業家的見解は、多くの源泉から生まれた。しかし中でも、新興の福音主義以上に強力な倫理的要求を行ったものはない。一八二五年以降、長老派教会新派の絹商人アーサーとルイスのタッパン兄弟とニューヨーク伝道冊子頒布協会の仲間たちが率いるこの都市の裕福な伝道者たちが、以前はメソディスト信者と下層階級の熱狂者に限定されていた布教分野に橋頭堡を築いた。タッパン兄弟とその仲間たちは、イエス・キリストとその御業を受け入れるなら万人が神の恩寵を受けることができるという信仰で身を固め、マンハッタンで最も不信心な領域——刑務所、市場、最悪のスラム——に乗り込み、伝道冊子を配布し、不信心者をとがめ、正道を踏み外した人々を集めた。二五年から二八年の間、彼らは安息日厳守運動に精力を集中し、政治家たちに郵便配達から酒類販売に至るまでの日曜営業の全面的禁止の圧力をかけた。安息日厳守主義者たちは運動の継続と共に、あらゆる種類の無秩序で不節制な行いと闘い、大伝道集会により教会信徒を拡大する決定を行った。ニューヨーク市禁酒協会の創立、テームズ通りの第一長老派教会の設立、全国で最も成功した二人の伝道運動家——先ずチャールズ・フィニーの仲間のジョエル・パーカー師、続いてフィニー自身——の来訪、これらにより二九年と翌三〇年に彼らの努力は聖戦となった。(1)

福音主義改革家たちは職人の間で、先ず仕事場からの酒の追放に力を集中した。それまでのあらゆる禁酒奨励の努力にもかかわらず、一八二〇年代末までは相変らず酒は職人生活そのものの一部であった。雇主や卸商は、引き続き友人や商売仲間に酒をたっぷりと振る舞った。「私は大事な商売をしにニューヨークを訪れた時、酔っ払わないなんてことは滅多になかった」とニューアークのある靴商人は回想している。雇われ職人たちは飲酒の儀式に耽り、世に言う「酒類調達内規」を実行し続けた。(2) だが福音主義連合戦線が登場し、不節制への攻撃を始めると、親方職人たちは旧来の飲酒習慣の妥当性を改めて考え直した。親方たちのニューヨーク福音主義者たちへの謝辞は疑いもなく改革の普及と人気を誇張していた。しかし、そこに見られる驚きをこめた心からの賞讃は、酔っ払いに対する親方たちの態度の変化を実証している。しらふの男などほとんどいないことで悪名高かった業界において、「驚くべき速度」で「絶対禁酒が支持を得ている」と二九年にある雇主は報告した。聖月曜日の慣行は全く姿を消したわけではなかったが、「節度あるものになった」と別の人物は述べている。「何年にもわたり酒を飲み徒弟にも与えるのを習慣にしていた」ある親方は、突然その習慣を捨てた。仕事場での飲酒を完全に禁じ、労働者が仕事場の外でも一杯やらないよう監視する親方もいた。一杯やりたい雇われ職人は、こっそり仕事場を抜け出したが、手に負えない連中には、より厳しい措置が加えられた。ある親方が聖月曜日の衰退についてドライに観察したように、「若干の解雇が好影響をもたらした」。数カ月のうちに、福音主義の禁酒運動は市内の何人かの著名な職人雇主の間から支持者を引き寄せた。二九年にルイス・タッパンらがニューヨーク初の禁酒協会を設立すると、二〇人ほどの親方が直ちにこれに加わり、九人の指導的職人がその理事会に名を連ねた。(3)

最も率直な職人禁酒運動家である製帽業者ジョゼフ・ブルースターが、運動に没入した有能にして敬虔かつ精力的な企業家の典型であった。一七八七年にコネティカット州で生まれたブルースターは、ノーウォークで徒弟修業を積んだ後、マサチュセッツ州ノーザンプトンで雇われ職人となった。技術を磨き貯金もした彼は、一八一三年頃にはニューヨークで誂え仕事の親方として仕事場を構えた。その後一五年間に彼は、よちよち歩きの企業を製帽業界でも屈指の企業に育て上げ、四番通りに広々とした邸宅を購入できるほどの身代を築いた。世評では彼は模範的親方――ある聖職者の回想では「快活で同情心もあり寛大な気質の」親方――であり、同僚の間での声望を得て職人同業者総会々員や製帽工友愛協会々長に選出された。二〇年代末までに、彼はまた確信に満ちた福音主義者にもなっていた。ブルースターは何ら宗教的背景を持たずに成長したが、ニューヨークに移り住んだ直後、長老派シーダー通り教会に入っている。彼は二二年頃に回心して公に信仰告白を行い、二〇年代末には積極的な伝道冊子頒布者となっていた。(4)

業界内の信望ある立場から、ブルースターは仕事以外の全精力を職人たちに禁酒を説得することに傾けた。今や仕事場で普及している規律正しい日課が飲酒を禁じている、とブルースターは説明した。飲酒は「あらゆる企業管理に不可欠の体系的で組織だった業務編成に対する」人間の適応能力を奪うことになるからである。「どんなに気立ての良い人でも（少しでも）酒を飲めば興奮して反抗的になる」から、職場の安寧と良き秩序にとっては禁酒が肝要なのである。節度ある労働者の方が、より勤勉に働く。絶対禁酒の雇われ職人は大変な掘り出し物、という幾人もの親方の主張を引き合いに出して、ブルースターは、絶対禁酒は二五％増しの利潤を産み出すと問題の核心に触れている。いかにアルコールが魅力的であろうと、「事実が雄弁に物語る」と彼は結論づけた。(5)

職人の道徳改革の新たなうねりは、一八二九年に頂点に達した。ブルースターと彼の仲間である製本業親方チャールズ・スターに指導された親方職人の集団が、この年に青年職人道徳改良協会の設立を宣言した。ブルースターとスターの説明によれば、雇主たちはニューヨークの雇われ職人や徒弟の間に蔓延する罪深くて怠惰な習慣に心を痛めていた。今まで以上に道徳奨励に動き出すことが――「ニューヨークという街と神に対する」――雇主たちの義務であった。関心を持つ職人たちは第六区の中心部に置かれた協会の集会所で、職人技術の革新に関する無料講演を聞くことで精神――そして仕事――を向上させることができるはずであった。また魂の向上のために、職人たちは福音主義者のヘンリ・ハンター師の福音説教や種々の禁酒講演に耳を傾けることもできた。(6)

こうした努力と経済的な私利私欲が結びついているのを見出すことは難しいことではない。この点について、ブルースターたちは非常に明けっ広げだった。しかし、狡猾な親方職人が個人的財産を獲得し、抑圧的な社会統制を確保するために手近な議論に乗ったと決めつけたり、職人禁酒改革を利欲心の合理化にすぎないと片づけてしまわないことも同様に大切である。どの主張も、商売や儲けの主張でさえも、一八二五年以前に親方たちが職人共和国《アーティザン・リパブリック》と同一視し始めていた慈善的企業家精神との決定的な断絶ではなかった。利潤増加と生産性をめぐる道徳改良家たちの世俗的議論の回りには、恩恵と保護と愛国的義務という後光がさしていた。若い職人たちが成功する――俗に言う明日のフランクリンやフルトンになる――のを助けることで、ブルースターのような経験ある職人たちは、若者たちを放縦と依存という不道徳な進路から、つまりある親方の言葉を借りれば「単なる奴隷」に身を落とす進路から救い出すことを望んだ。(7) ブルースターのような非常に献身的な福音主義者たちは、禁酒によって自分たちは己れ自身だけでなく人々の魂を救済する手助けをしている、と信じた。ブルースターより信心深さには欠ける禁酒運動家たちも、自分たちの動機は利己的であるのと同時に利他的だと考えていた。職人共和主義の立場からの権利と徳と自立の力説、福音主義に立脚した禁酒主義への親方の責務、この両者の融合――親方の立場の理想主義的で力強い擁護を行い、自制と責任と自己向上という新たな個人主義的倫理を明確化すること――これこそが、彼らの言説の精神により近かった。自分自身道徳的態度を身につけ、雇われ職人をより勤勉に働かせることで、改革家たちは万人が相応の財産を手にするのを助け、ブルースターが言うように、酔っ払いの腐敗した有権者から共和主義的諸制度の安全を護った。同時に彼らは、より生産的な労働力の確保と企業競争の道徳的是認とを望んだ。親方たちが利潤追求の革新者と慈悲深い職人仲間の双方を自任することができるような形で、こうした衝動はそれぞれ互いに強化し合った。彼らがこのことをアイロニーとしてではなくて自明のこととして捉えたことが、メトロポリスの工業化されつつある世界への彼らの適応を容易にした。職人経済は変わった。しかし、「同業者仲間《ザ・トレード》」という理念は残った。この理念上の「同業者仲間」は道徳的共和主義思想を持つ職人たちによって指揮され、諸利害の基本的調和によって光彩を放ち、「祖国の幸福に考慮を払うすべての善良な人々の活力と断固たる努力と影響力」によって統治されるべきものとされていた(8)。

今や宗教と道徳の忠実な友となった職人同業者総会は、職人学校と徒弟図書館でその役割を演じた。そして、その過程である論争を生み出すことになった。職人学校は急速に拡大し、一八二六年には少女部門を開設し、同年代末までに二〇〇人以上の学生を入学させた。この学生数に対処するため、職員はランカスター方式の監視員制度を用いねばならなかった。学生にとってこの制度は、彼らが仕事場でゆくゆくは直面することになる分業と作業編成への格好の入門であった。問題の論争は図書館に関係するものであり、何人かの会員が「一般向けの」詩と戯曲の蔵書は徒弟を浄化し啓蒙するためよりもその魂を汚すものであると不満を訴えた。二八年に反対者たちは、戯曲、恋愛小説、長編小説はすべて「非常に有害かつ不道徳」だと断じて図書館の書架から撤去すべしと提案した。総会の学校委員会は既存の選書の徹底的擁護で応じ、物議をかもす作品は「読書習慣の喚起や悪友から遠ざける手段として」特に価値があると主張した。しかし委員会は、二つの新しい規則を制定して批判者を宥めた。その一つは自分の徒弟に貸すのを禁じる作品のリストを総会員が提出するのを認める規則であり、もう一つは軽い読み物を借りる徒弟にみんな「堅い」作品も借り出すことを求めるものであった(9)。

禁酒とそれに係わる道徳問題以外にも、親方職人は職人利害の日常的関心事、とりわけ親方職人の企業家としての権利に係わる問題を世に訴えた。建設業親方と請負い業者は、競争の激しい建設市場で彼らが十分な法的保護を受けずに、長年にわたって不安定な立場に置かれていた。支払い不能となった工事に係わる賃金と資材の経費に対する負債が、特にそうであった。一八二〇年代初めに一八一九年不況の影響が薄らぐと、石工と大工と建築業者が州議会に先取特権法を要求する公開集会を開いた。州議会の度重なる門前払いにもかかわらず、彼らは職人同業者総会指導層の支援を受けて二五年と二八年に要求を繰り返した。彼らの主張は、先取特権が健全な信用取引と、何人もの建設業者の言うところの「平等権」とを維持するという発想に支えられていた。即ち破産の危険から守られれば、弱小の冒険的建設業者たちが社会的昇進の道を閉ざされることはなくなる。雇われ職人たちも解雇や失業の危険から救われることにもなる。消費者が、最も資金力ある建築投機業者に翻弄されることもなくなる、というのである。(10)

これとは別のもっと大胆な運動が競売制度反対という形で起こった。一八一五年以降、イギリスの製造業者と銀行家は、時間と出費を節約し可能な限り迅速に余剰品を売り捌くため、アメリカ市場への販路としてニューヨークでの競売制度の利用を進めていた。この新たな商取引は、免許制競売取引から締め出された「正規の」商人たちを激怒させると共に、安価な輸入商品が突然流入することへの親方職人たちの危機感を募らせた。この問題をめぐり一〇年以上にわたって連邦議会に請願を行った後、焦燥感に駆られた競売反対論者たちは、競売制度全廃を誓約した無所属の親アダムズ派の候補者名簿を発表して、二八年に有権者に自らの主張を訴えた。この集団はルイス・タッパンなどの指導的商人が牛耳っていたが、職人票の獲得にその狙いを定めていた。したがって、この集団は機関誌『競売反対論者』を職人への直接の訴えで埋め尽くし、職人同業者総会々長が議長を務める職人同業者仲間の集会を催し、建設業親方のトマス・C・テイラーを候補者の一人に指名した。(11)

競売反対論者たちは、アンドルー・ジャクソンとその支持者たちへの民衆の圧倒的な投票で大敗した。競売反対の立場の三人の候補はすべて敗れ、アダムズ系の名簿に載った候補者で区の過半数を獲得したのは僅か一人だけであった。競売反対派の職人テイラーは、中部・東部の貧困区、中流区で特に苦戦した。競売反対論者たちはしかし、一七八八年当時の保護貿易論を発展させ、一八二八年の新しい経済的・政治的環境に適合させようとしたのである。演説や記事を共和主義のお馴染みのレトリックで満たして、筆名「質素な実務家」のような競売反対論者たちは、免許商人に対して、彼らは「共和主義政府の精神」に戦いを挑む「独占者」、「腐りきった利己的投機業者」であると非難した。先取特権法制定論者と同様に彼らは、闘う企業家的親方を支援することで、雇われ職人と小親方は自分たちの仕事と将来の繁栄を確保することができると主張した。「頭にとって善いことは、手足にとっても善いことだ」とある競売反対論者は宣言している。二八年の総崩れにも怯まず、彼らは競売を一挙に根こそぎにすることを誓って翌年、再結集した。[12]

ニューヨーク市アメリカ協会の設立が、親方たちの運動に新たな政治活動の舞台を提供し、やがてその運動を結集させた。この協会は一八二七年に、ジョン・グリスカムの科学技術協会から枝分かれしてできた。製造業者や商人や博愛主義者による混成集団（何人かの禁酒運動家も含まれた）が上位を占めたが、この組織を先導したのは、ジョン・クィンジー・アダムズ政権を最も支持する職人企業家たちであった。「我々の狙いは、わが国の自然資源のより完璧かつ詳細な知識――農業と商業と製造業に係わる知識――の普及を助けることである」と協会のある委員会は述べている。この言葉通り協会員たちは、協会年次祭に加えて、情報収集と国民的天才の祝典といった一連の事業に着手した。だが職人同業者総会と違ってこの協会は、高関税を主張するアダムズ派のアメリカ体制論を積極的に提起することによって、リパブリカンを自称する政治家たちの様々な派閥の激しい争いに身を投じた。「新世界は独り立ちできる年齢に達した」と協会のあるポスターには書かれた。貿易と商業は共和国にとり重要であるが、製造業には特別の支援が必要だというのである。ニューヨークのアダムズ派が粉砕された後の一八二九年春、この協会は企業家による改革を強調する運動すべての擁護者として出現した。高関税の要求は競売人への強烈な攻撃と混じり合った。「結託した諸独占が……平等権の同志を震え上がらせている」。協会の諸委員会は、職人企業家のための信用制度の拡充要求も行った。これは「極めて有用な」メカニックス銀行で行われていたように、より多くの親方職人を責任ある銀行家の地位につけることで実現されるはずであった。[13]

アメリカ協会に属する人々は資本主義的発展に対して全くためらいを感じていなかった。この点では職人同業者総会や先取特権法改革論者や競売反対論者と変わるところはなかった。親方たちが健全な銀行信用の割当を受けるという条件さえ満たされれば、彼らは資本主義的発展を歓迎した。アメリカ協会の銀行業に関する最も手厳しい報告書でさえ、金融業者や銀行業そのものを攻撃するのは控え、強引な投機業者に対する安易な信用供与を攻撃しただけであった。むしろこれらの集団はみな、「貴族的な」商人による虐待を終らせ「アメリカの独立精神」を喚起することによって、アメリカと新世界を職人資本家にとって安全な場にすることに執着した。かつてなく首尾一貫して、親方たちは――単に自分たちの企業機会にしがみつくのではなくこれを拡大し――業界全体の利益のために自分たちの利益を増進する必要性を強調した。したがって職人共和主義についての彼らの斬新な解釈は、禁酒運動家や道徳改善協会の倫理的糾弾に全く合致していた。いずれの場合にも依然として、親方たちは自分を雇われ職人を含めた職人利害を護る家父長と自任し、非共和主義的投機業者と「酒の専制支配」に反対した。各陣営とも、酒を克服する上でも信用や市場を獲得する上でも、個人の発意と勤勉の大切さを強調した。親方の商売の機会を最大化することによって、倫理的・経済的な公共の善が保たれる、とどちらもが主張した。仕事場における不平等が同業者仲間を脅かす、と主張するものはなかった。(14) こうした見解の持つ政治的意味合いは、一八二九年夏から秋の騒乱期に完全に表面化することになる。しかし、そのかなり前から、ニューヨークの禁酒運動家たちと職人企業家たちは、物事を彼らのようには考えない職人の数が少しずつ増えつつあることに気づいていた。

不信心な職人たちと道徳の効用

一八二五年一月二九日、自由思想家であることを公言する四〇人ほどの集団が、トマス・ペインの誕生日を記念して祝杯をあげ彼を賞讃すべくハーモニー・ホールに集まった。その二年後にイギリス系移民で印刷工のジョージ・ヒューストンが、自由思想の新たな新聞である『コレスポンデント』を創刊した。この新聞は、「人間を正しい道へ引き戻すための」科学的、反宗教的論説を掲載した。ペイン主義者たちはヒューストンを歓迎し、安息日厳守主義者やニューヨークの一般新聞からの予想される攻撃から彼を護るため、自由新聞協会を組織した。その頃すでに、自由思想家たちは神学と理神論に関する週毎の一連の講演を開始していた。翌年には「自由探求者協会」と「討論協会」との少なくとも二つの新たな集団が、技能の殿堂や実践教育学院（スコットランド人合理主義者ロバート・ジェニングスが運営）、ヒューーストンの娘が運営する学校ミネルヴァ学院の後援に手を貸した。これに強い影響を受けたプリンス街普遍救済教会のリベラルな牧師エイブナー・ニーランドは自分自身の宗《コングリゲイション》派からの脱退を指導し、合理主義に立つ第二普遍救済教会を結成した。マンハッタンの諸団体から派遣された講師が講演を行い、周辺のタウンで自由思想の冊子を頒布した。自由思想の主な文献――ペインの『神学著作集』とヴォルニーの『帝国の滅亡』――の廉価版はニューヨーク市のどこでも手に入れることができた。一八二五年から毎年恒例となったペイン生誕祭は、次第に盛大になった。ペイン没後二〇年に突然、ニューヨークは再び自由思想の叫びの中心地となったのである。(15)

合理主義復活の触媒となった人々は、職人の都市ニューヨークにおいては新たな存在であった。彼らは最近やって来た亡命者の一風変わった集団であり、イギリス理神論の秘密の活動拠点で長年にわたって活動していた人々であった。その中でも最も有名なヒューストンは、オーブバックの風刺文学『イエス・キリストの歴史』の翻訳出版の罪でロンドンのニューゲート監獄で二年間服役した直後、一八二〇年代中頃にニューヨークにやって来た。ニューヨークで活躍するイギリス人理神論者には、ヒューストン以外に製靴工のウィリアム・カーヴァーとベンジャミン・オッフェンや印刷工のギルバート・ヴェイルとジョージ・ヘンリ・エヴァンズがいた。これらの人々はみなヒューストンと同様、一八世紀の古典的自由思想に興味を示し、旧世界に比すれば締めつけの緩やかな新世界で自分たちの見解を広めることを期待していた。彼らの最大の英雄はペインであり、そのペインと彼らが移り住んだ国で、ペインの評価を復活させることが手初めの仕事となった。安息日厳守論争が、自由思想家たちの活動に従来になかった重要性を加味した。単に合理主義を広めるだけではなく、彼らは共和主義的自由に対する教会による新たな脅威にも警鐘を鳴らし始めた。彼らはその脅威を、彼らが故国で見てきたものと同じくらい危険なものと考えた。「わが国では……極めて有害な恥ずべき宗教パンフレットが蔓延しており」、これは「現在は政治的に自由なわが市民の精神」を「無法で野心に燃えるピューリタンたち」に抵抗もせず服従させることになる、とジェニングスは叫んだ。(16)

これまでの理神論者たち以上に、この新しい運動は主な支持を小親方と雇われ職人——製靴工、印刷工、石切工等々——から引き出した。この運動は、追随者たちに従来の普遍救済に関する合理主義思想と聖職者専制に対する共和主義的な恐怖心の最新版を提供した。そこでは、新しい福音主義者たちが独立と理性と徳に対する確実で差し迫った脅威として立ち現れているときっぱり述べられていた。ベンジャミン・オッフェンの説明によれば、人間は「合理主義的であるのを止めるか死ぬ場合にのみ」自由を愛するのを止める。合理性を抹殺することによって啓示宗教は、自立的判断を行ったり自分の考える徳を実践する能力を信者から奪い、結果的に僭主願望者たちの有効な武器となる。ひとたび支配者たちが宗教生活の政治的効用を理解すれば、彼らは従属的聖職者の一団を配備して望み通り贅沢や特典を叶えてやり、神の選んだ特権階級としての彼ら自身の地位を固める、と自由思想家たちは予言した。このような非共和主義的聖職者たちが合衆国を支配するようなことにでもなれば——そして実際に福音主義者たちは着々と地歩を固めつつあるように思われたが——もしそのような事態になれば、「わが国の自由な制度の価値あるすべてのものが危機にさらされるか失われることになる」、とある自由思想家が宣言した。(17)

皮肉なことに、自由思想家たちは幾つかの主題に関しては彼らの最大の敵の説教と意見を共にしていた。ペイン自身の著述に従って、ペイン主義者たちは有意義な目標としての商業的繁栄と技術革新を強く是認した。一八二九年の独立記念日に、ある自由思想家は「豊富な国内資源の科学的開発によって急速に繁栄を重ねている」という理由で合衆国を賞讃した。敵対者である信心深い企業家たちと同様、自由思想家たちも禁酒、勉励、内省の重要性を支持者に強調した。依存、不合理、恥辱の源として、飲酒は彼らをひどく悩ませた。ヒューストンの考えでは、泥酔は「分別にとっての魔女、魂にとっての悪魔、財布にとっての泥棒、物乞いの連れ合い、妻の悲痛、子供の悲嘆」であった。アメリカ協会と同じく自由思想家たちは、仕事場の伝統的な飲酒慣行をやめさせ、その代わりに彼らの読書会と職能技術、自然科学、その他の有益な知識に関する講演会を提供しようとした。彼らの旺盛な独学精神が、屈託のない祝賀の中に現れている。「われわれが読める著作、真実が宿る著作を遺した」こと以上に、彼らにはペインをその誕生日に高く賞讃する理由はなかった。ある臆することを知らぬ自由思想家は、二三人の自由思想の英雄たち（ワット・タイラーとウィリアム・テルが含まれる）に対して祝杯をあげ、そこでシェイクスピアやポープ、バーンズ、シェリーやバイロン、「そして同種の哲学者、愛国者、詩人」の名前を延々と列挙した。(18)

しかしこの道徳的領域における表面的な収斂は、不信心者（ペイン主義者が喜んで受け入れたレッテル）と福音主義者との間の戦争を決して和らげるものではなかった。結局、聖書研究とバイロン研究とは全く別物であった。自由思想家たちには、神の権威の尊重や宗教的な道徳律への服従を促す気は全然なかった。彼らは権利を求めた。この権利を造物主は選ばれた少数者にではなくて万人に与えたはずであるが、福音主義者は道徳を立法で強制し自分たちの他者に対する権力を高めることでこの権利を破壊しようとしている、と彼らは主張した。オッフェンの説明によれば、宗教家らは悪意ある不寛容な進路をとり、その進路が「われわれの福祉に必要な助け合いと相互の敬意を壊すことになる」。日曜学校、伝道協会、安息日規制、これらはすべて共和主義の価値観と憲法の定める国家と教会の分離に違反しており、「わが国の市民を惨めな奴隷にする」ことを企てている、と「真理」という筆名の人物は非難した。禁酒を奨励してはいても、自由思想家たちは禁酒協会を有害なものと考えた。彼らのうちの一人によれば、この団体は「聖衣をまといまっとうな人々に取り入り」禁酒を説得した上で聴衆の理性の力を密かに奪い取ろうとしている連中であった。その脅威は本質的には神学的であると同時に政治的であり、特権を持つ人々による人民に対する攻撃であった。したがって、これに対抗して人民を啓蒙し、彼らを「隠れ貴族」の迷信から解放しなければならなかった。この脅威に対処すべく自由思想家たちは、福音主義者たちの学校と図書室に代わる理神論的で平等主義的な選択肢として、彼ら自身の文化・教育施設を提起した。そうした努力によって、彼らは自分たちの合理主義王国の実現を目指した。その王国とは世直しされた世界であり、そこでは、人間が真の意味で独力で考え反省し行動し、貴族主義的で宗教的な圧制から自由になる。自由思想家たちの乾杯の言葉に従えば、「兵士が畠に、国王が鉱山に、法律家が多軸紡績機の側に立ち、聖職者が天国にいる」のを見出す世界であり、理神論者エドワード・トンプソンの言によれば、アメリカ人が「現在名目だけ手にしている独立ではなくて、宣言され既に存在する憲章により、われわれが享受でき、また正に享受すべき独立」を手にする世界であった。[19]

一八二〇年代中頃にはしかし、これはアメリカの社会と政治についての特に鋭い洞察とは言えなくなっていた。自由思想家たちは聖職者貴族を激しく攻撃はしたが、ニューヨークの福音主義者が共和国の政治制度にいかに緊密に結びついているかを解明しようとはしなかったし、誰がアメリカの貴族なのか識別しようともしなかった。彼らの指導者の多くはイギリスからやって来たばかりであり、彼らによる宗教や君主政治や道徳への激しい非難は、ジェファソン期以後の合衆国ではやや場違いであった。自由思想家たちは、現実のアメリカを十分検討せず、イギリス人向きの議論を移植しようとしていた。彼らの政治的メッセージは福音主義の行きすぎに対する反発であり、改宗を迫る人々が活動的である限りは鋭さを保った。しかし福音主義の熱狂が鎮まると、彼らは唯一の争点を奪われることになる。ジョージ・ヘンリ・エヴァンズのような賢明な理神論者たちの中には、トマス・スペンスやイギリスの初期リカード派社会主義者たちの著作に留意する者もいたが、経済的・社会的変化が彼らの見たアメリカ的自由の喪失にいかに影響したかを説明する上では、まだ試行錯誤していた。[20]

自由思想家たちが点火して照らし出したものは、福音主義的改革運動を阻止し、独学職人の民主主義者に自前の知的舞台を与えて、公正な理性に照らして世事を判断させる方法に至る道だった。まさにその存在そのものによって、自由思想を信奉する集団は啓示宗教と道徳改良家たちに独自の観点から挑戦した。その視野がいかに狭かろうと、彼らの目には一つのアメリカが映っていた。多くの人の権利が後退し、ニューヨークの親方雇主たちの間に普及しつつある神の恩寵と道徳的品性に関する福音主義思想によって脅かされているアメリカが映っていた。主張にどれほど独創性が欠けていようとも、彼らは一八世紀後半の政治的・文化的平等主義——特に、内省と共同学習と討論を通じて、万人には一般的叡知と既成の権威に挑戦し宇宙の神秘を究明する能力があるという考え——を育んだ。その延長線上で彼らは、討論と探求のための多くの舞台を創った。この自由思想の急進主義的な環境の中で、一般の職人たちは民衆公開討論に参加し、神の啓示にも聖職者にも導かれずに、ペインの世俗的共和主義と反権威主義的な政治的異議申し立ての伝統を、ある自由思想雑誌の言う「異端の真理に聴衆が集まる」国で擁護した。[21] こうした探求はやがて、ロバート・オーウェンの仲間やその批判者たちによって提起された新しい思想のパン種を得て新たな展開を示すことになる。そして、この新しい思想はアメリカ資本主義の基盤そのものに挑戦するものであった。

財産、生産者の権利、自由競争への攻撃

南北戦争前のアメリカでは、様々な陣営が労働価値説——あらゆる富は労働から生まれるという説——を支持した。この考えはロックの財産理論の核心を占めていたが、ヴォルニーやアダム・スミスなど多様な啓蒙主義著述家から学んだ人々は、それを公理と見なした。アンドルー・ジャクソンからダニエル・ウェブスター、ジョン・C・カルフーンに至る公人も同様であった。ニューヨークにおいて、この理論を浸透させる役割を果たしたのは、ペイ

ンの急進的共和主義と、贅沢な投機家たちに対する一八世紀的な攻撃と、無用の聖職者に対する自由思想家たちの非難であった。職人同業者総会は、この思想をハンマーを握る腕を描いた紋章に象徴化した。この考えは、日々その労働により富を生み出す労働民衆にとって自明のことではあったが、一八二〇年代中頃までにはすべての政治経済学の公理になっていた。このように広く流布し得たのは、「働く者《レーバー》」という概念が非常に柔軟だったからである。広義に解すれば、生産的市民として商人、専門職従事者、銀行家を包摂することになり、狭義に解すれば、実際に自らの手で働く者以外は除外されることにもなる。それぞれの観点によって、労働価値説は「生産的な」資本主義的企業家精神の擁護にも非難にも用いられ得た。(22)

一八二〇年代におけるイギリスの急進主義的リカード派の著作の普及が、経済的不平等、競争、既存の財産関係に対する攻撃の理論としての労働価値説の確立を助けた。一八世紀から一九世紀への転換期、何人かの著述家がイングランドの富は「非生産的」な寄生地主と軍隊に吸い取られていると指摘した。その二〇年後、ウィリアム・トンプソンやジョン・グレイやトマス・ホジスキンその他の急進主義的著述家たちが、そうした攻撃の矛先を資本主義的信用制度と賃金制度に向けた。これら啓蒙主義の子であるパンフレット著述家たちは、政治的・社会的不平等を暴き出すことで、生産諸階級の優越に基づく社会秩序の実現に貢献できると考えた。トンプソンを含む少数の急進主義者は、可能な選択肢を実証するために共同体建設の実験を組織し援助した。(23)アメリカにおける彼らの影響力は、(彼らの事業の普及を助けた)ロバート・オーウェンの到来とアメリカの先導的な信仰共同体（特にシェーカーズ）の評判の高まりにより、一八二〇年代中頃に強まった。ニューヨークではこうした事態の進展が、改革家の小集団の活動を盛り上げた。彼らもまた、理想主義的な生産者共和国に関する独自の見解を生み出そうとしていた。それら改革家の中で最も名高かったのが、コーネリアス・ブラチリー博士であった。

ブラチリーの前歴は、後の彼の急進主義者としての人生を予見させるものではなかった。彼はニュージャージーの農村の豊かな家庭に生まれ、監督派教会の保塁コロンビア大学の医学校の学生として先ず頭角を現した。しかし自らの宗教観について熟考するにつれ、この青年医師は彼の住むニューヨークで根底的に間違ったことが存在するのを発見した。クエーカー教徒として成長したブラチリーは、ヒクサイト（クエーカー自由派）のような「急進的な」クエーカーのセクトさえも飛び越して、最も異端の平等主義的な兄弟団に急速に接近していった。一八二九年に彼は、自分はキリストの神性の敬虔な信者ではあるが、いかなる男や女、どの党派、どの教会の信奉者でもない、と宣言することになる。一八一七年に『民衆の貧困の原因』と題する小冊子に初めて自らの思想をまとめた際、彼はこの平等主義的な信仰を都市の貧困問題に向け、それまでの共和主義の主題に関する常識的な考え方から大きく踏み出した。自らの手で働く人々にその労働の全生産物を得る権利が与えられていると主張して、ブラチリーは政治的ないし霊的生活のみならず、経済的不正と財産に関する誤った考え方の中にもアメリカ的専制支配を見出した。「多くの専制君主や悪徳、抑圧は、少数者たちの手中に富が過度に集中することによって生じる。そして、そのことによって彼らは往々にして傲慢で不遜、贅沢で不品行、貪欲で非人間的になる」とブラチリーは単刀直入に表現した。財産――この言葉で彼は土地財産を指す――は、「特定個人の蓄財のためにではなく、万人の利用と利益のために」神によって人間に贈られたのだ。それ故、実際に財産を利用ないし占有している人々のみが、その財産を所有すべきである、と彼は主張した。アメリカ社会の基本的欠陥は、労働しない金利生活者や銀行家やその他の資本家が法令の手厚い保護の下で土地を集積し法外な利子を取り立てるのを許すという、自然法の侵犯により生じた。こうした悪弊を正すため、彼は相続制度の廃止と死亡した市民の全財産の再分配を求めた。[24]六年後、一握りの知的専門職従事者と親方職人がニューヨーク共同体建設協会を設立した際、ブラチリーはこの団体の規約と基本理念の簡潔な解説の執筆を依頼された。これに応えてブラチリーは『共同財産小論』の中で、彼のそれまでの議論を拡大し、「純粋で完璧な共同体」の組織化を通じて失われた徳を回復する計画を立案した。万人は四つの基本的権利――健康、自らの労働の成果、中傷からの自由、権利侵害からの自由——を得る資格を付与されている、と彼は述べる。さらに彼は次のように主張する。アメリカは、これら四つの自由すべてを抑圧している。

　労働は、権力や地位、利子や家賃、税金やその他の負担によって、その真の報酬を詐取されている。健康と生命は、多くの悪によって破滅に追い込まれている。自由は、夥しい権利侵害によって破壊されている。そして人間の品性は絶えず脅かされている。なぜなら妬みや私利私欲その他の邪悪な感情、そして欲望が、排他的な利害や権力、特権と豪奢によってかき立てられるからである。

私有財産の法的不可侵性そのものが、嫌悪すべきものであった。ブラチリーの言う社会の宗教的義務、即ち天恵の土地財産を「最も賢明かつ公正、平等かつ社会的に利用し活用する」義務を否定するものであった。ブラチリーはこれに代えて、富が万人に恩恵を与えるという漠然と定義された「包括的なシステム」に依拠する新たな共同体を提唱した[25]。

　こうした主張すべてに完全主義的千年王国論が満ち溢れており、これはニューヨークの「職人」説教師たちの主張に似ていなくもないし、一七世紀イングランドの宗派的急進主義者たちにまで溯るものでもあった。ブラチリーの議論は、扉の使徒行伝の引用に始まりダヴィデ書やヤコブの手紙やヨハネ黙示録を繰り返し参照して、折にふれて聖書を引用しそれに言及している。彼は協同社会主義の宗教セクト、特にシェーカーズとラッパイトの長所にかなり詳しく論及している。共同体建設協会のために彼が書いた規約は、いったん包括的システムが一般化すれば、既存の政府は「エホバ、そして彼によって正式に任じられた平和の君主〔イエス・キリスト〕の統治に取って代わられる」と言い切る。ブラチリーは黄金時代、つまりアメリカが怠惰と贅沢と壮麗へ転落する以前の時代の復活を切望していたので、英米の千年王国論のパンフレットに見られるのと同様、彼の急進主義思想は懐古趣味の非歴史的な空気で覆われた。反貴族主義のリカード派と同様、彼は都市環境や工業の技術革新や生産関係について直接にはほとんど述べないで、地代と地主に集中した。世界で最も急成長している都市の中で書いている時にも、ブラチリーの想像力は田園のモチーフや「荒野」、そして小土地生産者から成るエルサレムへと引き戻された。[26]

しかし、他の宗派的急進主義者たちのように、ブラチリーは農本主義的夢想家とか敬虔な変人として片づけられるべきではないし、「ユートピア」社会主義の名の下に忘れ去られるべきものでもない。少なくとも彼の著述は、福音主義教会のますます強制的手段に頼ろうとするやり方に反撃するため、平等主義的キリスト教信仰がまだ急進的計画を構想し得ることを立証している。福音主義者たち、特にかの「偽りの予言者」である安息日厳守主義者たちをブラチリー以上に厳しく非難した人物はいなかったし、「われわれは宗教に対して政治的に干渉せずに、宗教を神と万人それぞれの良心の関係に委ねよう」と一貫して主張した人物も他にいなかった。さらにブラチリーは信仰から霊感を得てはいたが、自然権や相続、蓄財の危険性に関する世俗的文献をも巧みに利用した。特に彼が利用したのは、用役権に関するリカード派の議論と特権の危険性に関するアメリカ人の著述であった。それらの非宗教的著作に導かれて、ブラチリーはまた地代と土地財産の害悪により注目しながら、一八二〇年代末から三〇年代にかけて、ニューヨークの息を吹き返した労働組合を擁護し、下請けのお針子たちの苦境を世間に強く訴えるようになった。[27]

ブラチリーの急進主義の核心は、キリスト教倫理と共和主義政治と労働価値説の組み合わせにある。正統派クエーカーの信仰に基づくブラチリーの兄弟愛のヴィジョンは、神を冒瀆する人間抑圧に対する反発に根差していた。ークエーカーの奴隷解放論者にとっても、ブラチリーにとっても、動産奴隷制は罪深い人間による人間支配の基本型であった。しかしブラチリーはこの基本型を拡大して、あらゆる形の経済的不平等と競争をも包摂するものとし、財産が「社会的で、万人に及ぶもの」でない社会はすべて「悪魔や反キリスト者の支配下」にあると宣言した。同時に彼は、共和主義的平等と共同社会を弱めるものとして経済的不平等に注目した。蓄財に関する彼の議論は、特に富を求める競争がもたらす道徳的堕落に言及している。己れの私利私欲に取りつかれた、欲深く下劣で「自分本位の」アメリカ人たちが、ブラチリーにとっての主たる敵役であった。利己主義こそが、人間が「自然に対して正当に有する権利」を破壊する「すべての国民的悪徳の根源」である、と彼は述べている。結局、ブラチリーの共和主義的「エレミアの嘆き」は、政治腐敗だけでなく私有財産と高利貸をも経済的不平等の原因として非難した。私有財産が存在する限り、あらゆる法律と特権が財産所有者に味方し、私的利益が共同財産へと転化されなければ、政治改革も無意味である。さらに止めの一撃として、ブラチリーは自分の主張の正しさを示すために、私有財産によって堕落させられた国として合衆国を例示した。そこでは「今や人々の利害はお互いに著しく対立し、人々の共感が存在し得る余地はほんの僅かしかない」。(28)

その懐古趣味にもかかわらず、これは企業家的慈愛と結びついた政治経済学とは矛盾する議論である。ブラチリーは依然として自信溢れる理想主義者であり、道徳の再生により社会変革が実現されると確信している。彼は労働価値説を採用したが、生産者と非生産者との利害の対立が兄弟愛と折り合いをつけられないことを示唆してはいない。しかし彼の著述はまた、企業家版の職人共和主義よりも急進的リカード派による批判の方が、ヤコブの手紙が雄弁に説いた福音に近いことをも示している。

見よ、畑で収穫を刈り入れた労働者にあなたたちが支払わなかった賃金が、叫んでいる。そして刈り入れをした人々の叫びは、万軍の主の耳にまで達している。

この教えの真髄はそのまま、社会的不平等の原因の分析へと読者を導くものである。(29)

ブラチリーの『小論』刊行の二年後にロバート・オーウェンがニューヨークにやって来たことが、批判的探求の速度を早めた。オーウェンの評判は、『エディンバラ・レヴュー』で彼が巻き起こした論争やフィラデルフィアのウィリアム・デュエインの宣伝努力のおかげもあってブラチリーを上回っていた。ブラチリーは『小論』を完成した直後の一八二二年に偶然オーウェンの『新社会考』を知ったと主張し、直ちに彼は自著を改訂してオーウェンへの親近感を書き加えた。ニューヨークに来る頃までには、オーウェンは協同社会主義者の英雄になっており、この都市での最初の晩を共同体設立協会の来賓として過ごした。だがオーウェンの名声はあまりに大きく、ブラチリーたちの小さな急進主義サークルとのみ接しているわけにはいかなかった。数週間のうちに、オーウェンは政財界や法曹界の著名人を訪問し、会った人達はみんなこの新奇な博愛主義者についてもっと熱心に知りたがった。フィラデルフィアで彼はベンジャミン・ラッシュの息子ジェームズと過ごし、フランクリン協会とアセニアムで講演した。ワシントンでは、ジョン・クィンジー・アダムズ、ウィリアム・H・クロフォード、ジョン・C・カルフーン、モンロー大統領に迎えられた。ニューハーモニー共同村の立地調査のためインディアナ州に初めて旅した後、彼は講演旅行に出掛けて大成功を収め、最後にワシントンに戻って連邦下院で二度の演説を行って締めくくった。この間ニューヨークの新聞は彼の旅行を逐一報じ、講演内容の紹介に紙面を割いた。一八二五年春には、ニューヨークのある出版業者が『新社会考』のアメリカ版を出版した。その一年後、ある歴史家の言を借りれば「勝利を収め舞い上がった気分で」オーウェンはニューハーモニーに戻った。(30)

このオーウェン旋風を理解するには、彼が一八二〇年代の英米両国民にとってそれぞれ異なった意味を持ったことを認識する必要がある。オーウェンの著述は確かに工業化初期のイギリスからやって来た最も体系的かつ急進的なものではあったが、この著作への反発は、改革的産業家としてのオーウェンの名声によって和らげられた。科学と慈愛による社会改良、気前の良い贈与による社会悪の矯正、さらに階級創出なき生産拡大に尽力している産業家としての名声を博していたからである。ニューヨークのフランクリン協会の親方たちの中に、オーウェンと同類の成功した製造業者がいて、この人物がオーウェンと出会い、彼の社会的調和を維持しながら産業と労働の調和を目指す発想を、(若干奇異だが)大切な問題提起であると考えたということは、容易に想像できることであった。少なくともアメリカ協会の設立者の一人であるピーター・シェンクは、財産に関するオーウェンの異様な考えにもかかわらず、オーウェンから強い感銘を受けた。オーウェンは、彼自身に似た出自と経歴を持つ、開明的な富裕者の社交界を優雅に泳ぎ回った。頑固で保守的な連邦最高裁ストーリー首席判事でさえ、オーウェンを「話していて愉快」、「非常に興味を引かれる」と評している。オーウェンがその魅力によって彼の事業への実質的な寄付者を富裕者階層からほとんど獲得できなかったとしても、彼は少なくとも初めは敬意をもって話を聞いてもらえた。だが間もなくその宗教観から彼は疎まれるようになり、一八二七年までに彼は全米の権威ある新聞や親方職人の団体に非難されているのに気づいた。その頃までに彼の試みは、資本主義的企業家への攻撃よりもむしろ、諸利害の調和という理想の延長であると解釈する人も現れていた。(31)

オーウェンの思想と何人かの彼の支持者の著作には、後にオーウェン主義と呼ばれるようになる、より徹底した反資本主義の原理が根づいていた。リカード派と同じく、オーウェンも「肉体労働こそが、あらゆる富の源泉である」と主張した。彼は資本家を寄生虫として非難し、私有財産と不労所得を攻撃している。彼の確固たる合理主義、そして抑圧の根源としての既成宗教への不信は、職人的反福音主義の同様な諸潮流と完全に混合した。最も重要なことは、オーウェンが読者たちに、彼らが当然支払われるべきものを騙し取られてきたのは、神の是認とか彼らの道徳的欠陥によるのでなく、現世の経済の仕組みによるのだと述べていることである。オーウェンはブラチリー的な千年王国を思い描く理想主義的完全論を保持したが、信心深い者にも不信心者にも同様に開かれた世俗の楽園を提供するため、その完全主義から狭いキリスト教的背景を剝ぎ取った。(32)

ニューヨークでオーウェンの最も直接的な影響を受けたのは、自由思想家たちであった。理神論と協同社会主義の結合可能性に忽ち感化されて、後に『コレスポンデント』の編集者となるジョージ・ヒューストンに率いられた自由思想家の一団が、ロックランド郡のハヴァストローに農場を購入した。ニューヨークから約五〇キロ離れたこの場所に、一八二六年に彼らはオーウェン主義に基づく合衆国で三番目の共同体を設立した。初めの数カ月間は一団の希望は大きく膨らみ、オーウェン自身もこの実験を援助するために同胞の一人をニューハーモニーから急派した。土地買収が正式に終わるのを待たずに、多数の家族が移り住み農耕を開始した。だが共同体が組織されると直ぐに、宗教問題が構成員たちを分裂させた。ヒューストンとその仲間でペイン主義者のヘンリ・フェイが自分たちの教会、理性教会を建てた時、主として共同農業に魅きつけられてやって来た人々がそれに反抗したからである。五カ月間で、この共同村は跡形もなく瓦解した。ニューヨークに戻って『コレスポンデント』を刊行し始めても、ヒューストンは共同体でのつかの間の経験については記述しなかった。実際、この新聞紙上には協同組合の記事はほとんど掲載されなかった。一八二八年から翌年にかけての冬までに、オーウェン主義はその影響力の限界に達していたようである。(33)

だがヒューストンたちが挫折した頃、ニューヨークの片隅では職人たちもまたオーウェンと彼の新道徳世界に関するものを読んでいた。彼らの一人が、オーウェンの経済学の諸要素を取り入れただけでなく、非常に異なる種類の急進的プログラムの提示を約束する論稿に取り組み始めた。『不平等な富の原因と結果に関する所見』と題されたこの著作は、一八二六年にオーウェンがニューハーモニーに向け出発した数カ月後に刊行された。著者であるラングトン・バイルスビーは三七歳の印刷工で、確認された限りでは、ハーパー・ブラザーズの印刷工場で校正係の雇われ職人として働いていた。彼はイギリス移民の息子としてフィラデルフィアで生まれ、少年期に孤児となったが、独立戦争の古強者でペンシルヴェニア州議会議員のトマス・ライアスンのもとで育てられた。バイルスビーの青年期は順風満帆であった。印刷業を身につけた後、彼は単純な飛行機を含めて様々な発明実験を行い、かなりの収入を稼いだ。一八二四年までには(何回かの引っ越しの後)、彼は新聞の編集者としてペンシルヴェニア州イーストンに落ち着き、所帯を持った。だが彼の地元の政治的後ろ盾が二四年に不面目な敗北を喫すると、彼の幸運に陰りがさした。翌年バイルスビーはイーストンを去り、雇われ職人としての働き口を求めて先ずフィラデルフィアへ、続いてニューヨークへと向かった。マンハッタンに居を定めると直ぐに、彼は印刷業界の現状に対する考察を執筆し始めた。しかし彼は、それらを資本主義的発展に対する痛烈な批判に転換させた。これがその後、二〇年代末の最も急進的な労働者たちにとっての手引書となった。(34)

バイルスビーは、民主的・共和主義的信念の提示から始めた。あるべき社会について、人々は長い間「全般的に見て正しい考え」を心に抱いていたが、「人類にその運命を正確に説明する仕事は〔独立宣言の中での〕現代の賢者にして尊敬すべきトマス・ジェファソンの仕事として残された」。バイルスビーの任務は、アメリカ人の生活が明らかに不平等である以上、人々が生命と自由と平等を確保するなどということが、一体あり得るのかどうかを改めて問い直すことにあった。ブラチリーやオーウェンと同じく彼は、富は「当然のことながら労働による生産物の超過分にすぎない」のであり、人類全体の生活と楽しみのために用いられるべきものだと考えた。問題は、合衆国も含めた「文明」社会では、「労働による生産物が大部分生産者以外の者の手に入ってしまい、概して生産者は自ら働いたものからは辛うじて生活できるものしか獲得していない」、ということであった。土地の私的所有、自明の自然法の侵犯である独立の否定、これらへの非難に見られるように、出発点はバイルスビーの分析の筋道はブラチリーのそれと重なる。だがバイルスビーはそこから先に進んで、人間が「労働を強いられ、他方でその労働の利益が剝奪されて他人により享受される」システム全体を、「奴隷制の本質そのもの」として描いた。働く者が名目上は自由であること、つまり「働くのか、働かないのかという見せかけの選択権」を有することが、奴隷身分を覆い隠す。普通の製帽工なり製靴工は、他人と同じ才能と体力を生まれつき授けられているのに、「ある人から二日間の労働の成果を奪って、その見返りに別の人の一日の労働の成果を与える……」という社会関係のからくりに搦め捕られている。(35)

こうした不平等の発見では飽き足らず、バイルスビーは抑圧の因果関係をより深く理解するために歴史に目を向けた。陰鬱な総括的記述の中で彼は、略奪に対する防御と私有財産の創造と貨幣の発明が、投機的な商人資本家と金貸し階級を徐々に発生させた模様を跡付けている。やがてこうした商人たちが、生産物の単純な交換に基づく経済全体を破壊する。これに続いて新しい生産方法が導入され、それが有産者の富を増やし一般大衆の苦痛を深める一方で、新興投機階級を強固なものとする。こうして社会はついに、労力節約機械が大部分の労働者に取って代わり失業者の大群を生みだしつつ、有産者が大規模に生産を増加させ得る段階に達する。（バイルスビーが言うように消費が新たな生産水準に見合うほどに上昇しない（実際、かくも多くの生産者が機械に取って代わられれば消費は減退する）ものだとすれば、大多数の人々の従属状態が出現する。いつも物価下落は賃金下落よりも遅れ、競争が一層の労力節約と失業を招き、運よく仕事にありついた人々も多くの失業者の存在によって押し下げられた賃金しか手にしなくなる。消費水準を生産水準に追いつかせるための周期的な操業停止の損害を、万人が受ける。常に多数者を犠牲にして少数者に利益をもたらす競争制度は、その最も残酷で皮肉な結果を最後に取っておいた。人口の大多数が極貧に陥る一方で、「過剰生産のパラドックスが……労働者諸階級の大多数を救いようのない苦悩と非常な不幸で打ちのめすのを見ることは、今日まで保留されてきた」と彼は述べている。[36]

先人たちと同様にバイルスビーも、彼の言う「共同体本来の姿に近いもの」を実現することに希望を託したが、自分と他の協同社会主義者を慎重に峻別した。従来の博愛主義的批判者たちは、「自己の見識と宗教的、道徳的感情を混同し」、「現状の耐え難い現実を詳細に検討することなしに、もっと快適な人類の境遇があり得ることを示そう」としただけであった。彼はこのような人々として、オーウェンとウィリアム・トンプソンに言及しているが、ブラチリーもこの中に入れてもよかった。これらの人々は、自己の社会構想にほとんど私的利害を持たなかっただけではなく、「現存の制度下での人間性の奇形的堕落に関する高尚な議論」だけを行い、道徳的な金持ちに訴えることによって社会的不正を廃絶できるという感傷的意見を広めた。「歴史は、権力の保持者がその特権を自発的に廃棄したり、抑圧者が被抑圧者のために有利な立場を放棄するような事例を示してはいない」とバイルスビーは論駁している。既存の社会から隔離した新社会ではなくて、バイルスビーは新しい協同生産のシステムを提案する。そこでは職人たちは材料費に当てる金額を投資し、実際に行った仕事量に応じて、労働手形で支払いを受けることになる。各構成員の協同組合内での持ち分は一株に制限され、事業管理に平等の発言権を持つことになる。金銭や利子と搾取から解放された共同社会は、やがて生産者各人に「作り出されてから消費に至るまでの」その全労働の産物を保証することになる(37)。

この訴えから一世紀半を経た現在でも、これらの言葉は人を驚嘆させる力を少しも失っていない。印刷工の共和主義者バイルスビーは、オーウェンその他と袂を分かつ中で、アメリカにおける新たな社会批判の路線を切り拓いた。この路線はヨーロッパにおけるプルードンに連なっていく路線やマルクスやラッサールの社会主義の著作や他の多様な構成要素から成る労働急進主義に連なる路線に極めて類似していた。ブラチリーとその仲間たちは利己主義と私有財産によって共和国が脅かされることを恐れたが、バイルスビーは組織的競争、信用制度の操作、さらには生産の社会システムをも「真の自由と公正な政府」の反共和主義的否定であるとして非難した。彼は労力節約機械の影響に力点を集中したが――この点の強調は印刷工であり、しかもハーパー・ブラザーズの労働者であった彼としては当然であり――機械化された業種にも、熟練技術が細分化され仕事が下請けに出されている業種にも、同様に適用できる一般的な言葉で彼の非難を定式化した。

> なぜなら、それらを生産するのに必要な労働の価値を減じる技術改良は、すべて不可避的に、富を偶然所有した人々の手中にある富の価値と力を増加させ、同じ比率で富の目的である労働の価格を下落させることになるからである。

社会的共和国やキリスト教的博愛に対する信頼は、バイルスビーの説明には姿を現さなかった。「自分で働いて創造した富を自分で享受していない人々」だけが、親方と使用人たちの間の階級制度を排除することができると彼は主張した。全体的にはわれわれは、(ブラチリー以上に)バイルスビーの場合、言語と思想における根本的転換の加速化を目の当たりにする。そこには初期の雇われ職人の組織に典型的に見られた単純な共和主義的諸権利と仕事場の「公正」の義務の主張から離れて、搾取と不平等な労働交換という根底的な基盤こそが大衆の苦境の原因であるという認識へ向かう転換が見られる。これらすべては共和主義的平等権を、生産者(小親方と雇われ職人)の権利擁護と資本家の排除に結びつけたメッセージとして提示された。バイルスビーが『所見』を刊行した三年後、この強力なメッセージはトマス・スキドモアという無名の機械工の著作の中で修正され、より煽動的な形で姿を現すことになる。(38)

ブラチリーとバイルスビーの二人は、物書きであった。両者とも、重要な職人運動指導者として筆をとったわけではない。ブラチリーは職人ですらなかった。一八二〇年代末までの、二人の指導力と影響力がどの程度のものであったかは、今のところ明らかではない。それでも、自由思想家たちと職人労働組合組織者たちによる職人急進主義的環境の発展という文脈の上で考えれば、二人による批判は同業者仲間の間で進行していた議論の性格を示唆するものである。一九年頃、あるイギリス系移民の雇われ職人が次のように述べた。栄光のアメリカにおいてさえ、親方たちの「唯一の目的は彼らが雇っている職人たちの困窮には一切おかまいなしに、金を溜め込むことなのだ」。ヒューストンのような理神論の急進主義者たちは一時期、オーウェン主義の協同社会主義に魅せられた。自由思想家たちによる煽動と共に、オーウェン主義者やリカード派の論説が自由思想クラブや討論団体の小規模なネットワークを通じて輪読された。二九年までにブラチリーの敬虔な平等主義とバイルスビーのより唯物論的な主張が、「政治経済学」のあれこれの翻案として様々な場所で現れ始めた。二九年に理神論者であるエドワード・トンプソンは、自由探求者協会で、それまでの自由思想の議論から一歩踏み出して次のように演説した。「政治経済学に親しむようになって以来、人類の間にある富の極めて大きな不平等が、深刻な災いを産み出していることを深く憂慮するようになった……」[39]。それらの直接的影響は不明瞭だが、トンプソンがこの主張を述べた頃までには、この急進的な「科学」に関する諸々の解釈が、政治的爆発の導火線に点火しようとしていた。

アウトカーストの組織化

急進的な職人たちが自由思想家の言葉に耳を傾けアメリカのリカード派の著述を読んでいる最中、一八二五年に女性仕立て工の一団がストライキを組織した。これは、女性のみが参加するアメリカで初めてのストライキであった。賃金に係わるものであること以外、このストライキについてはほとんど不明だが、こうしたストライキが起こったこと自体が重要なのである。二〇年代中頃までに、下請けの拡大が仕立て業内の性別境界線に重大な転換をもたらしていた。従来、女性は正規の女性徒弟制度の枠内で婦人服製作にのみ従事していたが、安物仕事や紳士服製造での単純作業の分担を次第に増やしていった。男性の雇われ仕立て工にとって、こうした行為は単なる銭金の問題ではなかった。それは男性熟練労働の優越という基本的信念を害するものであった。一八一九年、恐慌や不況によって雇われ職人自身が安物既製服製造を余儀なくされた時、男性職人たちは女性を雇用する雇主たちに対してストライキをすると脅した。一人の代表者は、「女の人真似仕事」や女が男と同じようにチョッキが縫えるという「理屈に合わない実に馬鹿げた考え」に注意を喚起し、廉価製品を製造するために女性労働者を雇う親方たちに噛みつくと共に女性労働者を嘲笑して男性職人たちの見解を次のように要約した。「女の要求の正当化とか女に仕事を与える雇主たちには、不当な慣行の継続ということ以外、何ら正当化の根拠は見出し難い。しかもそれは実際……実のないただの言い訳である」。要するに女性職人労働者は、男性の賃金を切り下げる二級職工であり、潜在的「裏切り者」であると疑われた。女性が同情に値するとか、女性が男性組合運動の一翼を担うかもしれないといった考えは問題外であった。このように非難され排除された女性たちは、一八二五年の場合のように、長い間、正規の職人仕事場生産の中にしっかりと組み込まれていた女性仕立て工でさえ、自分たちで道を切り拓くしかなかった。二五年のストライキは、(40)彼女たちの自立的意識覚醒の最初の一歩となったのであり、三〇年代にはさらに多くの女性が加わることになる。

ニューヨークの男性の不熟練、半熟練労働者も、一八二〇年代には彼ら自身の労働争議に以前より積極的に係わるようになった。ニューヨークの雑役労働者や港湾労働者にとって、集団行動は目新しいことではなかった。権力に対する暴力や抵抗の伝統は、少なくとも一七七〇年代の海軍徴兵反対暴動にまで溯れる。後にアイルランドやイギリスからやって来た移民たちにとっては、母国での産業労働者のテロや暴動による団体交渉、匿名の手紙の送付は、何十年にもわたって農村や労働現場での騒擾の時代の日常的な戦術であった。正規の団体や組織は作らなかったが、ニューヨークの雑役労働者たちは雇主たちに賃上げ要求を呑ませるために、こうした戦術を一層大胆に用いるようになった。早くも一八一六年、建設業の日雇い労働者たちは賃上げストライキを行い、同僚の労働者にストライキ参加を強いながら建設現場を次々と練り歩いた。二五年には艤装工、石炭荷揚げ人夫、波止場労働者(黒人と白人)が同盟して賃上げストライキを行い、「仕事を止めろ」と歌いながら一、〇〇〇人のパレードを組織して、警察が到着して群衆を追い散らすまで港を効果的に封鎖した。この三年後には、石炭荷揚げ人夫と艤装工が賃金カットを行った船主たちに対してストライキをした。ストライキが終了する前、ストライキに加わらない労働者と闘うための再度のパレードが波止場を席巻した。(41)

一八二八年の織布工ストライキは、目を見張るような出来事であった。二五年までには社会的地位の下落した前時代の手工業となってしまっていた手織機織布業は、他の商業港におけるほどにはニューヨークでは重要な職種ではなかった。フィラデルフィアの下請けに支えられた企業やスクールキル川沿いの初期工場との競争がその一因だったが、イギリスの織物が簡単に手に入ることがより重要な理由だった。四〇年代を通じてマンハッタンで織物業は生き延びることになるが、それは大部分が安価な敷物生産に限定されていた。だが二〇年代と三〇年代にイギリスとアイルランドから経験豊かな織布工がニューヨークに流入したことで、短期間ではあったが少数の企業家が地場織物産業を起こそうとした。一八二八年六月、ニューヨークの指導的な織元であるアレクサンダー・ノックスは、職人たちが賃上げストライキを起こした時、そうした試みが危険であることを学んだ。ストライキが始まった直後のある日、ノックスは「ノックス旦那へ」と宛て名書きされた手紙が、事務所の窓から投げ込まれているのを見つけた。

親愛なる旦那へ
お知らせしますぜ。

商売止めるか、金払うか、出すべきもんを。

でなきゃ、始末されるぜ。いいかい旦那、俺らは出ていかんぞ。旦那の家と屋敷から。覚えとけ。

黒猫

ノックスがこの手紙を無視したのは、賢明ではなかった。数日後、「彼に雇われていない」四〇〜五〇人の織布工から成る群衆が賃上げを求めてノックス宅に押しかけ、「賃上げに応じないなら見つけ次第織物を使い物にならなくすると脅した」。その時ノックスは不在だったが、息子が警察に駆け込んで一部始終を訴えた。数人の夜警を連れて作業場に戻った息子は、「ならず者たちが暴れまわって」織物三反をめちゃくちゃにし、職人たちが仕事をできなくしたのを発見した。結局、息子と警官はストライキ労働者に追いついたが、息子はそのうちの一人に織機の一部で殴打された。それから労働者たちはノックスに雇われている織布工たちの家まで行進し、働くのを止めるのを拒む人人の織物を台無しにした。[42]

あらゆる点で、(アイルランドの農村暴力や一八世紀のスピトルフィールズの織布工蜂起、旧世界のその他の匿名犯罪との類似性を有する)ノックス事件は、一八二〇年代までに移民労働者たちがニューヨークに独自の交渉手段の持ち込みに成功したことを示している。[43]「ノックス旦那」脅迫状の綴り字法に、「ネッド・ラッド」や「キャプテン・スウィング」のようなぎりぎりの読み書き能力しかない筆者のアイルランド訛りを判読できる。「黒猫」という脅しをかける集合的名称の背後に、弱い立場にある賃金労働者集団の身元が隠されていた。他の暴力的ストライキと同様に織布工の行動も、アメリカ生まれか移民かを問わず、ニューヨークの熟練度の低い労働者が何に対峙し立ち上がったかを示している。ニューヨークの港湾労働者と織布工と日雇い労働者たちは、希少価値のある熟練も本来的な職能組織も持たず、ますます過密になる労働市場に放り込まれていたので、自分たちの陣営を固め、見つかって解雇される可能性を阻止しなくてはならなかった。あらゆる場合に彼らの暴力は、ストライキに加わらない者に参加を強制するか、雇主を脅して交渉させるかのいずれかを狙いとした。彼らの苦境に鑑みれば、その組織力は驚嘆に値する。だがあからさまな脅迫や非公然の脅しも、不熟練の雑役労働者や零落した職人にとっては野蛮ではあるが不可欠の手段であった。

以上のエピソードは再出現しつつあるニューヨークの労働運動に新しい構成要素が加わったことを示すと同時に、職人急進主義者と組織化された雇われ職人への問題提起となった。前述のストライキは、女性と雑役労働者と織布工がそれぞれの経済的利害のために立ち上がる力のあることをはっきりと証明した。だが熟練労働者たちは、長年にわたって地位と能力の点で自分たちに比べかなり劣っていると考えて来た人々の運動にどう対処すべきか。特に女性仕立て工のような自分たちの仕事を脅かしているように思われる者に対してはどうすべきか。また組織化された雇われ職人や労働現場の急進主義者は、労働者の暴力にどのように対応すべきか。彼らは、自分たちの規律ある戦闘性――委員会室の伝統――と、財産と人身への攻撃との、つまり野蛮な輩という不熟練労働者のイメージを与えるだけだと思われるような攻撃との調和をどのように保つことができるのか。一八二〇年代初期までは、雑役労働者たちの暴力の論理は展開し始めたばかりだったので、組織労働者の構成と戦術をめぐるこのような緊張関係の重要性はその時もなお微かに現れた程度であった。組織労働者たちが両者の抗議形態を鋭く峻別するようになるのは、後年のことである。

危機の背景

戦闘的な女性仕立て工や雑役労働者や織布工はさておき、職能内に二つの全く異なる行動様式を持つ人間類型が一八二〇年代末の出来事の中から登場した。一つはおそらくジョゼフ・ブルースターのような出世しつつある親方であり、自らの技術に誇りを抱くと共に道徳改良家で企業家である人物。もう一つは同じく自らの技術に誇りを抱くとともに、ヴォルニーやペインやロバート・オーウェンの廉価本の中に発想を求めるような社会批判者である。このような職人たちの間の論争がより明確化するにつれて、イデオロギー的・社会的危機が徐々に近づいて来た。

一八二九年になっても言えることではあるが、まだ職能内の最終的分裂を認識するのは困難であった。彼らの熱意にもかかわらず、この時期の運動は小規模であった。自由思想家たちが数百人にすぎない忠実な支持者を集める一方、せいぜい一握りの職人が反競売運動やアメリカ協会の努力を支持したにすぎなかった。こうした諸潮流の間の相違は厳密な階級区分と必ずしも合致してはいなかった。小親方は、企業家の運動のうちにも急進主義者の試みの中にも同様に認められた。最も急進的なパンフレットでさえ、雇主と使用人の双方を含む小生産者の権利という点から議論を組み立てた。職能内を分割する争点が、常に明らかだったわけではない。ジェファソン期や二〇年代中頃の労働組合の闘争に内在したイデオロギー上の緊張関係は依然、企業家的見方や急進主義的立場と固定的に結びついていなかった。こうした事態の進展が十分に政治と結びつくようになって初めて、職人たちは自らの共和主義的な思考様式に基づいて、自分たちの間の意見の対立を完全に理解し始めることになる。しかし、まだ一八二九年前における急進主義的見解の普及は、政治に対しては全く直接の影響を及ぼさなかった。「腐敗取引」、アンドルー・ジャクソンとその仲間の政権獲得運動、タマニー・ホール内の陰謀、このような事件が当時の最大の公的関心事であった。だがニューヨークがジャクソン時代に突入すると、事態は劇的に変化する。経済的・政治的激変と何人かの並外れた急進的指導者の出現とが相まって、職人共和主義の危機を誰の目にも明らかにする一連の事件が始まることになる。

第五章　「勤労者派」の興亡

一八二九年は異常な年であった。ニューヨーク経済が恐慌に閉ざされ、この都市の政治家たちがアンドルー・ジャクソンの来るべき大統領就任を注視する中で、この年は始まった。そして同年一二月までに、急進的な民衆運動——主として雇われ職人たちから成る委員会に指導された運動——が一つの政治勢力として姿を現していた。その後しばらくの間、政党政治の正常な代議員大会は中断され、職人有権者たちは「国家の真の担い手《ザ・ボーン・アンド・シニュー》」といった通常の美辞麗句ではなく、独立革命期の最も急進的な政治改革案について真剣に検討した。結局この運動は潰え、その壊滅は民主党タマニー派と出現しつつあった野党のホイッグ党の力を強めただけであった。そうであってもこの「勤労者派」のつかの間の歴史は、一つの画期的なエピソードであった。即ち、まさにこの闘争の時期こそが急進主義思想を普及させ政治問題化させ、さらに一八三〇年代の階級闘争を予示するものだったのである[1]。

共和主義、政党民主主義、政治

「勤労者《ワーキングメン》」運動は、政党政治や旧来の職人利害に由来するものではない。その発展はジャクソン期の政治革命に多くを負っていた。もしも「勤労者派」を理解しようとするなら、先ずその政治革命の意味を問わなければならない。

ニューヨークでは合衆国の他の地域と同様に、一八二〇年代に政党政治の新しいシステムとエートスが育まれた。ハートフォード会議と連邦党の衰退の後、規律ある党派的忠誠心に対する不信感が広まった。「われわれは不和は一切望んでいない」と一八一七年に新たに就任したモンロー大統領が宣言し、政治家たちはこの声明を政治の末端にまで伝えた。地方の政治闘争は党派的規律を欠いた不安定な離合集散を繰り返し、「一党支配」下の派閥抗争に帰結した。この本性まるだしの政争は、ホガースの描く一八世紀イングランドそのものであった。しかし、この明らかな退行現象の中で、ニューヨークの反目する政治家たちは民衆民主主義における政党の位置づけをめぐってはっきりと分裂した。一八一七年から、成り上がりの青年弁護士マーティン・ヴァン・ビューレンに率いられた造反者の「毛針派《バックテイル》」が、ドウィット・クリントン知事の仲間たちに反発し、クリントン派は網の目のように張り巡らせた一族の影響力と縁故関係を通じて支配力を振う危険で貴族的な派閥であるとして攻撃した。二〇年に追い落とされたクリントン派は、毛針派が好む党派的な手法、即ち議員総会《コーカス》の尊重や党内規律の強制の試みは、政治的な協調とコンセンサスに敵対する反民主的な脅威であると応酬した。二四年にクリントンの率いる「反政党」の人民党によって官職から一掃され、州北部の「反政党」の反メーソン運動の台頭に責め立てられて、ヴァン・ビューレン派は汚名を挽回し、党派抗争と人民による政治とを両立させる方策を求めた。(2)

「毛針派」の解決策は、既にマシュー・リヴィングストン・デイヴィスなどが試みたものであったが、アメリカ政治の理論と実践における決定的変化を予示するものであった。マイケル・ウォレスによれば、この変化の中で「民主主義にとって必要な手段《エッセンシャル》であった党内規律が、民主主義の自己目的《エッセンス》に変化した」のである。(3) 反対派の一八世紀的なコンセンサスという考え方とは対照的に、毛針派は闘争はいかなる民主的社会においても不可欠なものだと主張した。そうした争いを調停し損ねると、無政府状態か寡頭政治のいずれかに陥る。最も適切な対応策は、公然と認知された政党が直接的に対決する制度を作ることであった。そして各政党は、幅広い白人男子選挙民と職業政治家に指導される党内の一般活動家に対して責任を負うべきであった。そうした政党間の秩序ある官職獲得争いにおいては、民衆の意思と公益が優位に立つことになる。真の職業政治家政党を創設し、そこでは指導者も構成員も自己の個人的な目標、原理原則、イデオロギーよりも党の勝利を優先させる。こうすることによって、政治から貴族的派閥や邪悪な煽動家を追放できる。一八二二年にニューヨークの毛針派の指導的新聞は、次のように述べた。「われわれは、政党制度に愛着を抱く政党人だ。われわれは、そうした人々が全体の安全にとって必要だと考えている」。(4)

とりわけ一八二八年のニューヨークにおけるジャクソン派の勝利は、職業政治家政党の擁護者たちにとっての素晴らしい勝利であり、自己正当化の根拠となった。アンドルー・ジャクソンの支持者として知事選挙に出馬したヴァン・ビューレンはまた、ジャクソン将軍の選挙運動をも背後から操作した。この選挙運動は、「反政党」を唱えるアダムズ政権に対し、貴族的影響力と買収によって堕落したエリート派閥であるとの烙印を押し、見事に組織的攻撃を加えた。タマニー・ホールが指揮するジャクソン派は、州権論と自由貿易への抽象的言及を別にすればほとんど争点を提示せず、騒々しい政治集会と酒の大盤振る舞いで票を集める努力に徹した。国民共和党は州全体では善戦空しく惜敗したが、アメリカ協会の会員や反競売論者、指導的な禁酒運動家を含むニューヨーク市のアダムズ支持候補者たちは、ジャクソン＝ヴァン・ビューレン陣営の猛攻を阻止する争点を見出すことも、ジャクソン派の組織に対抗することもできずに圧倒された(下巻付録表17参照)。既に新たな組織形態の政党が確立されていた。ジャクソン体制下での最初の大きな政治的諸事件は、今や党への奉仕こそが政治的徳の尺度であるという主張を確証した。即ちヴァン・ビューレン知事は州北部の親ジャクソン派の銀行に新たな安全基金制度で報いようとし、ジャクソンは官職交代制を是認し、突然ヴァン・ビューレンを国務長官に任命したのである。(5)

ジャクソンの勝利は、一八二八年時点のニューヨークの親方と雇われ職人と雑役労働者にとって何を意味したのか。確かにそれは政治の中での社会革命ではなかった。この都市のコモン・マン（庶民）が、ジャクソン民主主義によって権力を掌握することはなかった。二八年選挙で選出された人々の大多数と同様、タマニーを管理する政治家たちは、恵まれたコネを持つ弁護士や商人、金融業者や指導的な親方職人であり、あるいは地元の銀行業界の同盟者たちであった。しかもそうした状況は、その後一〇年間ほとんど変化しなかった。ジャクソン派の二八年の選挙運動では、おそらく高関税に反対する外国貿易関連業種の生産者の特定利害向けのものは別として、小親方や雇われ職人の利害に対しては明確な政策変更は約束されなかった。ジャクソン派は心からより民主的な政治文化を育てようとしていたにもかかわらず、ニューヨークのジャクソン派が当時のいかなる争点に立脚していたのか、三〇年までは全く判らなかった。(6)毛針派とクリントン派の長年の争いが、一つの重要な副産物を産み落としていた。二七年から納税と財産による投票資格が廃止され、白人成人男性の普通選挙権が実現した——そしてこれは、独立革命以来の職人同業者仲間の重大な関心事であった。(7)より直接的には、「一党」政治の衰退とジャクソンの勝利が政治の均衡を完全に崩してしまった。「旧来の政党分割線は」、『商業ジャーナル』がいみじくも主張した如く「今や消滅した」。アダムズ政権の方針に合致する政治綱領を追求してきた新たな「職人利害」を代表する活動家たち——とりわけアメリカ協会の会員、反競売運動や先取特権法制定運動の活動家たち——は一時的に挫折し、支持する候補者と組織と政治的展望を否認された。ニューヨークではジャクソンの勝利がもたらした大激震が政治的空白を生み出し、そこに新しい運動が（やがて急進的な運動となるようなものまでもが）、麻痺して無能になったアダムズ派に取って代って参入することができた。一方では二八年選挙の結果として、最新の「人民を体現する男」に投票した人々は、自分たちの政党の力を統合し忠実な銀行家や金融業者との絆を強めることに最大の関心を抱く（ないしは、そのように思われる）政党経営民主主義者《オペレーショナル・デモクラット》たちに、自分たちが自らの運命を託したことに気づいた。そうした有権者の一部——特に自分たち自身の不満を持つ、ジャクソン派に名を連ねた雇われ職人と小親方——にとって、タマニー派とワシントン政府の新人たちは旧政権の腐敗した貴族どもと変わりなく思われ始めた。(8)

「勤労者」運動が下からの政治反乱に転化するのを許したのは、この政治的空白であり、ジャクソン派支配の方向性をめぐるこの最初の苛立ちであった。この極めて限定された意味では、「ワーキーズ」の台頭と前進は既成政治家たちの間の争いの結果であった。(9) だが「勤労者」運動の起源は、変化しつつある政治的支配階級の全く埒外にあった。敗北を喫したアダムズ派が政治的足場を求めて試行錯誤していた間に、根本問題では意見を異にする奇妙な煽動者たちの集団が雇われ職人や小親方職人からの支持を集め始めた。程なくして彼らは、連邦派も共和派も、クリントン派も毛針派も、そしてアダムズ派もジャクソン派も、どの政治家も敢えて触れてこなかった問題に関する論争に市民の注意を引きつけることになった。

登場人物

一八二九年元旦、スコットランド生まれの「ベエゼブブの巫女」フランシス・ライトがニューヨーク港に降り立った。ライトの上陸に際しての、彼女の新聞『自由探求者』の発行地をニューハーモニーからニューヨークに移転するという声明が評判を呼んだ。自由思想やペインの賞讃、そして女性の権利唱道によって名高い彼女は、すでにニューヨークの自由思想家や反福音主義者の間に支持者を有しており、保守派の新聞からは悪評を買っていた。ペインを礼讃する富裕な商人の孤児としての子供時代から、一八一八年の初めてのアメリカ訪問、ベンサムやラファイエットやフランスのカルボナリ党との交際、オーウェン主義への転向、さらに二七年のテネシー州での解放黒人のナショバ共同体設立へと彼女の前歴はあたかも急進的共和主義のオデッセー物語であった。講演旅行や著作で示された個性の力だけによって、彼女はすでに北部の津々浦々の自由思想家たちを鼓舞していた。今や隔絶されたフロンティアに飽き足らず、より多くの都会の勤労者に訴えるために彼女はこの国のメトロポリスに照準を合わせた。(彼女の著作に長年親しんでいた)職人自由思想家たちとコーネリアス・ブラチリーの急進的な仲間たちの双方が、当初は警戒を示しながらも彼女を暖かく迎えた。地元のジャーナリストたちは、彼女のニューヨーク上陸とその直後からの一連の新しい講演の準備を報じるのに忙しかった。一月三日には一五、〇〇〇を越える人々が、彼女の最初の公開集会のスペクタクル見物に繰り出した。数日後、好奇心に駆られたフィリップ・ホーンが、「この女トム・ペイン」の話を聞きにメーソニック・ホールに出向いた。ライトの教説は、「もし万が一、人々がそれを信じるほどに愚かであるとすれば、われわれの道徳の根本原理を覆すことになる」と彼は嘲笑した。にもかかわらず彼は、「ホール内が満員で、私はごく僅かな時間しか留まっていられなかった」という事実を認めた。(10)

ライトの公演——こうとしか言いようがない——は、目を見張らせる新思想の開示というよりもむしろ、既存の諸思想のエッセンスのかき集めであり、これを使ってのアメリカにおける不平等に対する痛烈な批判であった。彼女の政治経済学は結局、オーウェン主義の相互扶助原理と労働価値説との継ぎはぎ細工であり、両者を人間の幸福という言葉を用いてベンサム流に縫い合わせたものにすぎなかった。彼女の理神論は、ペインの理神論やオーウェンの理神論と大同小異であった。多くの新聞で攻撃された彼女のジャコバン・フェミニズムは、彼女がウォルストンクラフトから直接に引き継いだものであった。こうした多様な見解を従前の自由思想家が成し遂げられなかった形で組み立て直し、アメリカ人の政治信条の琴線に触れる論証法で開示する能力のうちに、ライトの真髄があった。教育に関する最も有名な講演の一つで、彼女は自らの基本的な考え方を次のように述べている。

公衆の精神が平等に啓蒙されていない時、これが共和国といえるものなのでしょうか。その国政は世論によって統治されているのでしょうか。多数者の利害が少数者の利害により制御され、その一方で少数者が知識の法廷を所有し、多数者が告発者として玄関口に立っている、そんな国は共和国なのでしょうか。この国は万人の権利が等しく尊重され、万人の利害が等しく保証され……万人が等しく公務につく共和国なのでしょうか。(11)

ライトはこの挑戦的なレトリックに、従来のニューヨークの理神論者の誰もが比肩できず、おそらく当時のアメリカの講演者の誰も真似できない衝撃的な演技力を加味した。舞台感覚、つまり舞台演技法の戦略的使用のセンスは、一八世紀イギリスのジャコバン派に絶対に必要なものであった。そして、イギリス・ジャコバン主義の嫡子ライトは、彼女の講演を演劇仕立てで提示するよう全力を傾注した。彼女の最初の講演の光景を、ある敵意を抱く報道記者は次のように述べている。

セントポール教会の鐘が開演を知らせると、観客はみんな舞台に向き直った。彼女は一団の女性使徒と一人の体格の良いスコットランド人〔ロバート・ジェニングス〕に伴われ、通路をつたい演壇に達した。この男が細事に気を配り、彼女のマントとクーパー風の帽子を受け取った。彼女は、われわれ男性のように帽子を片手で鷲掴みにして脱いだ。(12)

マントの下にライトは、ニューハーモニーのオーウェン主義者たちが一八二六年に採用したチューニックを着て現れた。これは、彼女の同時代の女性の服装に対する蔑視と新古典主義的理性の礼讃を宣言する、白い木綿地の着衣であった（図版10参照）。それから彼女は話し始めた。その声と演技力が卓越していることはすべての人が認めた。年下のライトの理神論的見解にもかかわらず援助の手を差し伸べてきた、つむじ曲がりのトロロープ夫人は、「この類い希な演説家の華麗さ、素晴らしき才能、そして歴然たる雄弁は、わたしの期待を遥かに越えている」と感動し、記録している。やがてホーンさえもが、彼女の実力をしぶしぶ認めた。ライトは思想家や組織者としては欠点を持っていた。時として自己中心的に饒舌になること、すでに手掛けていることを完了せずに新しい企てにのめり込む性向、これらがその欠点の最たるものであった。だが二九年初めに彼女がまき起こした興奮は、彼女の能力をめぐる疑念を吹き飛ばした。(13)

アメリカの社会的害悪に関する従来の狭隘な解釈に深みを加え、理神論者たちに積極的な改革案を提供して、ライトは瞬く間にニューヨークの自由思想運動に変化をもたらした。リカード派の労働価値説の熱心な信奉者である彼女は、一八二六年のフランクリン共同村の挫折以来、理神論者たちの間で休眠状態に陥っていた経済的急進主義を復活させた。自分はその冬全国で、仕事を失ったり安い賃金でこき使われる正直な職人たちを見て来たと、彼女は「現存する害悪の原因」に関する講演の中で主張した。労働者が政治的権利ばかりか正当な経済的報酬を、無用で節操を欠く貴族、つまり生産を行わない寄生虫に強奪されていることが、問題の原因であった。「宗派による分裂が人の心を互いに疎遠にしているとすれば、階級による分裂は人を直接に対峙させている」と

図版10　フランシス・ライト（1826年頃）

オーウェン主義フェミニズムの衣装を華麗に身にまとった「不信心な赤毛の自堕落女」。当時の人々に最も衝撃を与えたラディカルな演説家・論客。

彼女は主張した。(14)

憂慮すべき社会現象を提示した後で、ライトはお気に入りの論題である教育に向かった。既存の社会的害悪を矯正して平等の永続を保証する方法に関しては、これまで多くの提案がなされてきた。ライトにとっては、アメリカのすべての子供に完璧な学校教育を提供する、真に平等で全国的で共和主義的な教育制度——国家により運営され宗教により汚されない制度——の実現こそが、唯一の理に適った第一歩であった。あまりにも長らく私立学校は、金持ちの特典であった。あまりにも長らく博愛主義的な宗教学校や慈善学校は、腐りきった迷信によって感受性の強い若者たちの心を汚し、ランカスター流の精密さで批判的思考を抑えてきた。こうした抑圧的機関を無料の非宗派的学校に置き換えることによって初めて、アメリカ人は社会的平等と「道徳的統治」のための精神的必要条件を確立することになる。(15)

教育に関するライトの提案は、彼女の同志で『自由探求者』誌の編集者でロバート・オーウェンの息子でもある、ロバート・デール・オーウェンの詳細かつ教条主義的な教育計画によって一部分は示唆を受け、しかも全面的に補強されたものであった。熱烈な改革者オーウェンは、教育の社会的利用の可能性に長年にわたり興味を抱いていた。彼は貧民のための憂慮の念だけでなく、それ以上に彼らに対する恩着せがましい態度をも示した。父親の経済的成功の恩恵に浴したこの青年は、スイスのホウフヴィールにあるフェレンベルク学校に入学した。この学校では慈善的資産家の子弟の教育こそが、社会的不平等を減じる最良の手段として賞讃された。父親流の完全主義に適ったこうした理論が、息子オーウェンの社会的政治信条を形作った。当初彼は協同社会主義の可能性に引きつけられ、一八二五年に父親に随ってニューハーモニーに向かった。オーウェンは結局この実験を通じて、一部の人が主張するような富の不均等分配ではなくて、教育の不平等こそが貧困の主たる原因であるとの結論に達した。ニューハーモニーでライトと出合った後の二七年、オーウェンはナショバ共同村に参加し、『自由探求者』の前身となる『ニューハーモニー・ナショバ新聞』に執筆し始めた。二九年一月にニューヨークに移住した後、彼は自分とライトが発行する週刊紙を、私立教育と宗派教育の悪弊とすべての子供を対象にする完全に世俗的で国家が支援する学校制度の草案の議論で埋め尽くした。(16)

国家が後見役を務めるというオーウェンの計画は、理想主義的な社会改革と環境決定論的教育理論を結合し、公立学校教育への先例のない政府介入を求めるものであった。すべての子供が、二歳になると家庭から引き離され政府が運営する学園に一六歳まで収容されることになる。生徒全員が同じ衣服を着て同じ食物をとり、ペスタロッチ方式によって同一の教育を受ける。いったんスラム生活による堕落から救い出された子供たちは、休暇の時にも自宅に戻ることは許されない。子供の両親は悪い影響を及ぼす可能性があるので、適切な間隔をおいての訪問は許されても学校の体制に差し出口を挟むことはできない。こうしたフェレンベルク学校に似せて立案された啓蒙の平等主義的集合住宅から、「アメリカの自由な制度を完成させる……人種」が誕生するはずであった。(17)

ライトとオーウェン、特にオーウェンに関しては、以前の自由思想家や急進主義者たちに典型的に見られた合理主義的独習主義や合理的秩序に対する敬意が、ポスト啓蒙主義のベンサム主義的改革の、より権威主義的衝動によって圧倒されてしまったものと見なしたくなる。実際、アメリカの都会の貧民街についてのオーウェンの描写は、彼が向上させようとしている人々に対する嫌悪感を示している。一八三〇年に彼はそこを、「粗野と無礼な言葉と、卑しい作法と不道徳な習慣を学ぶ」場所であると考えた。この精神構造は、オーウェンの三〇年のパンフレット、『道徳生理学』にも継続して再現された。その疑似マルサス主義的男女同権主義のパンフレットで、彼は貧困の責任はその大部分が貧民の無分別な性的放縦にあると主張して、産児制限を擁護した。(18) ライトとオーウェンは『コレスポンデント』一派以上に熱心に禁酒と節約と勤勉を宣伝した。禁酒運動の持つ宗教的・政治的動機を調査せずにニューヨーク市禁酒協会とその新たな下部組織である青年禁酒奨励協会を宣伝することになった。(19) 時として彼らの著作や講演は、周囲の急進主義者たちのそれまでの仕事から逸脱しているように見えた。教育と両性間の平等と聖職者の政治勢力への反対、彼らがこれらを強調したことは、ブラチリーやバイルスビーのパンフレットとほとんど通じるところがなかった。また、父オーウェンの全く異なる家父長的ユートピアから退いたことで、彼らは経済的協同を軽んじることになった。あからさまに国家権力に依存する彼らの計画は、自由思想家たちも含めて従来のあらゆる急進的提案と関係を絶つものであった。何よりも先ずこの教育問題に焦点を合わせ、自分たち科学的な「自由探求者」だけが共和主義倫理を指図することができると信じ込ませようとしたという点で、ライトとオーウェンの主張は、時には彼らが攻撃する福音主義者たちと同様、権威主義的かつ道徳主義的な論調を示した。実際、教育の向上に関しては、ニューヨークの企業家たちもまたこの問題が、共和国の生存にとって重大であることに同意していたのである。

にもかかわらず、ライトとオーウェンは急進主義者であり、二〇世紀的観点から見れば中産階級的と呼ばれる種類の急進主義者であった。彼らはお上品な懐疑論の談話室から非正統的完全主義思想を抽出し、熱心にそれをこの国の暗黒の街角に持ち込もうとした。その際彼らは、自分たちの活動が憤激した伝統的信仰の擁護者を挑発する結果起こる（時には暴力を伴う）罵倒に対して敢然と立ち向かった。ニューヨークで彼らは街外れの広い邸宅に住んでいたが、好奇心溢れる合理主義者の職人たちの間に知的拠点を容易に見出した。彼らの主要な主張は、職人たちの無信仰とペイン的共和主義の伝統的思潮に沿うものであった。彼らの講演や論文は、その大部分が聖職者と天啓と「政界の自称キリスト教政党」に対する攻撃であった。同時にライトとオーウェンは、貴族と聖職者に関するや時代遅れの自由思想のレトリックとリカード派の労働価値説を結合し、さらに個々の道徳改良家や敬虔な編集者に攻撃の矛先を向けることによって、宇宙の神秘を見抜くことに無関心ではいられない人々を含めて、既存の自由思想界とは無縁の雇われ職人や小親方の関心をかき立てた。極めて非妥協的に武骨であること、つまりお偉方の世論から異端視《パーリア》されることによって、ライトとオーウェンは崇拝者を勝ち得た。間もなく自称「ファニー・ライト・メカニックス」が理神論者の基準からすれば粗野なパンフレットを発行し始め、「自由探求者」への連帯感を表明しルイス・タッパンとエズラ・スタイルズ・イーリを画いた冒瀆的漫画を掲載した（図版11参照）。古来の民衆的反教権主義が再浮上し、風刺文と滑稽詩で商人資本家と福音主義運動を嘲り笑った。

アーサー・タッパン、アーサー・タッパン
たまにはいるさこの国に
てめえの聖餐受ける奴
たいていそいつは御利益目当て

ついに煽動家たちは、こうした題材を活用して、『コレスポンデント』に群がった人々が用いたより遥かに辛辣な言葉で、普通の職人たちの目から見た企業家たちの福音主義改革の持つ偽善性、傲慢さ、反共和主義的意図を暴露することになった。(20)

だがライトとオーウェンの最大の功績は、彼らが語ったことよりも、職人居住区に急進主義文化を育むために彼らが行ったことにあった。一八二九年四月から「自由探求者たち」は、茶目っ気たっぷりにバワリー通り近くのブルーム通りにある放棄されたエビニザー教会を拠点に活動を展開した。ライトは、その倒れそうな建物を科学会館と名づけた。「宗派の信仰のために建てられ献じられたものであっても」と再開館式典に際しライトは次のように宣言した。

本日、この建物は普遍的知識に捧げられるのです――敷居をまたぐに際して、われわれは階級の違いを棚上げにせねばなりません。宗派とか党派の名称やそれへの思い入れについても同様です。自分自身とお互いの中に人類としての、生きている仲間としての単一の人間性を認識せねばなりません。そして一つの家系の子供たちとして腰をお

図版11　自称ファニー・ライト・メカニック作の反福音主義の漫画（1831年）

ADVERTISEMENT.
WANTED, for the use of the Bible, Tract, and Missionary Society, a number of JACKASSES of the real Tappan breed: they must be in first-rate order.—A number of JENNIES are also wanted, but they must be of pious breed, and warranted not to run after the Jacks.
The plate above, represents a Jackass, well fed, and in fine order, laying golden eggs, which a Priest receives in his hand, whilst with the other he lifts up his tail. He says to his colleague, who stands by the head of the ass, "We must administer a gentle dose of physic; he dont seem to give very freely." The ass, (who like Balaam's ass has the power of speech,) says, "I understand you, Mr. Parson; I know you are never satisfied until you have all; but I'll take care you dont reduce me to a skeleton, like my poor neighbour, whom your colleague is now kicking away.

信仰復興運動を推進するフィニー派が公表したメロポリスでの冒瀆的な売春の暴露に応答して出版された卑猥なパンフレット『売春報告バーレスク』から。*Courtesy, New York-Historical Society.*

図版12　科学会館（ブルーム街，1830年）

HALL of SCIENCE.

ろし、忍耐強く探求を続け、謙虚に学ばねばならないのです。[21]

ライトの軽装の狩りの女神風の服が彼女の男女同権論を示すのと同様に、新たな円柱が備えられた建物正面によって理性の殿堂らしくなり、会館の設計そのものが自由思想家たちの合理主義への献身を宣言していた（図版12参照）。このニューヨークの小親方と雇われ職人の居住地区の真っ只中に、ライトは彼女の発行する新聞の事務所を構え、急進的な自由思想活動の中枢を確立した。日曜の夜が毎週の集会にあてられた。それ以外の時には会館は、志を同じくする演説家を迎える様々な目的の講演会場や昼間の学校、理神論者による子供のための日曜学校や成人のための読書室になった。後にライトとオーウェンの支持者たちは、無料施療院を併置した。タマニー・ホールと僅か数街区の距離で相対した科学会館は、これまでの自由思想家の施設に比して大きな前進であり、来館を期待されている人々の物質的・知的・精神的要求に応える最初の急進主義の公式の学院であった。この企画を補足するために、（『自由探求者』の印刷も手掛けた）ジョージ・ヘンリ・エヴァンズを含むライトとオーウェンの支持者たちは、ヴォルテールの『百科全書』からイライヒュ・パーマーの『自然原論』に至るまでの急進的理神論の古典の新版を発行し、会館とエヴァンズの店で販売した。[22]

混乱はあったものの、この実験は少なくとも表面的には成功した。性解放に関するライトとオーウェンの見解は予期せざる注目を集め、日頃穏やかなフィリップ・ホーンを激怒させ、彼らは人類の道徳的・宗教的絆を破壊しようとしているのだ、と言わしめた。警察が何度も、自由探求者協会の講演会を護衛しなければならなかった。ライトのニューヨーク到来直後に少なくとも一度は、ある男がライトの演説している会館に対して火のついた樽を投げ入れた。合衆国で演壇に登った最初の女性有名人ライトの魅力もまた多くの聴衆をひきつけたにちがいない。確かに聴衆の多くは、彼女の話を聞くよりも彼女を一目見るために集まった。だが一二〇〇人収容できる会館は、ライトが演目に名を連ねない時でも常に満席であった。しかもその大半は職人だったようである。『自由探求者』は経費を賄うほど十分に売れた。自由思想関係の書籍類の値段は各々五セントから二五セントの間で、年間総売上は三〇〇〇ドルに達した。ブルックリンの家大工でクエーカー自由派のウォルター・ホイットマンは、定期購読者の一人であった。彼の一〇歳になる息子のウォルトは、ライトの講演の「興奮」に加わったことを後に回想し、ファニーを「甘美な思い出の中でも最も心地よいもの」として記憶することになる。「われわれ全員が彼女を愛していて、彼女の前にひれ伏した。彼女が現れただけで、われわれは魅入られてしまったようであった」。彼女の思想とオーウエンの思想に鼓舞されたこの少年は、後に詩人として世に出ることになる。こうして一八二九年に、彼らの思想は小親方と雇われ職人を急進主義と政治に向かわせることになった[23]。

だがライトとオーウェンが支持者を獲得したといっても、ニューヨークの不満を抱く職人や職人労働者すべてを転向させた訳ではなかった。機械工トマス・スキドモアはその最たる例である。スキドモアの痛烈な批判に満ちた一八二九年の著書『財産に対する人間の権利！』には、個人と社会を完成するための教育の力に対する自由思想家たちの信念は微塵も含まれていなかった。自由思想家たちやオーウェンの仕事よりもバイルスビーの仕事に立脚したスキドモアは、既存の財産関係の変革に希望を託した。「最も簡単に理解できる明白な事がある」とスキドモアは切り出した。「財産が不平等である限り、もっと正確に言えば財産が甚だしく不平等である限り……財産を所有する人々は他人の労働に頼って生活するという事実である」。スキドモアはオーウェン父子のような「政治的夢想家たち」の計画を嘲笑して、「われわれが荒療治して」財産の「完全で全般的な再分配を行って」初めて、労働者と貧民の権利は勝ち取られると主張した。こうして最終的には、剝奪された人々が財産に対する自分たちの自然権を摑み、独立生産者の現世の共和国、「抑圧者と被抑圧者の双方」を無くする国家を樹立する。そして、この国家は「一方における権力の集中と、他方における困窮、衰弱、貧困、この両者を廃絶し、抑圧者も被抑圧者も、勝者も犠牲者も共に廃絶する」。労働価値説から生まれた急進的批判は、一挙に社会革命の要求へと転化したのである[24]。

仮定の問題として考えれば、一八二九年に至るトマス・スキドモアの道程がオーウェンやライトの辿った道程とこれ程大きく分岐することは、必ずしも必然の成り行きではなかった。実際、彼の伝記はオーウェンやライトが説得の対象とした典型的な独学の職人科学者の伝記として読める。一七九〇年にコネティカット州ニュートンの貧しい家庭に生まれたスキドモアは、早くから賢い生徒として目立っていた。彼は一三歳で地元の地区学校の教壇に立って、家族の扶養を手助けした。彼の少年時代は一八〇九年に終わった。この時彼は、賃金を全部父親に渡さずに半分は自分のために取っておきたいと主張した。しかし、一八三〇年代のスキドモア伝記記事作家の当世風の用語を借りれば、父親はこの少年の稼ぎを「独占」し続けようとした。家族と離れて伯父（後に政治的口論がもとで喧嘩別れした）と暮らした後、一八〇九年にスキドモアはニューイングランドを後にした。先ず彼はニュージャージー州プリンストンに移り住むが、その後すぐに巡回教師としてノースカロライナ州を南限に東部沿岸地方を渡り歩き始めた。それでも満たされなかった彼は、一五年に突如方向転換してデラウェア州ウィルミントンに向かい、そこで応用科学への関心を涵養して、針金・製紙・火薬などの様々な製造業工程に関する実験を行った。こうした実験はおそらく徒労に終わったようだが、いずれにせよ彼は一八一九年にニューヨークに移り住み、そこで結婚して機械工として仕事場を開き、改良型の反射望遠鏡を開発する事業に着手した。同時代の他の多くの万能職人と同じく、スキドモアは彼の仕事場に埋もれて一生を終わるか、さもなければ精々が短命な職人雑誌に言及されるのが関の山であるように思われた。ある知り合いの回想によれば、彼は「科学上の学識」を欠いてはいなかったが、「科学者の間で決して名声を得ることがなかった」男であり、「理論よりも実践に基づいて」働く人物であった(25)。

だが政治の理論と実践にスキドモアが没頭したことが、結局は彼自身とニューヨークの政治状況を変えることになった。少年時代に自分はウィリアム・デュエインの『オーロラ』に載った民主主義的意見に胸躍らせた、と彼は回想している。そこで彼がトマス・ペインやイギリス・ジャコバン派の著述と出会ったのは、ほぼ確実である。一八二〇年代末まで、彼はロックやルソー、ジョウエル・バーローやジェファソンの著作を十分に消化して政治哲学書を広く読み続けた。ペインは、「おそらく比類なき活動力と能力を備えた、あらゆる国家の人民の権利を支援する」愛国者として、スキドモアに最も深い印象を与えた。二〇年代末、彼の最も親しい仲間だった印刷工のアレクサンダー・ミングは、かつて世紀転換期にはペインの自由思想サークルの中では有名な人物であった。だがスキドモアはまた政治経済学に関する最新のパンフレット、特にリカード派のパンフレットも追い続けていた。フィラデルフィアのダニエル・レイモンドの失業の経済的原因に関する論文が、バイルスビーの『不平等な富の原因と結果に関する所見』と同様に彼の目にとまった。熱中の度合いは低かったが、ロバート・オーウェンの計画案やニューハーモニーの盛衰についても読み知っていた。一八二八年、ついに彼は政治の世界に足を踏み入れた――アダムズ派の市の候補者指名大会の代議員及びアメリカ体制友の会の通信委員会の一員としてであった。振り返って見れば、彼とアダムズ派とのつかの間の絆は奇異に思われるかもしれない。だが個々の問題に関して見れば、この提携には筋が通っていた。スキドモアは野蛮な独占として免許制競売を忌み嫌った。彼は外国の資本家が共和国の商工業を乗っ取るのを防ぐ手段として、保護関税を支持した。彼は政党民主主義とそれがもたらす政治的節操の低下を懸念した。アダムズと同様に彼は、「道路や橋や運河などに関する限り必要かつ有益な公共事業」として、商業的開発への政府援助に賛成した。(26) だがスキドモアは一時的にはアダムズ派に加わったにもかかわらず、財産と政治と社会に関する彼自身の発展しつつある見解は、連邦政府やアメリカ協会の見解とはほとんど相容れないものであった。選挙の大失敗の後、彼はまた別の計画、即ち国家の諸悪とそれへの彼の改善策の総括のための研究に戻った。その総括の書が、アダムズ派もジャクソン派をも同様に仰天させることになる。

『財産に対する人間の権利』はそれ以前にアメリカ人によって書かれたものの中で最も徹底的に「土地均分論」的な著述ではあるが、一見、自然権と共和主義的独立の教理を労働価値説に合致させる従来の試みの繰り返しにすぎないように見えるかもしれない。スキドモアは、先達から広範な借用を行っている。だが労働と財産関係についての彼の解釈は、新たな理論的展開を示している。厳密に言えば労働は、多くの人が信じるようにそれ自体が価値を持つのではなく、自然的素材としての財産の価値を増加させることのできる人間の能力にすぎないとスキドモアは主張する。この違いを念頭において、事実上スキドモアは彼の理論から、それまでの急進的著述家たちが触れずじまいだったロック主義的要素を排除した。労働でさえ財産と等置できないのだとすれば、財産を私有財産に転化することは何者も正当化できない、と彼は主張した。いかなる場合にも、財産は社会全体に帰属すべきものであった。私有財産を永続化させるすべての法と、相続を通じての財産譲渡とは、「人間の心に刻み込まれた」自明の原理を侵犯するものであるとスキドモアは論じた。そしてこの原理によって各人は造物主が人類に与えた財産に対する平等の権利を持っているというのである。最も重要なことは、スキドモアの定義によると、既存のあらゆる財産所有が正当化の根拠を欠いていたことである。ルソーやバイルスビーなどは、政府が組織されたまさにその時に、財産が不平等に分配されたとしていた。さらにスキドモアははっきりと、あらゆる蓄財はたとえそれが個人の労働によって「稼がれた」ものであっても、自然権の根本的侵害に基づくものであると論じた。他の著述家たちが告発した多くの社会的・経済的抑圧は、賃金関係を含めて、元々のこの不平等な分配から直接的に生じたのである。だから相続権の廃止を要求したり、人間の労働が産み出す価値のより公正な分配手段を工夫するだけでは不十分であった。全財産の再分配以外には、自然の諸法を回復させ得るものはなかったのである。(27)

このような認識をその論理的帰結にまで推し進める前に、スキドモアはアメリカの政治制度と社会生活を精査して、私有財産の神聖不可侵性が人間の心をどれほど徹底的に腐らせたかを示した。先行する急進主義者たちとは対照的に彼は、ジェファソンやペインという最も平等主義的な建国の父たちの理論的弱点を摘出するために特に精力を傾けた。この二人が政治的権利の問題に没入したのに対して、スキドモアは私有財産制の上に建設される共和国という発想そのものを不条理な諸悪の根源であると見なした。

> 天地創造の産物は、賃貸されるべきものなのか。人類の大多数は、今や政府が建設されているのであるから世界は自分たちのために造られたと主張している人々に雇われるべきものなのか。ついでに空の風まで売ったらどうだ。金がなければ息もつけなくなる。ついでに太陽の光も売ったらどうだ。そうすれば、お日様を見るためにさらに金持ちどもを作らなければならなくなる。[28]

同時代の政治的民主主義者たちを論駁するため、彼は続けてアメリカの様々な制度が結局、いかに私有財産による悪政を強めることになったかを示した。しかも、それらのうち幾つかは、かつての急進主義者たちが全く無視していたものであった。ジェファソン、さらにはジャクソン派が容認していた奴隷制度は、スキドモアにとって自然状態に反するアメリカ人の犯罪の典型であった。つまりそれは、奴隷化された黒人に対して無産の白人を対峙させ、少なくとも一部の奴隷たちに彼らの隷属状態は、自由だが財産のない状態よりはまだましだと確信させているという犯罪であった。私的銀行と特権的な独占や法人(様々な理由から企業家たちが告発している企業を含む)、そして私的教育と私的所有の工場、これらすべてが腐敗した金持ちの権力を補強した。国家の政治装置は、その非民主的な諸特質によって全く損なわれていた。スキドモアは特に二院制議会、判事任命制度、選挙権の白人男性への限定を取り上げ、これらはすべて少数の財産所有者たちの恐怖心から生まれたものであると指摘した。インディアンと黒人と女性の公民的・経済的権利を抑圧する社会的・法制的仕組みは、アメリカ人の「平等」の限界を示すものであった。ライトと同じくスキドモアは、奴隷制廃止論者であると同時に女性の権利の擁護者であった。[29]共和国の道徳性そのものが、私有財産によって歪められていた。「働く意志のない人間は餓死すべし」、スキドモアが引用するあるニューヨーク市議会議員のこの意見が、その逸脱を典型的に示していた。スキドモアは次のように反問した。

> 金持ちがそうするのと同様、貧者が働いて稼がずに晩餐にありつくのは理に適っていないのか。権利に相違がある

と言うのか。ある階級にはある種の権利があり、別の階級には別の権利があるというのか。ある人間が行えば犯罪になることを、別の人間は合法的に行えるのか。われわれは自分たちの間に二つの法典を有しているのか。われわれは、リリパット国の住民用の法律とブディンナグ国の住民用の別の法律を有しているのだろうか。(30)

スキドモアにとって、答えは明々白々であった。

これらの問題の各々に対してスキドモアは、徹底して唯物論的で徹底して民主的な「土地均分論」に基づく解決策を提示した。即ちそれは、貧民と「平等権の友」による政権の合法的掌握及び既存の全財産の没収と平等な再配分であった。ではその政権掌握はどのようになされるのか。「クレイとかジャクソンといった連中の運動に参加する」人々とは袂を分かち、既存の民主的形式を異なったやり方で利用する、とスキドモアはさらに続けて主張した。権利を剥奪された人々は、スキドモアの著述によって当然教化されるはずであり、一大大衆運動へと結びつけられ、この州憲法修正会議を召集しこれを掌握するのに十分な代議員を各州議会に選出することになる。召集後すぐに、この憲法修正会議が貧民の力を統合すべく成人全員に投票権を付与する。こうして強制収用と再配分の過程が始まる。あらゆる形態の財産——教会堂、大小の土地、機械、工場——が没収の対象になる。工場のように分割不可能な形態の財産はコミュニティーが保有して操業することになる。銀行も同様となる。再分配の後に諸個人——あらゆる人種の男女——は、各人が平等な財産額を有し見事な協同的独立を保って、各人の選択に従って働くことを認められる。優れた才能を持ち勤勉で知性ある人々が不可避的に生産性で勝り、己れ自身と社会全体により大きな貢献をなすこと、それ故に一定の付加的富、すなわち彼が十分に公正かつ尊敬に値し平等主義的と考える種類の私有財産を蓄積するのは当然である、とスキドモアは結論づけた。スキドモアには、後に敵対者たちが非難するような、アメリカを全面的共同所有に基づく原始共産制状態に後戻りさせる意図はなかった。だがもし相続制が廃止され、分与・蓄積されたあらゆる財産が所有者個人の死去に伴って没収され（成年に達した人々に公平に再分配されるなら）、そうした生得的差異が搾取の特権や恒久的な社会的不平等へと固定化されることはない。社会的抑圧と政治的暴力は徐々に消滅し、「終には貸主も借り手も、地主も借地人も、親方も雇われ職人も、富も貧乏もなくなる」。そうすれば統治は最小限必要なものだけになるというのが、スキドモアの考えであった[31]。

マルクスによる収奪者からの究極的収奪という説明がマルクス自身の生きた時代においてそうであったように、これはスキドモア自身が生きた時代においては奇想天外な分析であった。このテクストは、アメリカの職人急進主義者の探求心溢れる野心的気質をその絶頂にまで高めたものであった。独学の知識欲旺盛な万能職人であるスキドモアは、ジョナサン・スウィフトからラングトン・バイルスビーに至るまでの彼が集めたすべての資料を、それまでの最も急進的な人々でさえ敢えて挑戦しなかった諸制度や位階制に対する容赦なき攻撃のために投入した。独学者特有の冗漫と時折見られる回りくどい表現によって、話の通りは悪かったが、スキドモアの個人的失望や苦闘への憤りによって議論は迫力に満ちていた[32]。そもそも「実践的」科学者であった彼は、絶えず最大限広範に疑問を追求し、極限まで探求と提案を推し進めた。後にある政治的敵対者が主張したように、スキドモアの戦闘的態度としばしば見られる傍若無人な過信――「他の連中はすべていかさま師だ」と彼は批判者に応えたといわれている――は、野心よりはむしろ、彼の論理に従えない、あるいは従う意志のない人々に対するスキドモアの募る欲求不満を示していた[33]。

スキドモアの著作の持つ政治上の戦闘的性格は、彼の主要な急進主義の競争相手である、「自由思想」教育改革家たちの思想との比較対照を通じて容易に理解できる。簡単に言えば、スキドモアは自由探求者たちの分析を逆立ちさせたのである。富の不公正分配は頭の中の迷信の結果ではなくて、その原因であると彼は主張した。よく言えば教育改革家たちは見当違いをしているのであり、悪く言えば彼らは詐欺師であった。スキドモアは全般的財産再分配後の州支出による平等教育の計画を立てる一方で、オーウェンの「思いつき的諸論文」を貧民が自ら自然権を行使するのを否定する悪ふざけだと考えた。現在のところ貧民が学ぶ必要のある唯一の教訓は、彼らが彼らの所有物を得る権利を付与されていることだ、と彼は主張した。この点を明確化する時ほど、スキドモア綱領の独創性を示すものはない。自由思想家たちは労働者に健全な理性を授与して彼らを平等へと導くことを願った。スキドモアは権利を剝奪された人々が自ら闘う政治運動を追求したのである。(34)

全般的に見てスキドモアが再定式化した政治経済学は、通常ジャクソン期アメリカから想像できないような平民的・反資本主義的革命論に到達していた。無論彼は、ブルジョアジーとプロレタリアートという言葉で考えたわけではない。一七九〇年代の尖鋭的なサンキュロットやイギリスのジャコバン派と同様、そしてまたリカード派による生産者と非生産者とを分かつ区分法に従って、彼は小財産所有者と生産的職業に就く人々が財産を持たない人々と連帯して寄生虫どもに対抗することを期待した。いくつかの点でバイルスビーの『不平等な富の原因と結果に関する所見』は、労働の不等価交換の全体系と資本蓄積の力学による不平等を議論することで、ニューヨークの労働現場の状況をもっと直截に語っている。これに比べるとスキドモアの土地均分論は、抽象的で静態的かつほとんど非歴史的ともいえる性格を持っている。だがスキドモアは、私有財産制の非合法性を執拗に力説することで、金持ちに直接負担をかけさせる社会関係全体に係わる仰天すべき革命の展望を提示した。勿論そこでは、新たな賃金関係も革命の対象とされた。旧来の雇われ職人組合の専ら賃金と自己保全にのみ固執する態度は、そこには無い。ブラチリーのキリスト教に基づく農村共同体もロバート・オーウェンや自由思想家たちの博愛主義的構想も、そしてバイルスビーによる生産協同組合という選択肢も同様に消え去った。それらに代ってスキドモアは、資本家の蓄財を排除し、非生産的富豪を抹殺するための直接的かつ即時的な政治行動を提案したのである。

しかしこのしがない機械工の革命構想は、具体的に当時の現実にどのように関連し、どのような積極的意味を持っていたのか。確かにスキドモアは「代表的」見解を主張した典型的職人ではなく、当時、彼のような煽動家はほとんどいなかった。しかし、何はともあれスキドモアという人物とその著作は、リベラルなジャクソン期アメリカが独学の職人たちの間に類い希な大胆さを備えた反資本主義的見解を産み出し得たことを立証している。さらにスキドモアの思想は異端的ではあったが、職人たちの最も中心的な政治的・社会的理想に依拠し、これを擁護するものであった。元々彼の政治活動に霊感を与え、彼の著作の題名を思いつかせたのは独立革命であり、特にペインの著作であった。真に平等主義的な小生産者の共和国を確保することが、彼の究極的目標であった。彼の構想する革命も、注意深く計画された、徹底的に民主的な線に沿って実行される筈であった。ニューヨークの貧しい親方と職人労働者に最も身近な言葉でスキドモアが訴えたもの、それは一八二〇年代に様々な形で表現されていた恐怖心の高まりであった。アメリカには恐ろしく不正な何かが存在する。それは建国の父たちが予想だにしなかったものであり、社会的特権と不平等を生み出し、共和国を内側から破壊しつつあり、除去されねばならないものであった。[35]確かにスキドモアの診断と処方は、ごく少数の支持者を自称する者以外の人々には手放しで同意できるものではなかった。だが時の流れに追い詰められた小親方、特に独立も真面目な仕事も期待できない雇われ職人にとって、スキドモアの告発と解決策の真髄は、少なくともジャクソン派のレトリックやアダムズ派の提案よりは、信頼に足り説得力があるように思えた。二九年の出来事が、その潜在的説得力と政治的重要性を間もなく劇的な形で明らかにすることになる。

自由探求者たちとスキドモアとは、一八二九年における急進的な二大勢力（と同時に競争相手）となった。しかし失意の状態にあった製造業者と職人と小商人から成る第三の集団も存在し、彼らも最終的には「勤労者」運動の支配権を争うことになった。彼らは、二八年から翌年にかけての冬に政治的に失望した人々――競売反対論者や高関税支持者、禁酒運動家やアメリカ協会の会員――であり、彼らにとってはジャクソン派の勝利と結集は異例の災難であった。ノア・クックという名の委託売買人は、その一人だった。クックに関して現存する僅かな史料からは、絶えず動き回って必死に金持ちになろうとしている小企業家像が浮かび上がる。もし、トクヴィル的アメリカ人がいるとしたら、彼こそ正しくそのような人物であった。一八二〇年代のある時点で、彼はエリー運河航路のニューヨーク代理人を務めているが、他の史料では薪行商、農村不動産の投機、鋳鉄製粉所とリンゴ酒精製用濾過機の特許権販売を行っている。二八年に彼は、アダムズの選挙運動で活躍して政府支持派の州大会の代議員を務めた。彼はまた、アメリカ協会の重要な会員でもあった。彼は二八年から翌年にかけての冬中ニューヨークに滞在し、政治の動きに目を凝らし続けた。それと同じ頃、大工親方のヘンリ・ガイアンも自らの政治的進路を模索していた。ガイアンは業界最大手の雇主であり、職人同業者総会の一員、アメリカ協会の創立会員、ニューヨーク市禁酒協会への寄付者であると共に二八年にはアダムズ派であった。二八年から翌年にかけて、彼は本業と職人同業者総会及びアメリカ協会での職務に復帰した。(36)

一八三〇年以前にはクックもガイアンも、自分の立場を活字で公表していない。多分このために、彼らは何か特定のプログラムを推進することよりも、ジャクソン派に対抗して己れの蓄財を図ることに関心を寄せる日和見主義的な政治陰謀家として主に記憶に留められてきた。(37)確かにこの二人は政治に強い関心を抱いており、理想主義の代弁者という公的立場よりも秘密会合のフィクサーという目立たない役回りを好んだ。だがこれだけから、彼らを無節操な連中とは決めつけられない。特にガイアンは、アメリカの経済成長に関する一貫した企業家的見解を推進する運動に係わっていた。クックやガイアンやその仲間たちは、すでに政治経済学に関して自分たちの考えに合致した多くの集団や候補者たちと協力して来た経験を持っていた。アダムズも彼らの支持候補者の一人であった。したがって彼らはパンフレット発行や講演会開催よりも、当然、友人や同調者たちの既存のネットワークを頼りにすることになった。一八二九年初頭における彼らの大問題は、ジャクソン派への政治的対応策を押し出す助けとなる争点を手近に発見できないことだった。アダムズが去ったことで彼らは全国政治の忠誠の対象をヘンリ・クレイに転換したが、それ以外に差し当たって反ジャクソン連合に仕立て上げるべきものはほとんどなかった。平等主義的憤激と反ヴァン・ビューレン派の政治操作との奇妙な混合体であった反メーソン派は、発展途上のエリー運河タウンや州北部の農村で反ジャクソン勢力を結集する助けとなったが、メトロポリスではほとんど力がなかった。反競売論者たちが再び行動を活発化させたが、すでに達成したこと以上のものを手にする見込みはなかった。二九年一〇月頃、商人のウィリアム・ローレンスのような反ジャクソン派はいずれ将来彼らがヴァン・ビューレンの銀行計画のような「ローカルな争点を利用」できるようになるのを期待したが、依然として近未来に関しては悲観的であった。[38]だがクックとガイアンが（全く紳士らしくない方法で）立証することになるように、反ジャクソンの企業家運動は異常な政治状況の只中で、全く予想外の同盟軍の助けによって前進することになった。

急進主義運動

「勤労者」運動は、急進的雇われ職人たちの異議申し立てとして始まった。一八二九年初頭のニューヨークは深刻な景気後退に見舞われたが、それは例年にない厳冬と州北部の金融勢力に対するヴァン・ビューレン州知事の「特別優遇」をめぐるマンハッタンの銀行家たちと知事との対立によって悪化させられた。二五年以降増加していた破産譲渡件数は、一九年恐慌時の水準に達した（下巻付録図1参照）。何千人もの職人が施しを受けることを余儀なくされ、市民の中には大衆祈禱集会を催す者も出た。[39]三月中旬、石磨きの半熟練雇われ職人たちによる暴力的な賃上げストライキとその失敗が、諸業種内の緊張を高めた。この春には、業種は特定されなかったが大雇主たちが最近の損失を補塡するために労働時間を一日一〇時間から一一時間に引き延ばそうとしているとの噂が広がった。ある雇われ職人のグループが、新労働時間が実施された場合のストライキ呼びかけを検討した。実際にはその代わりにトマス・スキドモアの勧めもあって、彼らは適切な行動を提案するため、できれば雇主たちを縮みあがらせる一連の決議文を採択するため四月二三日の大衆集会を呼びかけた。「非常に多数の職人たちの集会」と後に記述されるこの集会で、危機感を抱いた『コマーシャル・アドヴァタイザー』紙によれば、人々は「社会をその原初的構成分子にまで解体させる」原則を宣言した。この決議文はすべての雇われ職人たちに、「社会の第一の法」即ち真面目な仕事と公正な報酬を得る権利を維持するため、一〇時間を越えて働くことを拒み、「正当かつ誠実に雇用される」ように呼びかけた。さらに不穏なことに、この雇われ職人たちは「万人は社会の大多数の同意に基づいて各々の財産を所有するのであり、その他の権利要求の根拠に基づくのではない」という主張によって、自分たちの要求を支えていた。突如として、急進的な土地均分論が新たな形の労働組合主義に結びついたのである。(40)

五日後、この結びつきはさらに強化された。この日職人たちの群衆、その数およそ五、〇〇〇人から六、〇〇〇人が、雇われ職人と小親方の居住区の中心バワリーでの大衆集会に大挙して繰り出した。「造物主は万人を平等に創造した」と宣言した後、この集会は、如何なる人間と言えども「正当な仕事で他人と同じように快適に暮らせる保証を受けない限り」、職人や労働者になるために土地に対する原権を放棄することはあり得ないと決議した。金持ち、「あるいは雇主」の権利も貧者の権利以上のものではなく、過度の長時間労働を要求する者はすべて、市民同胞の権利に対する抑圧者とみなされた。集会は直ちに、一日当たり一〇時間以上の労働を求める親方に対してはストライキを打ち、長時間働くすべての賃金労働者の氏名を公表し、さらにストライキ中の職人やストライキを組織しようとする人たちを援助する具体案を作る五〇人委員会を任命することを全会一致で決定した。(41)

ニューヨークの諸業種の雇われ職人たちが、この事態の進行を支配したことに疑問の余地はない。錠前工と鍛冶工が双方の集会の議長を務めた。当時、オーウェンとライトの後見を受けていたジョージ・ヘンリ・エヴァンズのその後の回顧によれば、四月二八日、「委員会〔五〇人委員会〕に多数の職工を雇っている『ボス』を入れないよう細心の注意が払われた。しかも、委員会をなす圧倒的多数は雇われ職人だった」。フィラデルフィアの職人労働者たちが二年前に行ったように、彼らの活動によって委員会はかつてないほどに効果的な中央組織を職種横断的に結成するに至った。(42)「正式にきちんと雇われるべきであり」、低賃金や長時間労働は甘受すべきでないという彼らの要求は、現場の労資関係の変化に対する不安を端的に示していた。彼らが貧困と不公正な労働条件の原因をより突っ込んで説明しようと試み、「金持ち」と「雇主」を同一視したことは、彼らの関心が労働時間と賃金の問題を越え、既に階級分化の出現に向けられていたことを示している。あとはこの分析が受け入れられるのか否か、五〇人委員会が継続的運動を生み出し得るのか否か、だけであった。この時トマス・スキドモアは『財産に対する人間の権利』の原稿を執筆中であったが、彼の委員会内での存在が、その結果を左右するカギとなった。

四月二八日集会の直後、疑いをかけられていた雇主たちが労働時間を延長する計画をすべて否認した。にもかかわらず五〇人委員会は会合を重ね、雇われ職人が採るべきこの先の行動について議論し続けた。夏までに来るべきこの地方の州議会選挙に雇われ職人と貧しい小親方から候補を擁立することが決議され、提起された様々な綱領の善し悪しについて初秋まで議論が重ねられた。選挙活動への参入が決定されていたので、委員会は雇われ職人以外にも手を差し伸べ、小親方や職人業種以外の賃金労働者に係わりがありそうな一連の改革――信用・銀行業の廃止から免許を受けた競売人の禁止まで――を要求することに同意した。もっと広範な哲学的問題に関しては、委員会はスキドモア支持派と財産についてのスキドモアの見解に異議を持つ穏健な少数派とに分裂した。だがアメリカ社会の基本構造が「金持ちを一層富ませ、その数を一層少なくし、貧乏人を一層貧しくし、その数を一層多くする」傾向を持つことを全員が信じていた。三カ月かかって、彼らは政治宣言の内容と文言を練り上げた。(43)

雇われ職人とこの委員会とは全く別に、ライトとオーウェンおよび自由思想家たちが、ニューヨークの職人たちの間で独自の組織化活動に着手した。三月と四月にライトは、勤労者と生産諸階級と「現存する諸悪」に関する講演を行った。雇われ職人たちが二回目の集会を準備している間、彼女は科学会館を開館した。夏の間、彼女は別の猛烈に忙しく駆け回る講演旅行を優先して、ニューヨークの問題にそれ程直接に係わらなくなったが、オーウェンがすぐ彼女の後を引き継いだ。「生産諸階級」と自らの国家教育計画に関する一連の論稿を書き上げると、九月初めに彼は共和主義的平等教育制度を整える国法制定を煽動するために、「産業保護と全国教育促進のための協会」を設立した。多種多様な思想を持つ活動家たちがその運動に加わった。コーネリアス・ブラチリーがエヴァンズと同様、オーウェンの組織で主要な地位を占めた。この協会は教育改革に対するあらゆる職人たちからの支持を求めたが、オーウェンはまた『自由探求者』紙の社説で不満を抱く雇われ職人たちに目を向け、一〇時間労働日を支持し、五〇人委員会の努力を賞讃した。(44)

初秋に入ると急進主義思想は権力の座にある政党政治家への攻撃によって発酵し、職人居住区に広がった。職人たちは、もはやタマニー派は「真のジェファソン派」ではないと不満を訴え、それに代るものを捜し求めた。スキドモアが著述と委員会での活動によって前面に出た。彼は六月に『財産に対する人間の権利！』が刊行間近であると宣言し、五〇人委員会報告提出直前の一〇月までに彼とその支持者たちは、バワリー通りで土地均分論者の大衆集会を開き始めていた。一時旅行から帰還したばかりのフランシス・ライトの連続講演が、バワリー劇場と科学会館を揺り動かした。当時はまだ、『自由探求者』紙上で迷信や職業政治家政党を攻撃していなかったオーウェンが、労働者を特定対象とする独自の講演会や集会を組織した。(45)

一〇月一九日、待望久しい五〇人委員会の公開会議がウースタ通りのミリタリー・ホールで開かれた。五、〇〇〇人の参加者の中にはロバート・デール・オーウェンもいたが、彼自身の説明によれば彼は会の進行とは場違いの存在であった。オーウェンは高まりつつある運動には好意を感じていたが、委員会がますます土地均分論に傾いていくことには懸念を抱いていた。原則的に彼は経済的平等を支持したが、平等な財産についての軽率な発言は教育改革という本来の課題にとっての危険な逸脱行為であり、職人たちに対する公衆の支持を失わせることになると考えた。オーウェンはこの群衆の注目を浴び、職人の味方として歓迎され、この集会の書記を務めることを承諾した。職人たちには「思慮分別ある助言によって彼らを助ける啓蒙的識者の味方が必要」であると確信したからである。決議文の内容や投票に影響を及ぼす力はなかったが、彼は議論の中で自分自身が唱える急進的改革が支配的になることを期待し続けた。しかし彼の期待に反し、最悪の決議案が通過した。(46)

この会議では、トマス・スキドモアが主張し大部分彼自身が執筆した文書が読み上げられ承認された。その文書には、財産と政治に関する土地均分論に基づく前文に続いて個別的要求が列挙されていた。一六四〇年代のイギリス共和政期の急進主義者に溯りペインを経由した主張が、私有財産の起源とノルマンの軛の影響の説明の冒頭に現れる。

ウィリアム征服王によりイングランドに確立され、その後彼の地に広まったような、不公正で不平等な原理に基づいて政府が設立された場所ではどこでも、貧民のための神の御業は徒労に終わっている。神がせっかく泉から水をほとばしらせ、地表に草木を生い茂らせ、採石場と鉱山の宝物を創造しているのに……

封建的な社会諸関係の復活が、旧世界だけでなく資本主義的な新世界をも特徴づけていることを論証した後、この委員会は次のような公民革命なしには社会の大多数の大衆を救い得ないと主張した。「現在の政府を完全に抹殺し、すべての人が成人に達した時に平等な金額の財産を与え、この年齢に達するまでは公共の負担で平等な食料と衣類と教育を公費で保証」しようとするものであった。その革命を即座に達成することは非現実的である。しかし委員会の考えによれば、次の選挙の機会を捉えて災難の悪化を阻止するのが賢明な策であった。その際、彼らが選挙すべき人は「自分自身の体験を通じてわれわれの難儀を理解できる人々であり、同じ仲間意識を持ち、全力で対策を講じる意志のある人物」であった。委員会は、その当面の要求を列挙した。先ず第一に私的商業銀行の廃止、次に特許による公共独占企業と免許制競売と負債投獄の廃止、先取特権法と聖職者及び教会財産への課税法の制定、様様な選挙手続きの改革であった。人を欺く政党を含めた「貴族主義的な社会集団に、われわれが期待すべきものは何もない」と述べ、「己れ自身の労働だけで生活する」人々に州上下両院への候補者選出のため五日後に参集するよう呼びかけて、報告書は結ばれている。(47)

この平易な言葉で書かれた斬新な綱領は、初期産業世界ではいまだかつて見られず、またその後一世代の間に出現するものにも匹敵する程の急進的な政治的諸原理を表明した。確かにこの綱領の当面の諸要求には、プロレタリアートの蜂起とかスキドモアの言う全般的分割は含まれていない。そこに、スキドモアと委員会内の穏健少数派の間の妥協を見て取ることもできる。前文と諸要求の解説を書いたのは明らかにスキドモアだったが、銀行に関する最初の要求を除いたその他大部分の要求自体には、土地均分論者以外のずっと穏健な人たちが支持しかねるようなものは何も含まれていなかったし、先取特権と競売人に関する二、三の要求は真に急進的なスキドモア派に対してと同じくらい職人企業家たちにも訴えることができた。疑いなくライトとオーウェンにとっても、支持すべきものがあった。報告書はオーウェンの計画を推奨してはいなかったが、少なくとも平等教育に言及し聖職者免税の禁止を要求していた。にもかかわらず政治反乱の環境と目的を設定するという点で、スキドモアとその支持者たちが大勢を制していた。選挙運動中の最初にして最後の目的声明の中で、この新たな運動はその主張の中心的根拠となる事実として、人類最初の財産分割とそれに続く財産関係のすべてが全く野蛮で不公正なものであったと宣言した。この声明は、主として信用取引と銀行業に焦点をあて、その改革ではなくて廃止を求めた。平等教育を含むすべての主要な要求が、すでにスキドモアの原案に含まれていたものであった。個々の政治要求を支持する一方、この運動は欠陥だらけの現状を補修するためではなく、革命の実現を促進するためにそうするのだと率直に主張した。これは一八二八年に勝利を収めた政党民主主義による政治に対する「勤労者派」の挑戦であった。候補者名簿の上に、彼らはハンマーを持つ腕の紋章を描いた。この紋章は古来のものではあったが、非常に新しい――一部の親方にとっては危険な――思想と結びついた「職人利害」を宣言していた。[48]
この集会は熱狂的興奮に火を点けた。再度開かれた五〇人委員会の大衆集会――今や「勤労者派」運動の全体会議と呼ばれるようになった全員参加の集会――で会場から候補者推薦を募り、五〇人委員会に対し、この中から二二人の名前を選抜して公衆に再提出するように命じた。三日後にこの委員会はその一覧表を報告し、タマニー式慣例を無視して抽選により州下院議員選挙立候補者一一人の名簿を選んだ。登載された名前の中には、コーネリアス・ブラチリー、スキドモアの仲間であるアレクサンダー・ミング、スキドモア本人が含まれていた。さらに集会では、ロングアイランドのアダムズ派であるサイラス・ウッドとエドワード・ウェッブ（理神論者でオーウェンの友人の大工親方）の二人が州上院の候補者に指名された。[49]

自らの煽動が社会不安を掻き立てる一助となり、ブラチリーとウェッブとブリキ職人のロバート・カーリストンという三人の友人が新生の「勤労者派」の候補者名簿に登載されたにもかかわらず、こうした事態はオーウェンを非常に驚かせ慌てさせた。これは、彼が考える正しい職人の運動とは違っていた。彼は後に、一〇月一九日集会に出席した人々の大部分はおそらく五〇人委員会の報告書を理解していなかった、もし理解していたら彼らは決して支持しなかった筈だ、と主張している。だがオーウェンは簡単に諦めずに、運動の周辺に踏み留まった。一〇月三〇日にオーウェン派の指導者たちが選挙運動を議論するために集まり、財産を平等化するための平和的手段は「社会にとって優れて有用である」として支持した――これは自由探求者たちの全般的信念と一致する声明であり、土地均分論が説得力を持っているという事実を確認するものであった。にもかかわらずこの集団は、最悪の形の不平等は不平等な教育により生み出される不平等であると主張した。独占企業や銀行や競売その他は非共和主義的ではあるが、全国的教育が制度化されるまではこうした「瑣末な」問題を云々するのは賢明ではないと思われた。「これに比べればその他の改革の方式はすべて、局部的で効果がなく、その場凌ぎで取るに足らないものである」とこの集団は決議した。さらにこの集団は、小親方と雇われ職人の候補のみを指名したことを理由に「勤労者派」を非難し、国家による教育後見に賛成すると彼らが確信するような指名候補者だけを支持した。(50)

この自由探求者指導部の限定つきの支持でさえ、選挙期間の短かさの故に維持されたにすぎなかった。五〇人委員会には四月に徴収されたストライキ資金からたった七五ドルの持ち越ししかなく、候補者たちは票を集めるためには自らの努力と資金に頼らねばならなかった。資産のあるオーウェンは早速、この反乱の方向を自分の政治目標に向けさせようと試みた。五〇人委員会の報告書との関係を明確に否定した彼は、「勤労者派」の機関紙となることを意図する『勤労者の代弁者』をエヴァンズが設立するのを援助した。この結びつきを利用してオーウェンは、ニューヨークの勤労者と職人《メカニックス》の名のもとに彼自身の影響力を行使しようとした。オーウェンの指導に従うエドワード・ウェッブは土地均分論との関係を断ち、一〇月一九日集会を引き回したという理由でスキドモアを非難し、国家による教育後見の推進とタマニーの腐敗に対する攻撃にもっぱら力を注いだ。最終的に選挙戦終盤になってオーウェンは、アダムズ派及びクレイ支持者（今やメーソニック・ホール派の公認候補者として再結集した）と掛け合い、最後の段階では「勤労者派」と民主党双方に対抗する急進的選択肢の提示の期待を込めて、彼と提携するように彼らに迫った。(51)

ニューヨークの親方や有力新聞は、異なる路線から反撃した。職人同業者総会は「職人」の候補者名簿との一切の関係をきっぱりと否認し、総会会員は誰一人として「ワーキー」の候補者ではないと明言した。『コマーシャル・アドヴァタイザー』のようなアダムズ支持の商人利害に立つ新聞は、この新たな「サンキュロット」、「ファニー・ライト公認候補者」の「無政府主義的性格」に反対し、私有財産制と伝統的宗教のために警鐘を鳴らした。少数の人々はコーネリアス・ブラチリーを取り上げて、彼はとりわけ有害な人物であり、レッド・ハーロットとオーウェンのよく知られた友人であり、「勤労者」と偽って立候補しているが本当は医者であり、常軌を逸した不信心者であると評した。民主党系の編集者たちは、前アダムズ派の中に「ワーキー」の隊列に潜入した者がいる、と鋭く指摘した。特にサイラス・ウッドは彼らの目には、最も勤労者らしくない人物であると思われた。彼はメーソニック・ホール派の候補者名簿でも州上院に指名されており、一〇月の最終週まで大衆煽動には何の役割も果たしていなかったからである。タマニー派にとっては、「勤労者派」の公認候補は全く急進的ではなく、彼らが「本質的にはクレイ派であって、関税をかけてこの都市の貿易と商業を破壊しようとしている」のは明らかであった。[52]

出し抜きや激しい攻撃にもかかわらず、一般の職人たちは「勤労者派」の下に結集した。少なくとも印刷工の同職共済団体が公認候補者名簿を支持し、選挙運動を支援した。数々の集会が、投機業者や「政党というヒュドラの頭を持った怪物」に対する攻撃に喝采を送った。時には独立革命の亡霊が、東部諸区と中部諸区に忍び寄っているかのように見えた。「シドニー」(「勤労者派」が採用した幾つかの共和主義的・急進的な筆名の一つ)は、その危機に対して立ち上がるよう呼びかけ、自由民になるか或いは永久に貴族主義的親方どもや「国家の穀潰しども」に従属するのか、決断するように貧しい市民たちに問いかけた。その訴えは、古風な共和主義の用語を使い続けていたが、その内容は当世風になっていた。攻撃の照準は「諸君の勤勉の成果で肥え太る連中」に向けられており、この訴えは職人と職人労働者に一七七六年とは異なる新たな政治反乱を起こすように主張した。三日間にわたる投票が開始され開票序盤で「勤労者派」の善戦が判明すると、不安は熱狂に転じた。油断していた『コマーシャル・ヘラルド』は「歩いている人は誰でも」投票できるようになった今となっては、共和国の行く末が思いやられると嘆いた。ジャクソン派系新聞は忠実な民主党支持者たちに、「ワーキー」への雪崩現象を塞ぎ止めるために投票所へ足を運ぶよう熱心に勧めた。『モーニング・クリア』は、「職人たちの中の新興勢力が市民社会にとって最も危険な原理に基づいて」形成されたと暗い調子で警告を発した。[53]

最終結果はジャクソン派に反発する揺り戻し、生き残りアダムズ派の総崩れ、「勤労者派」とスキドモアと五〇人委員会の華々しい初陣となった（下巻付録表17参照）。投票者の全体的な出足は前年の大統領選挙よりも鈍かったが、これは比較してみると今回の選挙戦が有権者の一部を動かさなかったことを示唆している。だが投票率低下は、「勤労者派」が最大の票を得た貧困区と最少の票を得た富裕区で最も少なかった。タマニー派は商業区で「勤労者派」の挑戦による主要な受益者となり、一八二八年の総得票数に比べてパーセンテージで七～二四ポイント増加した。敢えて投票所に足を運んだ前アダムズ派の一部が、スキドモアとその仲間に対抗する最強の武器としての民主党に鞍替えしたのは疑いない。他の場所では「ワーキー」の存在が、タマニー派とアダムズ派双方の票を大きく切り取った。「勤労者派」が最も強かった区は都市中央部と東部の貧しい小親方と雇われ職人の地区だったが、ここではタマニー派の得票率は約三分の一に落ち込み、その一方ですでに底割れしていたアダムズ派への支持は実質的には消滅した。第八区と第一〇区では、スキドモアと「勤労者派」が小差ながら満足すべき最多得票数を勝ち取り、隣の第一三区では圧倒的多数を占めた。市全体では、「勤労者派」の下院議員候補が投票総数の約三分の一を得たが、これはアダムズ派の二倍半にあたった。下院議員の議席争いの大部分で民主党が勝利したが、「勤労者派」の候補であるエベンザ・フォードという名の雇われ大工職人が州下院議員に当選した。スキドモアとアレクサンダー・ミングの二人は、それぞれ二三票差と二六票差で選出されなかった。コーネリアス・ブラチリー（ロバート・デール・オーウェンの友人だと最もはっきりと確認される人物）だけが勝利には程遠かったが、それでも四、〇〇〇票以上を獲得した。州上院議員選挙は様相を全く異にした。サイラス・ウッドは当選したが、彼への主な支持は「勤労者派」の強い区ではなく、商業地区のアダムズ派が最大の票を集めた地域からのものであった。理神論者のウェッブは敗北し、「ワーキー」の下院議員候補に遅れをとった。全体的には、「勤労者派」の指導層にとって幸先のよい結果だった。急進的だと自称する「勤労者派」の公認候補者名簿に登載された候補の大部分が各々六、〇〇〇票以上を獲得していた。(54)

この選挙の意義は様々な観点から大きく論じられたし、今日なお論じられている。タマニー派と商業新聞は予想通りこの結果を拭い去ろうとし、「勤労者派」の支持者たちは自分たちが何のために誰に票を投じたか全然理解していないと非難した。ロバート・デール・オーウェンも後にこれと同じ趣旨のことを主張することになるが、この時点での彼の見解はまだましであった。選挙直後の彼の嘆きは、公表されたプログラムがあまりに歯切れが良すぎた結果、候補者たちはみすみす大成功の機会を逃してしまったというものであった。ジョージ・ヘンリ・エヴァンズは、何とかして国家教育後見案の勝利として解釈しようとした。しかし、綱領がオーウェン独自の計画を全く支持していなかったこと、オーウェンが選挙直前にこの運動を攻撃していたこと、ブラチリーとウェッブの得票数、これらの事実を考えれば、エヴァンズの解釈は最も一面的な結論であった。エヴァンズが真の理解に近づいたのは、一〇年以上後のことであった。この時彼は立場を逆転させ、「勤労者派」支持者の大多数が財産の究極的再配分に賛成していたことを認め、「勤労者派」の成功の主たる理由は「彼らの宣言書〔すなわち五〇人委員会の報告書〕の中で、彼らが長い間苦しめられてきたすべての目に余る抑圧のシステムを大胆に攻撃したからである」ことを追認した。(55)

残念ながら人々が一八二九年にどのように、そして、どんな理由で投票したのかを確言することはできない。背景となる人口学的データの不足とともに立候補者の数の多さと連記投票制に起因する投票分散が、結論をぼかしてしまう。だがいくつかの結論は、無理のない確証をもって提示できる。第一は、当時のどの政党の選挙運動よりも、「勤労者派」の選挙運動が通例の党派連合からではない「階級まるごとの投票」に近いものから得票したことである。一九世紀初期のニューヨークのどの選挙よりも、二九年の選挙結果は金持ち居住区と貧民居住区を分断した――これがあまりに判然としているので、区毎の投票結果に関する最も優れた研究が二九年の数字は「勤労者派」への「下層階級」の投票をはっきりと示すものであったことを認めている。(56)第二に、もし「勤労者派」は貧乏であったとしても、タマニー派（そして後にはオーウェン）が述べたようには、彼らは選択に際して愚かでも識別力に欠けてもいなかった。「勤労者派」への投票者が漫然と投票に出向いて「ワーキー」候補に盲目的に一票を投じたのなら、ブラチリーとウェッブは実際よりも多くの票を得ていた筈である。五〇人委員会――運動の指導者たち――への支持は、スキドモアやミングの総得票が示すように強かった。運動に加わったオーウェンの友人たちも、他人は投票せずともブラチリーやウェッブに賛成票を入れる支持者を有していた。勝利を収めた候補エベンザ・フォードは雇われ大工職人だったとしか知られていない――恐らく「ワーキー」候補者の中で最も強力な推薦候補であった。総じて見れば、この結果は春以来既に明らかになっていたことを確証した。「勤労者派」は小親方も加わった雇われ職人の急進的運動だったのであり、多分これはスキドモアが当時ニューヨーク市で創出可能な運動ないし政党として構想していた彼の貧しい民衆の党の事実上の誕生を意味していた。

この選挙が生み出したイデオロギー上の帰結は、選挙結果と同様に重要であった。何よりも選挙とこれに伴う煽動は、ニューヨークの小親方と職人労働者に対し、明らかに不平等なこの都市とこの国における自分たちの政治的価値観の将来を直視させることになった。五〇人委員会の報告書、「自由探求者たち」の講演や論文や諸団体、ペインやジェファソンや独立革命に言及する演説や書簡――これらはたとえ意見を異にすることがあったとしてもすべて、共和国は地位と財産を持つ人々、とりわけ資本主義的企業家によって脅かされているという急進主義者たちの恐怖心の表明であった。誰を支持しようと、ニューヨーカーはかつてないほど直接的にこうした議論を検討しなければならなかった。非常に沢山の人々が日常的縁故を捨てて、明らかに急進的な職人立候補者に投票したことは、選挙戦のイデオロギー的紛糾が完全に本物であったことを示している。出馬していない人物に投じられた二〇〇余票は、問題の核心を見事に風刺していた。ある者がイングランドのジョージ四世に州下院議員選挙の一票を投じたかと思えば、別の者はフランスのシャルル一〇世に、また別の者はスペインのフェルディナンド七世に票を入れた。

これらの人々にとっては、実際の下院議員候補よりも絶対君主の方がましだった（あるいは好ましかった）のだろう。プレイズ・ゴッド・ベアボウンズからロバート・エミット、シモン・ボリバルまで、一連のコスモポリタン的な急進主義の英雄たちに票を投じる者もいた。その一方では七人がフランシス・ライト、七人がファニー・ライト、二人がフランシス・ライト嬢、二人がファニー・ライト嬢、それぞれ一人ずつがF・ライト嬢とフランシス・ライト様と投票用紙に記入していた。[57]

勝利直後の余韻の中で、政治煽動が続いた。職人の新たな政治的急進主義が、多様な形で定着し始めていた。集会を開いて、労働・財産・教育について議論するとともに民主党を非難した。一一月には「第五区の職人及びその他の勤労者の政治討論協会」が現れた。ペンキ職人協会は、「勤労者」運動を支持し続けることを誓った。第八区と一一区にも類似の集団が現れた。アメリカ協会に属する親方で福音主義禁酒運動家のアドナイラム・チャンドラーに率いられた雇主の組織、ニューヨーク印刷業協会は、「勤労者派」と急進的教育改革家たちを反キリスト教的だと非難した。数人の雇われ印刷工はこれに強硬に抗議し、見当違いだという理由で印刷業協会を非難する特別回答書を起草した。一二月には「自由探求者」に共鳴する雇われ印刷工の別の集団が、自分たちは職人と労働者のための新たな日刊紙の発行を間もなく開始するつもりだと発表した。スキドモアとミングは、五〇人委員会の綱領を支持するこれとは別の新聞発刊の趣意書を作った。[58] だがこうした多くの活力を示す徴候にもかかわらず、この運動の未来の進路は全く不安定なものであった。それどころか誰の予想をも越えて、運動の存在そのものが民主党やアダムズ派によってだけでなく、オーウェン派急進主義者たちによっても危険に晒されていたのである。

奇襲攻撃

選挙戦とそれに続く数週間、ロバート・デール・オーウェンは「勤労者派」内での自分の影響力は高まるだろうと密かに自信を深めていた。有権者たちが投票所に行った時には、彼は五〇人委員会が悪弊に注意を喚起したことを認めていた。そして記録に見る限り、彼は財産の最終的平等化を支持する立場を慎重に維持し続けていた。だが三週間後にオーウェンは保守系新聞に対する宥和主義的な社説を書いて、彼とその仲間は「平等な国民教育が徐々に実現すること以外の平等化を提案しているのではない」ことを確約した。一方エヴァンズは『勤労者の代弁者』紙上で「勤労者派」の真の関心事は平等教育だと主張し、自分は財産平等化などという「粗野な計画」を人が支持しているのを聞いたことがないと事もなげに言ってのけた。選挙結果を否定はできないので、『自由探求者』はスキドモア指導下での「勤労者」運動は「勤労者」自身の成功とは無関係であったと主張しようとした。[59] これは、オーウェンとその仲間たちによる直接行動の先触れとなった。

「勤労者派」候補者の強さは、別の方面からも注目された。普段はクレイとアメリカ体制の穏健な擁護者である『イヴニング・ジャーナル』は「コミュニティー内での正当な地位を確保しよう」と努力している「勤労者派」を励ます一方で、乱暴な決議を採択したり「優れた能力と才能を備えた」人々以外の者を指名することには警告を発した。[60] 同時に以前はアダムズ派、職人同業者総会、アメリカ協会あるいはこれら三つすべてと結びついていた人々が、「ワーキー」に接近し始めた。ノア・クックとヘンリ・ガイアンがそうした人物だった。他にはアドナイラム・チャンドラー、著名な陶器製造業者でアメリカ協会の指導部の一員であるクラークソン・クロリアス、競売反対論者の家具製造工アビジャ・マシューズ、職人同業者総会の一員で福音主義禁酒運動の指導者ジョゼフ・ホキシーがいた。おそらくこれらの人々の中には、サイラス・ウッドの上院議員候補指名を手助けすべく一〇月頃には「勤労者派」の集会に参加した者もいた。オーウェンのような自由思想家に共感を抱く者は一人もいなかった。チャンドラーはオーウェンを引き合いに出して、「狂女のスカートにしがみつく詐欺師」だと毒づいた。彼らはスキドモアを軽蔑していた。[61] 土地均分論者の力に警戒心を抱き、戦力を失ったアダムズ派連合に代わる政治基盤を切望していたこれらの人々は、この運動を転換させて自分たちの党にする決心を固めていた。その第一歩は当然、トマス・スキドモアの打倒であった。この乗っ取り作戦のため、彼らは、選挙前に自分たちに近づいて来たにもかかわらず、それを断固として拒否していた急進主義者たちに目を向けた。そしてこの急進主義オーウェン派は、正しい勤労者の運動を創り出すため、可能ならば、どのような勢力とも連合することをも辞さなかった。

政党組織の問題が、決定的な要因となった。これまでこの運動は、中央集権的統制の維持と、タマニー流の党運営に対する公然たる挑戦、という二つの組織原理に立っていた。しかし選挙直後、このような型破りの組織原理を再検討しようとするメンバーが現れ始める。組織力で勝るジャクソン派が「タマニー流計略」を仕組んで「勤労者派」の争点を盗み、仲間を取り込むだろう、と「シドニー」は警告した。トマス・スキドモアは運動が内側から瓦解する可能性の方を懸念した。たいていの成功した民衆指導者と同様に、彼は「われわれの活動から嫉妬と争いを排除する」のを余儀なくされた。いやそれ以上に彼は、運動がその場凌ぎを続けていけば、「敵」が入り込んできて過半数を制し、支配権を握るのではないかと考えた。スキドモアは運動がバラバラになり操作されるのを防ぐため、総会議及び五〇人委員会との均衡を保つ形で区委員会を新設し、正規の手続きに従って党を正式に組織化することを主張した。(62)

『勤労者の代弁者』紙上で、エヴァンズはスキドモアの計画を非民主的だとし、五〇人委員会が新しい組織形態の提唱を遅らせてきたと非難した。表向きはすべての人に受け入れられる計画を策定するという要求を掲げ、エヴァンズは問題を議論するためこの運動の総会議の招集を求めた――そして実際、彼の要求は首尾よく認められた。当初からクック、ガイアンそしてオーウェンの仲間たちは、トマス・スキドモアに罠を仕掛けていた。集会に参加するどの集団も本会議への報告書を起草する委員会を設置できるという申し合わせが、五〇人委員会との間で行われた。その後で、エドワード・ウェッブがノア・クックほか数人とある協議委員会に参加し、総会議が始まり次第議場を乗っ取るという計略をめぐらせた。ウェッブは企業家の競売反対運動家と同盟し、一二月に開かれたその集会の一つで演説し、「野蛮な土地均分計画」は無分別かつ非現実的な脅威であると強く警告した。オーウェン派の一部――多分エヴァンズも含む――は、反スキドモアのビラを準備した。このビラでは一人の自称「真の勤労者」が、「この何もわからずに舞い上がっている者どもに、民心が健全であることを示す」ため、「土地均分論少数派の悪あがきを打ち砕くよう」職人たちに訴えた。(63)

一二月二九日、ミリタリー・ホールに三、〇〇〇人が集まった。彼らは「勤労者」運動の戦略・戦術に関する討議だけでなく集会にさえ出席せず、ただこの奇襲攻撃にだけ加わった。オーウェンの配下とクックとガイアンの仲間たちがホールに詰めかけ、ヘンリ・ガイアンを議長席に座らせた。準備不足で数で圧倒されたスキドモアと五〇人委員会及びその支持者たちは体勢を立て直そうとしたが、野次り倒され実力で発言を封じられた。突然ノア・クックが前方に進み出て、協議委員会報告書の形をとった事実上の新党結成宣言書を読み上げた。それは職人共和主義のレトリックの香り高い文書であり、独立革命の精神を呼び戻すべく金権貴族と闘っている職人と勤労者の文書であったが、その隠された意味合いは五〇人委員会報告書の内容とは著しく異なるものであった。一〇月以降の諸要求の中で最も穏健なもの、即ち競売や先取特権や負債投獄に関する要求だけが、しかもその急進的意味合いをすべて剥ぎ取られ、攻撃性の低いいくつかの提案と普通教育に関する曖昧な声明につなぎ合わされて残っていた（後にエヴァンズは、これが国家による教育後見を強く求める急進的な人々を混乱させ懐柔するため「巧妙に仕組まれた」決議案だったことを悟った）。その後でクックは、「勤労者派」は宗教と私有財産に対する人間の神聖な個人的権利に干渉するつもりはないと宣言した――とりわけ財産は「勤勉への最大の誘因の一つ」であるとこの報告で述べられた。銀行は繁栄をもたらすものとして当然尊重されたが、製造業者に対しより多くの信用を与えることが強く要求された。「勤労者」運動は今後正式な政党になるが、スキドモアの委員会ではなくて新たな総務会に指導される

ことになる、とクックは結んだ。この報告書は論議無しに承認された。五〇人委員会を解体した後、この集会は散会した。(64)

翌日、『イヴニング・ジャーナル』は「ワーキーズ」が土地均分論の「汚名を拭い去った」ことを歓迎した。(65) これは実際には、オーウェン派の指導者たちとその新たな同盟勢力、即ち「勤労者」運動の周辺に位置したか、それに敵対していた人々が、「勤労者」運動の名を借りて全く新しい組織を作ったということであった。もっと精確に言えば、協議委員会報告書をそのすべてのニュアンスまで読み取れば明らかなように、クック＝ガイアン派が一〇月綱領を愚弄し、「勤労者派」の外套を奪い取って自らが身にまとうためにオーウェン派を利用していたのである。ものの一時間足らずで急進的な「勤労者」運動は、企業家的「勤労者」の政党に衣替えされていた。

その後、正統性をめぐる厳しい闘争が続いた。クック＝ガイアン派の新たな登場人物たちは、時を移さず彼らの新党内の統制を固めた。一八三〇年一月、彼らはガイアンを新しい執行委員会の議長に選出し、三月までには新党の大部分の役職がオーウェン派と無関係な職人たちによって占められた。その中には、非常に著名な親方職人もいた。しかし彼らは、急進主義者の影響を完全に退けることには成功しなかった。クラークソン・クロリアスは、オーウェン派のペンキ屋サイモン・クラーノンに通信担当書記の選挙で破れた。選挙直後に創刊された雇われ職人の新聞『デイリー・センティネル』は、オーウェンの支配下にあった。エヴァンズは、まだ『勤労者の代弁者』を発行していた。だがクック＝ガイアン派は、こうした劣勢を素早く克服した。三〇年初めにクレイ支持者の一団が『イヴニング・ジャーナル』を発刊してノア・クックを共同編集者に据えた。執行委員会は、委員会メンバー以外の人間がその会合に出席するのを禁じる決議を行った。この決まりを順守させるために、門衛が一人雇われるという噂が立った。当惑したオーウェン派は党内に留まったが、「勤労者派」の古参たちと同じく自分たちも締め出されたことを理解し始めた。自らが詐欺にあったことに気づいた詐欺師のように、エヴァンズは党の会議から「自由な市民たち」を排除する「反共和主義的」動きに怒り狂った。ジャクソン派から組織上の教訓を十分に学んでいたクック派は、タマニーの害悪に関するありきたりの演説と負債投獄の廃止を求める請願運動にだけ専念した。さらに激烈な分裂が起こりつつあった。(66)

スキドモアは完全に裏をかかれたが、彼は決して諦めなかった。ミリタリー・ホールにおける総崩れの後、スキドモアとミングは『自由探求者』と『デイリー・センティネル』にくる日もくる日も投書し続けた。それらの投書はオーウェンが彼らの考えを誤り伝えていることに抗議し、財産に対する平等の権利によって自分たちが意味するところを解説し、今や執行委員会は勤労者を名乗れる仕事をしていないし金持ちどもに牛耳られていると非難していた。これとほぼ同じ頃にスキドモアは、将来の計画を議論するため、「自らの手で労働する人々だけ」の集会の議長を務め、これに「多くの人々が出席した」。一二月中旬に約四〇人のスキドモア支持者による残党会議で一二月二九日決議が廃棄され、自分たちこそ真の「勤労者」の委員会であると宣言された。(67)自らの新聞『平等権の友』の第一号を出した四月までに、スキドモアは『探求者』と『代弁者』と『センティネル』の三紙との紙面における全面戦争を敢行していた。エヴァンズは財産に関するスキドモアの思想を馬鹿げたものだと決めつけ、「スキドモア氏の主目的は名声を得ることだ」と批判した。オーウェンは「片意地で図々しい陰謀家」のスキドモアを、「職人の政党を分裂させ混乱させた」という理由で非難した。オーウェンは、スキドモアの影響力が及ぶのが「主として怠け者と失業者に限られている」のは幸運だと嘲笑した。スキドモアの側は一二月二九日の準備に果たした役割を理由にエヴァンズをやり玉にあげ、自らの土地均分論の思想及び計画と、オーウェン派の論客たちによる事実の歪曲を峻別しようとした。(68)

当初スキドモアが落ち着いて自信に溢れていたことは、彼が起こったことの重要性を十分に理解していなかったことを示している。すべての財産を集団化しようとする反共和主義的で暴力主義的な狂信者というレッテルを貼ら

図版13　スキドモア派の漫画（1830年）

タマニー派，クック派，オーウェン派の諸新聞に支持された「アリスト」が悪だくみをし，一方筋骨逞しい本物の勤労者はサンキュロットの寓話的自由の女神マリアンヌのアメリカ版に投票している。図らずもスキドモア派が1829年12月以降圧倒的な反対勢力の前に，いかに守勢に立っているかを証言している。*Courtesy, Kilroe Collection, Clumbia University.*

れ、「勤労者派」という旗を奪われ、今や堅固に管理されてしまっている「勤労者」党を奪い取ることができず、スキドモアは以前の戦略的地位を奪還することや、小さな心酔者集団以上の追随者を再結集することが不可能であることを悟った。資金繰りの苦しい彼自身の新聞を除いて市内のすべての新聞が――「ワーキー」ないし「親ワーキー」系新聞も含めて――スキドモアの見解を歪曲し、新委員会を「勤労者派」として報じた。最初に彼を押し立てた自立的な雇われ職人の運動は、今や散り散りになっていた。ほぼ完全に彼は孤立してしまった。「今や執行委員会は、ニューヨークの職人の正規に指名された機関として遍く認知されている」とオーウェンが勝ち誇った。ジャクソン派もスキドモアの運動の助けとはならなかった。自分たち自身の争点探しの必要性を悟ったタマニー派は州議会選挙の結果から学び、「シドニー」が予測したように「ワーキーズ」の争点の穏健な部分を自分たちの争点に取り込み始めた。ジャクソン派に近い市の銀行家たちは、小親方職人向けの融資を広げた。オルバニーではマンハッタン選出のジャクソン派州下院議員たちが、職人先取特権法を後押ししてその法制化を手助けした。民主党系新聞は依然として「勤労者派」をクレイ派の一味だとして非難していたが——この非難は今や定着しつつあった——、「勤労者」党に不満を抱く人々に擦り寄って自分たちを勤労者の真の友だという姿勢をとり、自分たちだけがクレイ＝「勤労者派」連合に十分に抵抗できる唯一の政党であると主張した。スキドモアに対する支持は今や前アダムズ派に対する支持に等しいと言うのである。スキドモアの前に立ちはだかる壁は、あまりにも大きかった。(69)

こうした事態の進展とともに、「職人と勤労者」という共通のレッテルにもかかわらず、職人たちの間のイデオロギー上の亀裂が現れ始めた。それぞれの集団の指導者たちの経歴が、そうした分裂の社会的側面を示していた。それらの人々は厳密な階級境界線によって隔てられてはおらず、あらゆる派閥に雇われ職人と小親方と親方が混在していた。だが重要な差異も存在した。三派閥に食料品店主が共通して存在する一方、スキドモア派は小親方職人と雇われ職人と雑役労働者で占められる傾向を示した——真鍮鋳物職人とモロッコ皮鞣し職人と製靴工が特に多かったようである(下巻付録表18参照)。クック派には市の人名録に大規模製造業者や雇主と自ら記載する人々が遥かに多く含まれた。またその職人の中には大工親方や建設業者が高比率で含まれ、その一部は大金持ちだった。一方オーウェン派には、非常に多彩な職種の職人——その大多数は雇われ職人——や編集者や教師や弁護士を含む多数の下層専門職従事者や職人以外の職種の人々が含まれていた。三派閥とも市内各地に住んでいたから居住パターンにさして差異は見られない。とはいえ「貴族的な」第一区に住む人数は、クック派がスキドモア派の二倍含まれる一方、第一〇区(市人口の八・一%を占め、一人当たりの財産所有では二番目に貧しい区)はスキドモア派指導層の二八・一%、クック派指導層の五・九%、オーウェン派指導層の七・一%含まれる居住地であった。市内の二つの著名な職人集団との関連の違いは際立っていた。職業が追跡可能なスキドモア派職人のうち二人が、実際に職人同業者総会の会員であった。だがこのうち一人は、企業家で政治的山師のパン製造業者ジョウナス・ハンバートであり、間もなくスキドモアとの関係を断った。これ以外の大多数の人々は、親方ではなかったようであり、勿論、職人同業者総会の会員ではなかった。他方クック派の職人たちのうち概ね三人に一人、オーウェン派職人たちのうち大体一〇人に一人が職人同業者総会の会員であった。一八二九年時点でのアメリカ協会々員の正確な名簿は見つかっていないが、「勤労者」党とアメリカ協会の両方に関与したことが知られている人々すべてが仲間のノア・クックとのつながりを持っていた。福音主義的禁酒改革の指導的提唱者として知られるような「勤労者」も、みんなそうであった。(70)

つまりは非常に異なった背景を持つ三つの集団が、職人共和主義の三つの異なる将来像を抱いて格闘し、「勤労者」運動を壊滅させることになった。だが一八二九年の熱気が完全に冷め切るには時間がかかった。一般活動家の間では議論と論戦が続いた。雇われ職人たちは独占と資本家たち、つまり小親方と賃金労働者の権利を強奪する「職人にあらざる」人々を激しく非難した。塗装工協会は国家教育後見案への忠誠を宣言し、五月に集会を開いた製本職人友愛協会はニューヨークとオルバニーの「勤労者派」と「自由と平等の唯一の源泉である国民教育」への祝杯演説に時間を割いた。自由思想家たちがヴォルテールとパーマーの複製本を印刷し続ける一方、区毎に集まった人々が国家による教育と財産改革の利点を強調した。タマニー派は秋の選挙に備えて大わらわで「勤労者」の衣装を身にまとおうとしていた。(71)

こうした民衆の政治参加が『センティネル』と『勤労者の代弁者』と『平等権の友』に煽動されて継続する中で、民衆はますます労働価値説に目を向けるようになり、ますます「共和国」という言葉を使って資本家と不正直な雇主と腐敗した政府高官に反対した。『勤労者の代弁者』への投書の中で「老共和主義者」は、自由に生まれついたアメリカ人の稼ぎが「増長する貴族を甘やかす」ために金融業者や雇主によって盗まれていると警告した。侵入して来る資本家雇主を非難する者もいれば、労働者を貧窮させる「紙切れ貨幣製造者の常備軍」を責める者もいた。彼らはペインが一世代前に警告したように、通貨価値を下落させて自分たち自身の投機を成功させ、その結果、勤労者を困窮化させているというのである。これほど急進的でない者たちは、人民の利益と権利に反する法律を制定する利己的政治家に比べれば経済制度の欠陥は少ない、と一時代前の共和主義の表現形式で反撃した。党がバラバラになってしまうまで、こうした論争が数カ月続いた。クック派が危険なスキドモアに対する急進派の同盟軍をもはや必要としなくなり、自分たちが実はどんな種類の勤労者なのかの正体を現した時、終局が見えてきた。(72)

終焉

一八三〇年春には元アダムズ派のヘンリ・クレイ支持者たちは、クックとガイアンの指揮によって「勤労者」党が自分たちのものになったと確信するようになっていた。ある人物はクレイに直接手紙を書いて、この党は「前政権支持者の大多数を含むことになります……そう約束しています」と報告した。オーウェン派の排除がクック派の次の優先課題となった。決裂は五月に起こった。それは、トロイとオルバニーにおける自称勤労者党の設立直後の、これを祝うニューヨークでの祝賀の時のことであった。今や『イヴニング・ジャーナル』の編集者となっていたノア・クックはこの機会を捉え、熱狂の危険性についての訓辞をたれ、教育改革は賞讃に値するが「勤労者」党は「われわれ自身の産業の保護育成」に先ずもって関心を払うべしと強調した。二週間後の執行委員会で、ガイアンが委員長を務める小委員会が教育に関するオーウェン派報告書に対する手厳しい反対意見を提出し、国家教育後見論は「根本的誤り」であり、「委員会と大多数の勤労諸階級に不信心の教理をこっそりと押しつけようとする尤もらしい試み」にすぎないと決めつけた。オーウェン派の怒号の中で、委員会はガイアン小委員会の反対意見を承認した。オーウェン派の綱領の核心部分がこの党から排除されてしまったのである。(73)

その後の五カ月間に、自称「勤労者」党の議事運営は、乱闘と絶え間無い陰謀へと堕落した。彼らは互いに相手の集会を完全に粉砕できず、常軌を逸した不信心とか偽善的敬虔とかの非難を交わしながら、オーウェン派とクック派は選挙で相手を打ちのめす計画を立てた。六月までに彼らは、市議会補欠選挙に別々の候補を擁立して分裂した。九月にクック派は州北部のクレイ派と同盟して、「勤労者派」の全州的大会を反ジャクソン党会議へと転化し、最終的に「勤労者派」のマントをクレイ派のために奪取した。その間スキドモアは、失ったものを取り戻すべく苦闘していた。クック派とオーウェン派に除け者にされ、零細な新聞と献身的な支持者だけが頼りのスキドモアには、新生の「勤労者派」内の争いの中で発言する機会はほとんどなかった。他の新聞は彼の活動と、ライトとオーウェンに対する彼の攻撃を報じた。しかしその目的は、「平等の狂気」を振り撒く狂人の大言壮語として彼の発言を嘲笑することにあった。一方、憤激し、しかも守勢に回ったスキドモア本人は、自らの綱領の説明から『自由探求者』に対する人身攻撃的な非難へと力点を移し、彼らを有産階級であり人民の敵であると断定し、「全人類に関する問題について……偽りを計画的に広めている」が故に犯罪的であると攻撃した。依然として力強い論客であった。しかし彼は、民衆指導者の立場から、自分の計画を台なしにした人々への怨念に取りつかれた人物の立場へと身を落としていた。そして彼の激しい攻撃は、結局彼が情緒不安定な人物であるという非難に信憑性を与えることになってしまった。彼の貧民党は秋の州下院議員選挙で候補者名簿を提示した。しかし、その目的は一八二九年の運動を再燃させるためだけではなく、オーウェンとライトの正体を暴露することにも向けられていた。[74]

この選挙は、前年の選挙と反対の結果に終わった。最終的にクレイ派への共感を宣言し既にアダムズ派残党及び州北部の反メーソン派と提携していたクック派は、依然として「勤労者派」であると主張していた。だがそれは「ワーキーズ」ではなく、アダムズ派の有権者をあてにしていた。独行を余儀なくされたオーウェン派は、最も断固たる急進的有権者しかあてにできなかった。スキドモアの選挙運動は、急進主義のレトリックに悪魔的裏切り者に対する風刺を混合したものであった（図版13参照）。この亀裂に割り込んできたのが、ジャクソン派民主党であった。彼らは、真の職人の党である自分たちこそがこれまでずっと正しかったのであり、いわゆる「勤労者派」はクレイと腐敗と貴族の復権を支持する「襞飾り付きのシャツを着た弁護士」にすぎないと主張する幸運に恵まれた。旧来のアダムズ派が復活した今となっては、勤労者の大多数にとって選択は明白であった。間もなくエヴァンズさえもが、「雑種の」クレイ派よりもタマニー派の方がましだと認めた。タマニー派が二九年の「ワーキー」区をすべて奪還する一方、クック派は差はつけられはしたが不名誉とはいえない二番手となった。オーウェン派「勤労者」は結局、五〇人委員会の最初の支持者たちを再結集できず、一八二九年の「勤労者派」の総得票の約三分の一にすぎない僅か二、二〇〇票、一八三〇年の総得票の僅か一一％獲得したにすぎなかった。スキドモア派の候補たちが獲得したのは二〇〇票に満たない散票であった。(75)

タマニー派の復活はイデオロギー上の危機に幕を下ろしはしなかった。そのことは選挙後三週間がすぎ、職能諸集団が先の七月にフランスで起こった革命を公共の場で祝賀するため英国軍撤退記念日に参集した際に明らかになった。フランス人と共和主義の原理への敬意を示すために連帯した職能諸集団は、（ある観察者によれば奇妙なことに全くシラケていたが、とにかく）共に行進しお馴染みの職人行列のすべてを披露した。しかし公開式典が場内での揉み合いの争いと罵声の中で終わった後、企業家たちと急進的職人たちは別々の行動を示した。先ず企業家たちがルイ・フィリップとジャック・ラファイエットとフランスの新しい自由化された君主政に祝杯をあげ、他方、急進派の職人たちはもっとスパルタ式のやり方でパリの群衆を賞讃してフランスの「金権貴族」を非難し、独占体と銀行と「上流階級の害毒と政党の害虫ども」から祖国を救うようニューヨークの職人に求めた。相互連帯の儀式が抗議の機会に転化してしまっていた。(76)とはいえ今や急進的勢力には、その抗議を選挙に効果的に活かすための道具も勢いも政治的能力も欠いていた。

オーウェン派の残党たちは、その後一年半は生き延びた。一八三〇年末、紐帯の弱い組織の危うさを思い知ったエヴァンズは、区毎に分断され「見せかけの友人」を排除して来た私的クラブの結集を意図して勤労者政治協会を結成した。この集団は市内のすべての派閥と政党に呼びかけ、一八三一年の地方選挙で仲間の何人かをクレイ派や民主党の候補者として立候補させたが、独自候補は惨憺たる結果に終わった。三二年にエヴァンズは已むを得ずジャクソンを大統領候補として支持したが、副大統領候補に安息日厳守反対論者のリチャード・M・ジョンソン下院議員を指名してブームを起こそうとした。結果的にマーティン・ヴァン・ビューレンがジャクソンの副大統領候補に選ばれたことは、決定的な屈辱であった。ジャクソンによる合衆国銀行特許延長法案に対する拒否権発動、ジャクソン陣営へのオーウェン派残党の転身、そして秋の選挙における民主党の目覚ましい勝利でやっとこの惨事は決着した。旧来の職人利害の民衆的基盤は、クレイ派にではなくてジャクソン派によって奪還されていた。「勤労者」党——その裳抜けの殻——は死んだ。(77)

終わってみれば、一八二九年の出来事における主要人物たちは様々な道を求めて散り散りになっていた。一人を除く全員が新しい経歴を辿った。彼らの個人的盛衰が、運動の運命を奇妙な形で象徴していた。「勤労者」運動でもクック＝オーウェン党でも直接の政治的役割は果たさなかったフランシス・ライトは、すでに二九年一一月にハイチに向けてニューヨークを離れていた。そこで彼女は、ナショバからの解放黒人の移送の手配を試みていた。一八三〇年春、彼女はほんの短期間ニューヨークに戻り、その間にクック派とスキドモアを非難した後、パリに向けて出帆した。三一年には彼女はフランスの教育改革運動家フィクパル・ダリュモンに愛情を寄せるようになっており、結局、結婚することになった。これは反対派にとって、恰好の物笑いの種となった。後に彼女はニューヨークに戻り、ヴァン・ビューレンの選挙運動を行ってかなり注目された。彼女の名前は相変わらず敬虔な両親によって子供たちを震え上がらせるために使われたが、ライトがかつての政治的影響力を取り戻すことはなかった。クック派とニューヨークの有権者に撥ねつけられたロバート・デール・オーウェンは、三〇年選挙直後に党を離れた。三一年に彼は、皮肉なことにメソディスト会衆に科学会館を売却した。理神論者の製靴業者の娘と結婚した後でニューハーモニーに戻った彼は、父親の築いた共同村の廃墟で民主党改革派政治家としての順調な経歴を重ねることになる。クックとガイアンは市政治で精力的に活動を続け、一八三二年までには、一つの連合勢力を固める課題を達成しつつあった。これが後に、ニューヨーク・ホイッグ党に結集することになるのである。クックは特に「ホイッグ党結成のための配管工」として知られる政党人となったが、エヴァンズは後に彼を「政治のありとあらゆる手練手管を使う悪名高い人物」と評した[78]。

トマス・スキドモアには時間は残されていなかった。一八三一年夏に彼は、オーウェンの産児制限提案への応答の書『暴かれ反駁された道徳生理学』や『政治小論』と題された小冊子を出版し、国家教育の「異常な改革」に対して再度、攻撃を行った。彼は最後の急進的試みとして「政治経済学の議論の無償頒布のためのニューヨーク協会」を企画した後、地球儀の金属製枠組みの鋳造方法の完成のために作業場に引きこもった。その翌年、彼はコレラの犠牲となって四二歳の生涯を閉じた[79]。

職人急進主義と政治の逆説

一八四二年にジョージ・ヘンリ・エヴァンズは次のように述べた。「堕落した政党機関紙が連合して『勤労者運動』に対して大量の誤った情報を流して攻撃した必然の結果として」、「この運動の原理や目的を十分に理解している人はほとんどおらず、多くの人がそれらを全く誤解している」[80]。エヴァンズのこの言葉は、決して公平ではない。一八二九年には彼ほど大量の誤った情報を流した人物はいなかったからである。しかし、彼の言葉は正鵠を射ている。「勤労者」運動は様々な形で説明されてきたし、現在も説明され続けている。いわくプロレタリア政党、気紛れな急進的指導者たちを有した企業家の利益集団、教育改革運動、「ニヒリスト」狂信者の群、タマニー・ホールの分派、三つの派閥の不安定な連合——あるがままの民衆運動として以外のほぼすべてのものとして説明されてきた。これが、こうした運動のお決まりの宿命なのである。[81]

こういった誤解を解消するには、「勤労者」党と呼ばれるものが一八二九年春に生まれてその後二、三年間様々な変化をくぐり抜けつつ生き続けたという、長きにわたって事実と考えられてきた物語を捨てねばならない。「勤労者」運動と「勤労者」党の二つを注意深く峻別すべきだということである。

「勤労者」運動は、一八二九年四月の雇われ職人の巨大な抗議運動の後にトマス・スキドモアと五〇人委員会の指導の下で生まれた。この運動こそが、職人急進主義と雇われ職人の労働組合主義を連結し、五〇人委員会を指名し、一〇月に五〇人委員会の立案した計画を承認し、「勤労者」運動の候補を指名し、そして一一月の州下院議員選挙で投票数の三分の一を獲得した。この運動は、(『自由探求者』の指導部とは希薄な関係しか持たなかったけれど)ライトとオーウェンを支持する民衆をも包摂した。早くも二九年一〇月頃から、何人かの企業家たちが運動の隊列に浸透し始めていたことは確実である。にもかかわらず、この運動は戦闘的な雇われ職人たちによって、したがって賃金労働者と小親方の委員会によって組織され、計画・指導された。後にエヴァンズが認めたように、この人々の抱く究極的目標は「自らの労働の成果を各人に保証する根底的な革命」であった。[82] この運動は、二〇年代末と三〇年代のニューヨークにおいて底辺から生み出された一つの政治運動であり、しかも既成政党の外部に多大な支持を結集し得ることを実証した。

「勤労者」党は、土地均分論者を除く急進主義者たちとヘンリ・クレイ派の職人企業家たちとの便宜結婚によって一八二九年一二月に生まれた。この政党は、「勤労者」運動の周辺から生まれたものにすぎなかったように見える。実のところこの政党はオーウェン派とクック派による発明品であり、スキドモアに打撃を与え孤立させ、急進的政治反乱を根絶するクーデターの中で「勤労者」の名前を利用した政党である。時として「ワーキイズム」と称された企業家的考えを語ったのはこの政党であった。三〇年に崩壊した後で片やホイッグ党の勃興に寄与し、片やエヴァンズに率いられたいわゆるジャクソン民主主義急進派の台頭に貢献したのもこの政党である。他方、「勤労者」運動は二九年一二月以降は実質的に存在しなくなった。貧民党として運動を再生しようとする指導者たちの試みは、クレイ＝オーウェン派「勤労者」の台頭や民主党の融和的姿勢と「勤労者」的ポーズに直面して挫折した。アダムズ＝クレイ派の復活に直面して、（「勤労者」党の支持者と対立した）「勤労者」運動の支持者の大部分はタマニー派の持つ相対的安全性を選択した。一旦は「勤労者」運動によって満たされた二九年の政治的空白は、伝統的な政治家たちによって奪回されていた。三二年以降、民主党や勃興しつつあるホイッグ党の統制の下での体制側のニューブランドの政治統合が、この「勤労者」運動のような運動の台頭を以後二〇年間妨げることになる。

これは現在でも身近に感じられる物語であり、それが起こった時のことを考えるとなおのこと重要な出来事である。フィラデルフィアの「勤労者」運動と共にニューヨークのこの運動は、近代的アメリカ政党政治の黎明期に誕生したのであり、事実上、最初の近代的アメリカ急進主義政治運動であった。この下層階級の反逆は、政党制度の裂け目をついて出現したが、結局は外部利害の手の者たちとその手先となった急進派による運動乗っ取り、路線歪曲、新規参入者の役員選出の結果、究極的破滅に追い込まれた。これは、このような反逆の歴史の最初の事例であった。このドラマの残響は後年のポピュリストの経験に最も明瞭に聞くことができるし、南北戦争から現在に至る全国の都市やタウンでの多くの農民政党や労働者政党の歴史の中でも耳にすることである。実際に何を成し遂げたのかという観点から見て、一八二九年の「勤労者派」はそれ以降の政治運動の先例となった。そして、このような政治運動は、リチャード・ホフスタッターの忌憚ない比喩的表現を借りるなら、結局ある種の昆虫のように、自らが死ぬ前に主要政党を刺しておざなりの改革をさせることによって、その歴史的使命を終えることになった。(83) 少し違った観点に立てば、「勤労者派」は生まれつつある職業政治家によるアメリカ政党政治の手強い力に初めて立ち向かったとも言える。これは民衆の急進的挑戦が、アメリカの政党間抗争が生み出す虚像と策謀とによって正反対のものに変えられることを学んだ最初の事例であった。

「勤労者派」の努力の多義的性格とその変容は重要である。しかし、その理解は容易ではない。意見の大きな相違があったにもかかわらず、「勤労者」運動も「勤労者」党内の二つの派閥もすべて同一の政治言語、つまり職人共和国の言語に訴えた。自分たちは特権と金にまみれた貴族階級に対峙する「職人」であり「生産者」であり「勤労者」であると口を揃え、こぞって独立革命の遺産に対する継承権を主張した。この言葉の背後には、根本的に異なる意味と動機が潜んでいた。しかし正しくその言葉そのもの、さらにはそれぞれスキドモアとオーウェンとクック派が堅固な特権と闘っていると主張するその主張の仕方が、このような意見の相違を覆い隠し、その間に、一つの集団が「勤労者」運動に侵入し、もう一つの集団の助けを借りて勝手にその名を名乗ることを可能にした。職人急進主義者は土地均分論者もそうでない者も、彼らが起こりつつある事態に気づいた時には、すでに手遅れになっていた。もっと重要なことは、一八三〇年までに「貴族」政治の敵・民主党も、自分たちの目的にとってこの古い言葉が役立つことに気づいていた点である。そして彼らは、この言葉を巧みに用いて急進主義とは全く無縁な彼ら自身の民主党の党派固めをしたのである。アンドルー・ジャクソンの拒否教書が民衆の支持を結集するため小生産者の共和国というイメージに訴えた三二年までに、民主党は自分たちが働く人々の利益の真の体現者だと土地均分論者以外の職人急進主義者たちに思い込ませることさえできた(84)。

だがそうであっても、「勤労者」運動をイデオロギーのはっきりしない不毛の実践だったと即断すべきではない。一八二九年のドラマはそれなりに、職能内において進行中の社会的・イデオロギー的争いが永続的な階級対立に帰結し始めたことを、以前よりもさらに明確化した。無論、「勤労者」運動（「勤労者」党は言うまでもなく）は、決して憤激する賃金労働者のみで構成されたわけではない。雇われ職人と小親方は、オーウェン派や元々の「勤労者派」とともにクック派の中にも見出される。プロレタリア的社会主義者ではない『自由探求者』派やスキドモアは、幅広いリカード派的立場から生産者と非生産者の間の違いを主張したのであって、賃金労働者と雇主の間の差違を主張したのではなかった。クック派も彼らなりに同様の立場に立っていた。選挙を通じて「勤労者」運動は、独立革命期の平民的な政治民主化運動とは異なる新しい型の職人急進主義を表明し、これを育てた。にもかかわらず、依然としてこの運動は、資本家の寄生動物どもに対抗する生産者、「自分自身の労働によって生きる人々」の運動であった。だが本質抽出論的《エッセンシャリスト》観点からこの運動を評価すると、最も重要な事実を見失うことになる。肝心な点は、一八二九年に前例のない社会的、政治的激震が起こったということであり、しかもこれを指導した職人の委員会はその内部にどのような意見の対立があったにせよ、金持ちの企業家たちが共和国を破壊しようとしているという信念の下に団結していたという、この事実である。そこには至るところで、新しい出発の兆しが現れていた。それは、反資本主義的社会急進主義とそれ以前の時期の労働組合に見られた胎動期の階級意識との結合の予兆であった。少なくとも二九年一二月までのスキドモアの全計画は、彼を支持する雇われ職人たちに彼らの不平不満の原因が想像以上に根深いことを示すことにあった。オーウェンも、幾分かは雇われ職人の行動の圧力を受けた結果ではあるが、スキドモアと同じことを試みた。ただその処方箋が異なっていただけである。四月の雇われ職人たちの行動と五〇人委員会の指導は、職能間の垣根を越えて組織されたニューヨークの職人労働者たちが、目前の不平不満を乗り越えて社会的・政治的不平等のより根深い原因に目を向け、さらに急進的小親方の参加を得て、その結論を政治の場に持ち込んだ初めての経験であった。この雇われ職人たちの運動なしには、急進的土地均分論者たちがクーデターの後、再び復活に成功する基盤はなかった。この運動が継続する限りで、その同盟は以前には誰も予想もしなかったほどの威力を発揮した。

職人共和国という古くからの言葉が存続した間中、とりわけこの言葉もまた吟味され解釈し直され激論の的となった。少なくとも一八二九年の出来事は、何千もの雇われ職人と小親方にとって何かが根底的に間違っていることを証明した。問題は「なぜか」にあった。なぜ「共和国の都市」で不平等と政治「腐敗」が目に余るようになったのか、なぜ正直な職人が職探しをしても仕事がないのか、なぜ「同業者仲間」のレトリックを用いながら親方たちは労働時間を延長して労働者の搾取に努めるのか。この答えを見つけるために、普通の人々が通常の選挙運動では取り上げられない問題——資本主義的銀行業の廃止、急進的教育改革、ネオ・ジャコバン的自由思想そして財産の没収と再配分——を検討した。「勤労者」運動が支持した答えは、依然として職人共和国のエートスつまり価値観に結びつけられていた。この答えはまた、そうした価値観に新たな決定的に急進的意味合いを付与した。二九年から三〇年にかけての結末にもかかわらず、その後の運動は同じ理想と課題に立ち返り、急進的答えを求め続けることになる。

ここに、「勤労者派」の興亡の中心的な逆説が存在する。政治の世界に入り込むことによって、職人急進主義者たちは、先ずスキドモア派が、続いてオーウェン派が路線の歪曲と敵の侵入と敗北に身をさらした。だが政治に携わることによって初めて、スキドモア派と自由探求者派は支持者の輪を広げてつかの間とは言えそれぞれの民衆運動を組織できたのである。五年以上前から、急進主義思想の言葉の洪水が居酒屋や仕事場を通り抜けていたが、その影響は限定されたものでしかなかった。ところが政治の季節に入ると突如、理性、トム・ペイン、財産平等及び神格化された貧民を讃美する急進主義的政治文化と共に、これらの思想が政党政治と資本主義的企業家の政治経済学に反対する職人の居住区を——民衆討論団体や委員会や街頭集会を——捉えた。高揚が絶頂に達したところで政治的挑戦を生み出し、選挙での予想外の出来事を引き起こした。確かにその直後に運動は敗退し、構成分子は四散してしまった。だが運動は、公衆の脳裏から完全に消え去ることのない議論や参加意識をも生み出していた。

勿論こうした慰めは、一八三二年の急進的職人たちには侘しい気休めにすぎなかった。スキドモアは死去し、科学会館はメソディスト教会の手中に落ち、民主党は難攻不落に見え、急進的環境は視界から遠去かった。コレラの猛威がスキドモアと彼が組織しようとした何百人もの生命を奪い、『勤労者の代弁者』紙上で死亡者と危篤者の名簿が政治ニュースに取って代わるに従って状況は益々暗くなった。(85) だがそんな時でさえ、二九年の教訓を学んだ職人労働者たちが新しい活動を計画し始めていた。その行き着く先は、急進主義文化運動でも貧民党でもなく、雇われ職人の反乱の組織化を助けることであった。

民衆支配の讃歌（上）
——ニューヨーク市とアメリカ労働者階級の形成　1788～1850

2001年３月20日第一版第一刷　印刷発行

著　　者：ロバート・ショーン・ウィレンツ
監 訳 者：安武秀岳
共 訳 者：鵜月裕典／森脇由美子
発 行 者：能島　豊
発 行 所：有限会社　木鐸社（ぼくたくしゃ）
印　　刷：㈱アテネ社
製　　本：大石製本所
住　　所：〒112－0002　東京都文京区小石川５－11－15－302
郵便振替：00100－５－126746
電話／ファクス：(03)3814－4195
ISBN4－8332－2294－9　C3022

監・訳者紹介

安武秀岳（やすたけ ひでたか）

1936年　福岡県生れ

1964年　九州大学大学院文学研究科博士課程中退

現　職　愛知県立大学外国語学部教授

主要著書・論文　『大陸国家の夢』（講談社現代新書，1988年）

「トマス・スキドモアとその思想——米国産業革命期におけるラディカリズムの追求——」『西洋史学』129号，1983年

鵜月裕典（うづき ゆうすけ）

1957年　東京都生れ

1988年　立教大学大学院文学研究科博士後期課程単位取得退学

現　職　立教大学文学部教授

共　著　『常識のアメリカ・歴史のアメリカ』（木鐸社，1993年）

「アメリカ・インディアンの自意識の多様性」（五十嵐武士編『アメリカの多民族体制』所収，東大出版会，2000年）

森脇由美子（もりわき ゆみこ）

1963年　神奈川県生れ

1993年　立命館大学大学院文学研究科博士後期課程単位取得退学

現　職　三重大学人文学部専任講師

主要著書・論文　J・グッドマン『タバコの世界史』（共訳）（平凡社，1996年）

「アメリカにおける職人の『伝統』と共和主義——建国期から19世紀中葉まで——」『西洋史学』185号，1997年

久田由佳子（ひさだ ゆかこ）

1966年　愛知県生れ

1997年　名古屋大学大学院文学研究科博士課程後期（西洋史学）満期退学

現　職　長野県短期大学教養学科専任講師

著・訳書　『近代ヨーロッパの探究②家族』（共著）（ミネルヴァ書房，1998年）

S.グインター著『星条旗—1777-1924』（共訳）（名大出版会，1997年）

省略語一覧表

AHR	*American Historical Review*
AQ	*American Quarterly*
BAAD	Board of Assistant Aldermen, Documents
CCFP	City Clark Filed Papers
GSMT	General Society of Mechanics and Tradesmen
HDC	Historical Documents Collection, Queens College, City University of New York
JAH	*Journal of American History*
JEH	*Journal of Economic History*
JIH	*Journal of Interdisciplinary History*
JNH	*Journal of Negro History*
JSH	*Journal of Social History*
LH	*Labor History*
MARC	Municipal Archives and Record Center, New York
MCC	*Munites of the Common Council, 1785-1831*
MVHR	*Mississippi Valley Historical Review*
NYH	*New York History*
N-YHS	*New-York Historical Society*
N-YHSQ	*New-York Historical Society Quarterly*
NYPL	New York Public Library
P&P	*Past & Present*
PMHB	*Pennsylvania Magazine of History and Biography*
PSQ	*Political Science Quarterly*
SAJ	Senate Assembly Journal, New York
WMQ	*William and Mary Quarterly*

序章　ストルンワークのパノラマ　1815年　註

（1）　*Longworth's American Almanac for 1816* (New York, 1816). 英国と合衆国におけるパノラマに関しては，Richard Altick, *The Shows of London* (Cambridge, Mass., 1978), 128-210 参照。Altick は広範な研究に基づき，合衆国で展示された最初の動くジオラマは 1828 年まで遡るとの結論を下した。その時期は今日ではさらに 10 年以上遡ることができる。

（2）　Polanyi, *The Great Transformation* (Boston, 1957).

（3）　Karl Marx, *Capital*, trans. Ben Fowkes (London, 1976), I, 1029.

（4）　この段落は歴史家と経済学者たちによる広範な研究の集積に依拠しており，その多くは Stephen Marglin, "What Do Bosses Do? The Origin and Function of Hierarchy in Capitalist Production," *Review of Radical Political Economics* 6(1974): 33-60 に要約されている。古代のクラフトマンに関しては Alison Burford, *Craftsmen in Greek and Roman Society* (Ithaca, 1972) 参照。イギリスとヨーロッパのクラフトマンたちと初期産業資本主義に関しては，Maurice Agulhon, *Une Ville ouvrière au temps du socialisme utopique: Toulon de 1815 à 1851* (Paris and The Hague, 1970); Theodore S. Hamerow, *Restoration, Revolution, Reaction: Economics and Politics in Germany, 1815-1871* (Princeton, 1958); Christopher H. Johnson, *Utopian Communism in France: Cabet and the Icarians, 1839-1851* (Ithaca, 1974); Bernard H. Moss, *The Origins of the French Labor Movement: The Socialism of Skilled Workers* (Berkeley and Los Angeles, 1976); Iorwerth Prothero, *Artisans and Politics in Early Nineteenth-Century London: John Gast and His Times* (Folkestone, 1979); Joan Wallach Scott, *The Glassworkers of Carmaux: French Craftsmen and Political Action in a Nineteenth-Century City* (Cambridge, Mass., 1974); William H. Sewell, Jr., *Work and Revolution in France: The Language of Labor from the Old Regime to 1848* (Cambridge, 1980); E. P. Thompson, *The Making of the English Working Class* (New York, 1964) 参照。合衆国における最近のクラフトに関する研究は地方研究に集中している。18 世紀に関しては，Charles Olton, *Artisans for Independence: Philadelphia Mechanics and the American Revolution* (Syracuse, 1975); Eric Foner, *Tom Paine and Revolutionary America* (New York, 1976); Gary B. Nash,

The Urban Crucible: Social Change, Political Consciousness, and the Origins of the American Revolution (Cambridge, Mass., 1979) 参照。19世紀に関しては，Alan Dawley, Paul G. Faler, Bruce G. Laurie, Howard B. Rock, Anthony F. C. Wallaceの研究が特に重要である。これら及び関連する研究に関する書評としては，Sean Wilentz, "Artisan Origins of the American Working Class," *International Labor and Working Class History,* 18 (1981): 1-22参照。David Montgomeryの2つの論文 "The Working Classes of the Pre-Industrial American City, 1780-1830," *LH* 9 (1968): 3-22; and "The Shuttle and the Cross: Weavers and Artisans in the Kensington Riots of 1844," *JSH* 5 (1972): 411-46, 及び Herbert G. Gutman, *Work, Culture, and Society in Industrializing America* (New York, 1976), esp. 3-78は今日なお大きな影響力を持っている。

(5)　19世紀のメトロポリスの生活文化に関しては，Walter Benjamin, "Paris—The Capital of the Nineteenth Century," in *Charles Baudelaire: A Lyric Poet in the Era of High Capitalism* (London, 1973), 155-76; and Richard Sennett, *The Fall of Public Man* (New York, 1978) 参照。Carl E. Schorske, *Fin-de-Siècle Vienna: Politics and Culture* (New York, 1980)の中のウィーンのように多面的に検討された19世紀初期のメトロポリスは，残念ながらニューヨークを含めて，まだ他に存在しない。近年の社会史家や都市史家は，固有の社会構成として比較史的な観点からメトロポリスを検討するという点で特に停滞している。しかし一つの試みとして，Lynn H. Lees, "Metropolitan Types," in *The Victorian City: Images and Realities,* ed. H. J. Dyos and Michael Wolff (London, 1973), I, 413-28参照。

(6)　William V. Trimble, "Diverging Tendencies in the New York Democracy in the Period of the Loco Focos," *AHR* 24 (1919): 398.

(7)　Dixon Ryan Fox, *The Decline of Aristocracy in the Politics of New York, 1801-1840* (New York, 1919); Arthur M. Schlesinger, Jr., *The Age of Jackson* (Boston, 1945); John R. Commons et al., *History of Labour in the United States* (New York, 1916), I; Selig Perlman, *A Theory of the Labor Movement* (New York, 1928) 参照。

(8)　Richard Hofstadter, "William Leggett, Spokesman of Jacksonian Democracy," *PSQ* 58 (1943): 581-94; idem, *The American Political Tradition* (New York, 1948), 56-85; Lee Benson, *The Concept of Jacksonian Democracy: New York as a Test Case* (Prin-

ceton, 1961). より包括的な論評と簡潔な概観としては，Sean Wilentz, "On Class and Politics in Jacksonian America," in *The Promise of the American History: Progress and Prospects*, ed. Stanley I. Kutler and Stanley N. Katz (Baltimore, 1982), 45-63 参照。

(9) Edward Pessen, *Riches, Class, and Power before the Civil War* (Lexington, Mass., 1973) 参照。

(10) Ernst, *Immigrant Life in New York City, 1825-1863* (New York, 1949), 99-121.

(11) Hugins, *Jacksonian Democracy and the Working Class: A Study of the New York Workingmen's Movement, 1829-1837* (Stanford, 1960).

(12) Pessen, *Most Uncommon Jacksonians: Radical Leaders of the Early Labor Movement* (Albany, 1967). Douglas T. Miller, *Jacksonian Aristocracy: Class and Democracy in New York, 1830-1860* (New York, 1967) も反革新主義者たちに対する反論を提示している。しかし Miller の場合，階級形成と階級意識の分析という点で，革新主義者たちやコモンズ学派によって以前に提示されたもの以上に提供しているものはほとんどない。反革新主義の立場に立つ論述は，他の諸州や地域の研究の方が成功を収めている。特に，Donald B. Cole, *Jacksonian Democracy in New Hampshire, 1800-1851* (Cambridge, Mass., 1970); James Roger Sharp, *The Jacksonians versus the Banks: Politics in the States after the Panic of 1837* (New York, 1970); Harry L. Watson, *Jacksonian Politics and Community Conflict: The Emergence of the Second Party System in Cumberland County, North Carolina* (Baton Rouge, 1981) 参照。

(13) 合衆国史におけるこれらの研究の中で最も重要なものとして以下のものがある。Alan Dawley, *Class and Community: The Industrial Revolution in Lynn* (Cambridge, Mass., 1976); Paul G. Faler, *Mechanics and Manufacturers in the Early Industrial Revolution* (Albany, 1981); Leon Fink, *Workingmen's Democracy: The Knights of Labor and American Politics* (Urbana, 1983); Lawrence Goodwyn, *Democratic Promise: The Populist Moment in America* (New York, 1976); Gutman, *Work, Culture, and Society*; Bruce G. Laurie, *Working People of Philadelphia, 1800-1850* (Philadelphia, 1980); David Montgomery, *Beyond Equality: Labor and the Radical Republicans, 1862-1872* (New York, 1967). 18 世紀に関しては，

Foner, *Tom Paine* 参照。20世紀に関しては，James R. Green, *Grass Roots Socialism: Radical Movements in the Southwest, 1895-1943* (Baton Rouge, 1978) 参照。論点は変わるが，Eugine D. Genovese（近年は Elizabeth Fox-Genovese と共同研究）が着手した史的唯物論の再活性化は，資本主義とイデオロギーと所有関係に関する私の思考に継続的に影響を与えてきた。特に *Fruits of Merchant Capital: Slavery and Bourgeois Property in the Rise and Expansion of Capitalism* (New York, 1983) 参照。

(14)　事務労働者と非熟練屋外労働者（日雇労働者，ポーター，沖仲仕，二輪荷馬車馭者を含む）は，合計すると1855年の男子賃金労働力の約40％を占めた。男女別人数に関しては Ernst, *Immigrant Life*, 214-217 参照。特権的な部門としてのクラフト労働者の中のいくつかの地方の集団についての論述は，労働「貴族」に関する最近の英国の研究文献の中で最も顕著であり，論争の的となっている。R. Q. Gray, *The Labour Aristocracy in Victorian Edinburgh* (Oxford, 1976); John Foster, *Class Struggle and the Industrial Revolution: Early Industrial Capitalism in Three English Towns* (London, 1974); Geoffrey Crossick, *An Artisan Elite in Victorian Society: Kentish London, 1840-1880* (London, 1978) 参照。すべてのクラフト労働者に対する特権的地位の想定は――通常，工場労働者と日雇労働者に対比してのクラフト労働者の理想化された観念に基づいており――一般に，合衆国では当然のことと考えられている。評価の高い経済史家グループによるある最近の教科書は，1830年代の各都市で職種を超えて連合した雇われ職人賃金労働者を，「自分たちの結束力の大半をビジネス取引における価格設定のために利用した」「小ビジネスマン」にまで変身させてしまっている。Lance E. Davis et al., *American Economic Growth: An Economist's History of the United States* (New York, 1972), 228 参照。

(15)　Paul E. Johnson, *A Shopkeeper's Millennium: Society and Revivals in Rochester, New York, 1815-1837* (New York, 1878), 8. また中産階級的な義務観念と家族生活に関するものとして，Mary P. Ryan, *Cradle of the Middle Class: The Family in Oneida County, New York, 1790-1865* (New York, 1981) も参照。

(16)　19世紀前半の合衆国が，アーノ・メーヤーが述べた如く，「かつて存在した小生産者と小財産所有者の国に最も近づいた国だとみなしてもよい」のだとすれば，これまでの小財産所有者に関する誤った理解

は特に厄介な問題を残したということになる。アメリカは永い間，偽物の中産階級神話とそのヴィジョンによって生きる下層中産階級の国であった――このメーヤーの主張に私は共感する。しかしここでの強調点はやや異なる。それらの性格が何であれ（そしてそれらは，メーヤーがかつて検討した時に考えたよりも，もっと複雑で多面的であったと，私は考えるのだが），アメリカの都市下層中産階級の文化と神話は，南北戦争前の階級形成と階級闘争の過程の一部として，形成されたものにすぎない。この点で，ニューヨークの仕事場店主（ショップキーパー），いやそれ以上に小親方職人は，労働者階級の形成に（ときにはいくぶん曖昧なものではあったが）中心的な影響を与えた。また両者の影響関係は逆向きにも作用した。後述する如く，1850 年までは，少なくとも何人かのこれらの小生産者は，自分たちの第一義的な社会的・政治的忠誠心は賃金労働者と共にあるのであって，金融業者や資本家的雇主とは対立するものであると考えていた。Arno J. Mayer, "The Lower Middle Class as Historical Problem," *Journal of Modern History* 47 (1975): 422 参照。

(17) Bryan D. Palmer, *A Culture in Conflict: Skilled Workers and Industrial Capitalism in Hamilton, Ontario, 1860-1914* (Montreal, 1979), xvi.

(18) この通説的理解はマルクス主義者，非マルクス主義者，反マルクス主義者の，いずれの著述にも見られる。古典的価値を持つ記述としてはマルクス『資本論』，第 1 巻，13-16 章がある。しかし，W. W. Rostow, *The Stages of Economic Growth: A Non-Communist Manifesto* (Cambridge, 1960) 及び David S. Landes, *The Unbound Prometheus: Technological Change and Development in Western Europe from 1750 to the Present* (Cambridge, 1969) も参照。英国の事例に関する最も一貫した知的な批判は，Raphael Samuel, "The Workshop of the World: Steam Power and Hand Technology in Mid-Victorian Britain," *History Workshop*, no. 3 (1977): 6-72.

(19) ほとんどの「新」労働史はこれまで種々の「リーディング・セクター」や単一産業町に研究を集中して来た。しかし George Rogers Taylor は，早くも *The Transportation Revolution, 1815-1860* (New York, 1851) の中で，これらだけが初期の工業化の立地ではなかったし，最も重要な立地でもなかったことに注意を喚起していた。Susan E. Hirsch, *The Roots of the American Working Class: The Industrialization of Crafts in Newark, 1800-1860* (Philadelphia, 1978) は，南

北戦争前の製造業に関するより複合的な評価を提示している。しかし彼女も工業化と工場制度の出現を同義語としてうまく取り扱うことができることを示すことにこだわり続けている。最も啓発的なものは，*Working People of Philadelphia* の第1章での，Bruce Laurie のフィラデルフィアにおける不均等発展に関する検討である。ニューヨークに関しては，Edward K. Spann の百科事典的な *The New Metropolis: New York City, 1840-1857* (New York, 1981) を含めて，1860年以前のこの都市の製造業経済に言及した事実上すべての本を参照。

(20)　Morrison, *A History of New York Ship Yards* (New York, 1909), 64.

(21)　Empson, *Some Versions of Pastoral* (London, 1935), 35.

(22)　勿論これは，かつて「象徴主義」アメリカ研究運動として知られていた諸研究の指導理念であり，この理念に基づいてジャクソン時代の政治と工業化が検討された。例えば，Henry Nash Smith, *Virgin Land: The American West as Symbol and Myth* (Cambridge, Mass., 1950); John William Ward, *Andrew Jackson: Symbol for an Age* (New York, 1955); Marvin Meyers, *The Jacksonian Persuasion: Politics and Belief* (Stanford 1957); Leo Marx, *The Machine in the Garden: Technology and the Pastoral Idea in America* (New York, 1964) 参照。この流れのその後の研究としては，John Kasson, *Civilizing the Machine: Technology and Republican Values in the United States, 1776-1900* (New York, 1977) がある。これらの研究はそれぞれの多くの貢献にもかかわらず，社会関係や権力や階級に対する関心が不十分なため発展が阻害されている。文化的な神話やシンボルの意義はしかし，修正された形でいくつかの新しい労働者階級文化に関する研究の中で示されている。これらの中で最も体系的なものは，Sewell, *Work and Revolution in France* である。この点で決定的な影響力を与えているのは——他の研究だけでなく本研究に対しても——Thompson, *Making of the English Working Class*; Maurice Agalhon, *La Rēpublique au village* (Paris, 1970); idem, *Une Ville ouvriere*; idem, Marianne au combat: L'Imagerie et la symbolique rēpublicaines de 1789 à 1886 (Paris, 1977) である。

(23)　J. G. A. Pocock, "Virtue and Commerce in the Eighteenth Century," *JIH* 3 (1972): 119-34; idem, *The Machiavellian Moment: Florentine Political Thought and the Atlantic Republican Tradition* (Princeton, 1975). 平等に関しては，Gordon S. Wood, *The Creation*

of the American Republic, 1776-1787 (Chapel Hill, 1969), esp. 72-73; and Foner, *Tom Paine*, 123-24, 225-26 参照。

(24) 私はこの点を予備作業として，"Artisan Republican Festivals and the Rise of Class Conflict in New York City, 1788-1837," in *Working-Class America: Essays in Labor, Community, and American Society*, ed. Michael Frisch and Daniel Walkowitz (Urbana, 1983), 37-77 の中で主張した。本書ではその論文の中に提示した資料と解釈の誤りを正し，より洗練されたものにしている。

(25) Sombart, *Warum gibt es in den Vereinigten Staaten keinen Sozialismus?* (Tübingen, 1906). ゾムバルトの誤謬の持続力は，John H. M. Laslett and S. M. Lipset, eds., *Failure of a Dream? Essays in the History of American Socialism* (Garden City, N.Y., 1974) の中のいくつかの論文に現れている。クリストファー・ラッシュは，異なってはいるが関係している文脈の中で同様のことを主張して，「アメリカン・ラディカリズムとその歴史の理解は，それをヨーロッパの諸範疇に押し込めようとしたり，あるいはそれがそのようなやり方に抵抗したこと自体を，アメリカの左翼に対する全面的な非難の論拠にしようとする反復的傾向に悩まされて来た」，と述べた。Randolph Bourne, *The Radical Will: Randolph Bourne, Selected Writings, 1911-1918*, ed. Olaf Hansen (New York, 1977) へのラッシュの序文を，オラフ・ハンセンの序論とともに参照。

(26) 英国の労働運動の「ポピュリズム」に関しては，Craig Calhoun, *The Question of Class Struggle: Social Foundations of Popular Radicalism during the Industrial Revolution* (Chicago, 1982) 参照。Gareth Stedman Jones はより説得的に，1830 年代と 1840 年代のいくつかの運動，とりわけチャーチズムは資本賃労働関係に対する新しい労働者階級の批判，あるいは前マルクス主義的社会主義の担い手としてよりも，18 世紀的ラディカリズムの延長とみなした方がよりよく理解できる，と主張している。一部分は，同様のことが合衆国にもあてはまる。にもかかわらず私は，共和主義的諸価値に強く執着しながらも「古典的な」職人共和主義からは弁別でき，しかも仕事場での依存状態と搾取に対する批判と結びついた多種多様な階級意識もまた，1830 年代と 1840 年代に現れたと主張する。Gareth Stedman Jones, "The Language of Chartism," in *The Chartist Experience: Studies in Working-Class Radicalism and Culture, 1830-1860,* ed. James Epstein and Dorothy Thompson (London, 1982), 3-58 参照。「階級的

忠誠心」"class loyalty" (Klassengefühl) という概念は，明らかにサミュエル・ゴンパースが初めて創出した。これについての簡潔な検討としては，Dawley, *Class and Community*, 239-40 参照。

(27)　André-Jean Tudesq, *Les Grands Notables en France (1840-1849): Étude historique d'une psychologie sociale* (Paris, 1964), II, 1236.

(28)　例えば以下参照——Elizabeth Strother Blackmar, "Housing and Property Relations in New York City, 1780-1850" (Ph. D. diss., Harvard University, 1980); Amy Bridges, *A City in the Republic: The Origins of Machine Politics in New York City* (forthcoming); Carol Groneman [Pernicone], "The 'Bloody Ould Sixth': A Social Analysis of a New York Working-Class Community in the Mid-Nineteenth Century," (Ph. D. diss., University of Rochester, 1974); Paul E. Gilje, "Mobocracy: Popular Disturbances in Post-Revolutionary New York City, 1780-1829" (Ph. D. diss., Brown University, 1980); John B. Jentz, "Artisans, Evangelicals, and the City: A Social History of Abolition and Labor Reform in Jacksonian New York" (Ph. D. diss., City University of New York, 1977); Elaine Weber Pascu, "From the Philanthropic Tradition to the Common School Ideal: Schooling in New York City, 1815-1832" (Ph. D. diss., Northern Illinois University, 1980); Howard B. Rock, *Artisans of the New Republic: The Tradesmen of New York City in the Age of Jefferson* (New York, 1979); Spann, *The New Metropolis*; Christine Stansell, *City of Women: The Female Laboring Poor in New York, 1785-1860* (New York, forthcoming); Paul O. Weinbaum, *Mobs and Demagogues: The New York Response to Collective Violence in the Early Nineteenth Century* (Ann Arbor, 1979).

(29)　（最良の利用できるデータに基づいて）やや概括的観点から見れば，合衆国は18世紀末から1870年までの間に，独立生産者と奴隷と奴隷所有者の国から，最も利潤をもたらす働き手が賃金のために働く国へと変化した。1865年以後の南部における奴隷解放は重要ではあるが，この統計的推移においては二次的要因であった。Jackson Turner Main, *The Social Structure of Revolutionary America* (Princeton, 1965), 271-76; and Montgomery, *Beyond Equality*, 25-31 参照。

(30)　Thompson, "Eighteenth-Century English Society: Class Struggle without Class?" *Social History* 3 (1972): 147.

第1章 「ハンマーと腕にて」── 商業都市の職人たち　註

(1) *Evening Post* [New York], February 27, 28, March 1, 1815; *Columbian* [New York], February 27, 1815; R. S. Guernsey, *New York and Vicinity during the War of 1812* (New York, 1895), II, 483-94.

(2) 典型的な典拠としては，*American Citizen* [New York], March 11, April 13, 1801 参照。

(3) この段落の主な引用史料は，Sidney I. Pomerantz, *New York, An American City, 1783-1803: A Study in Urban Life* (New York, 1938), 147-225; Robert Greenhalgh Albion, *The Rise of New York Port, 1815-1860* (New York, 1939), 1-15; Myron H. Luke, *The Port of New York, 1800-1810* (New York, 1953); Douglass C. North, *The Economic Growth of the United States, 1790-1860* (New York, 1966), 32, 42, 51, 62-63; Bayrd Still, *Mirror for Gotham: New York as Seen by Contemporaries from Dutch Days to the Present* (New York, 1956), 54-81.

(4) Breck, *Recollections of Samuel Breck* (Philadelphia, 1877), 89-90; T. E. V. Smith, *The City of New York in the Year of Washington's Inauguration, 1789* (New York, 1889), 5-6.

(5) Thomas C. Cochran, "The Business Revolution," *AHR* 79 (1974): 1444-66. また同著者の *Frontiers of Change: Early Industrialism in America* (New York, 1981), 17-37 も参照。

(6) John M. Duncan, *Travels through Part of the United States and Canada in 1818 and 1819* (New York, 1823), II, 25.

(7) Ira P. Rosenwaike, *The Population History of New York City* (Syracuse, 1972), 15-28; Pomerantz, *New York*, 201-9; John W. Francis, *Old New York: or, Reminiscences of the Last Sixty Years* (New York, 1858), 15. 住宅不足に関しては，James Ford, *Slums and Housing with Special Reference to New York City* (Cambridge, Mass., 1936), I, 87-90; Betsy Blackmar, "Re-walking the 'Walking City': Housing and Property Relations in New York City, 1780-1840," *Radical History Review* 21 (1979): 131-48 参照。

(8) Edmund P. Willis, "Social Origins of Political Leadership in New York City from the Revolution to 1815," (Ph. D. diss., University of California at Berkeley, 1967), 103-32; Rock, *Artisans of the*

New Republic, 238; Pessen, *Riches, Class, and Power*, 33. 1776年以前のニューヨークにおける貧困と不平等に関しては，Nash, *Urban Crucible*, 125-27, 239-40, 254-56, 331-32参照。

(9) Albion, *Rise of New York Port*, 235-59; Willis, "Social Origins," 156-74, 220-21; M. J. Heale, "From City Fathers to Social Critics: Humanitarianism and Government in New York, 1790-1860," *JAH* 63 (1976): 21-41; Pessen, *Riches, Class, and Power*, 9-73, 169-248; Frederick Cople Jaher, *The Urban Establishment: Upper Strata in Boston, New York, Charleston, Chicago, and Los Angeles* (Urbana, 1982), 187-96, 208-22, 231-50; Herman Melville, "Bartleby the Scrivener," in *Great Short Works of Herman Melville*, ed. Warner Berthoff (New York, 1969), 40.

(10) Raymond Mohl, *Poverty in New York, 1783-1825* (New York, 1970), 14-34, 87-90.

(11) Isaac Lyon, *Recollections of an Old Cartman* (Newark, 1872), 3-5; Pomerantz, *New York*, 211-12; Rock, *Artisans of the New Republic*, 205-34; Graham Hodges, "The Cartmen of New York City, 1667-1801," (Ph. D. diss., New York University, 1982).

(12) Ward Stafford, *New Missionary Field: A Report to the Female Missionary Society for the Poor of the City of New-York and Its Vicinity* (New York, 1817), 12-15; *Evening Post*, January 23, 1805; *New-York Spectator*, July 13, 1816; *Report of the Committee of the Medical Society of the City and County of New York* (New York, 1821); MCC, XI, 440-41; Groneman, "Bloody Ould Sixth," 20-33; John Lambert, *Travels through Canada and the United States* (London, 1814), 102-3; CCFP, Police Committee, January 31, 1825; Mary Christine Stansell, "Women of the Laboring Poor in New York City, 1820-1860," (Ph. D. diss., Yale University, 1979), 17-56 passim.

(13) ここで私は職人《アーテイザンズ》を，商品の直接生産に従事している雇われ職人と親方たちのすべてと定義する，但し徒弟は除く。ニューヨーク市における19世紀初期の労働力人口の中の職人の正確な割合ははっきりしない。Carl F. Kaestle は，1796年の市の人名録を使って，市の労働者の52.6％が職人《アーテイザンズ》であったとみなしている。Kaestle, *The Evolution of an Urban School System: New York City, 1750-1850* (Cambridge, Mass., 1973), 31-32参照。ロックは1819年の陪審員名簿の数字を

計算し，この都市の労働者の50ないし60％が「職人《メカニックス》」に分類出来る，と推定している。しかしロックの数字は，荷馬車引きのカートマンとドレイマンを「職人」の中に含めており，彼の資料とケースルの資料はこの都市の日雇労働者《レーバラーズ》の数を過小評価する傾向があり，家事使用人をも考慮に入れていない。1815年のこの都市の人名録からの名前のランダム・サムプルは，列挙された者の36.2％が職人《アーティザンズ》であったことを示している。人名録は日雇労働者だけでなく，若い労働者や雇われ職人をも過小評価していたので，男子労働力の約5分の2から半数が，親方あるいは雇われ職人として，働いていたと私は推定している――この割合は18世紀ニューヨークよりも若干多い。Rock, *Artisans of the New Republic*, 14-16を参照。18世紀のニューヨークの労働力に関しては，Jacob Price, "Economic Function and the Growth of American Port Towns," *Perspectives in American History*, no. 8 (1974): 131-37, 184-85参照。プライスの数字は，1746年から1795年までに，ニューヨークの「工業」セクターの相対数の急激な低下を示している。彼の数字とここで引用した他の数字は非常に違っている。その大きな理由はプライスが大工を含めて種々の職人業種の諸個人を彼の「サーヴィス」セクターに入れているからである。プライスの数字を分類し直して，彼のサブセクターIIのCとDを工業セクターに入れることによって，我々は男子労働力の約40％が1795年に職人業種で働いていたことが分かる。

(14) Carl Bridenbaugh, *The Colonial Craftsman* (Chicago, 1950), 65-124 passim.

(15) Pessen, *Riches Class, and Power*, 47-48.

(16) クラフトの範囲については，Rock, *Artisans of the New Republic*, 12-13参照。1825年以前の他の製造業職種については，Albion, *Rise of New York Port*, 165-93; Pomerantz, *New York*, 158-59, 194-99参照。同様の状況に関しては，Sam Bass Warner, *The Private City: Philadelphia in Three Periods of Its Growth* (Philadelphia, 1968), 65-67も参照。商業都市の経済構造に関する理論的概観に関しては，Max Weber, *Economy and Society*, ed. Guenther Roth and Claus Wittich (Berkeley, 1978), II, 1215-17参照。

(17) John Bradford, *The Poetic Vagaries of a Knight of the Folding Stick of Paste Castle* (Gotham [New York], 1815), 9-10. 1816年のサンプルの中での親方と雇われ職人との割合（1：3.0）は，確定的には言えないが，大部分のクラフト企業が小規模だったことを示唆する。

ある小規模業種では，ロックが指摘しているように，雇われ職人と親方の数はほぼ同数であった。Rock, *Artisans of the New Republic*, 266-68 参照。この時期の製造業企業が一般にシンプルであったことに関しては，Alfred D. Chandler, Jr., *The Visible Hand: The Managerial Revolution in American Business* (Cambridge, Mass., 1977), 17-19, 50-52 参照。

(18) Rita Suswein Gottesman, *The Arts and Crafts in New York, 1800-1804* (New York, 1965), 241-65, 374-79, and passim; "To the Journeymen Carpenters and Masons" (1805), N-YHS Broadside; "To the Master Printers" (1809), N-YHS Broadside; New York Society of Journeymen Cabinetmakers, *New-York Book of Prices for Manufacturing Cabinet and Chair Work* (New York, 1817); Thomas Earle and Charles Congdon, *Annals of the General Society of Mechanics and Tradesmen in the City of New York, 1785-1880* (New York, 1882), 281; Thomas R. Mercein, *An Address Delivered on the Opening of the Apprentices' Library* (New York, 1820), 21; *Longworth's American Almanack for 1805* (New York, 1805), 138-39; Ledger Book, Unidentified contractor and builder, New York City, 1812-19, December 26, 1812, January 2, 1813, December 11, 1814, NYPL MSS.

(19) Charles H. Haswell, *Reminiscences of an Octogenarian of the City of New York* (New York, 1897), 109-30; *Evening Post*, March 3, 1804; John A. Dix, *Sketch of the Resources of the City of New-York* (New York, 1827), 85.

(20) Nash, *Urban Crucible*, 258-63; 320-21; Allan R. Pred, "Manufacturing in the Mercantile City, 1800-1840," *Annals of the Society of American Geographers* 56 (1966): 307-25; David T. Gilchrist, ed., *The Growth of the Seaboard Cities, 1790-1825* (Charlottesville, 1967), 95-99; Montgomery, "Working Classses." フィラデルフィアにおける同様の発展についての素晴らしい簡潔な記述として，Sharon V. Salinger, "Artisans, Journeymen, and the Transformation of Labor in Late Eighteenth-Century Philadelphia," *WMQ* 40 (1983): 62-84 参照。18世紀ニューヨークにおけるクラフトの中での奴隷制に関しては，Edgar J. McManus, *A History of Negro Slavery in New York* (Syracuse, 1966), 47 参照。

(21) Census of Manufacturing Establishments, New York County,

1820, National Archives, MSS, microfilm, Ward 1, nos. 5, 13. 合計 12 のニューヨークの製造業企業が 1790 年から 1819 年までの間に州議会から株式会社設立特許を得た。このうちわずか 1 社だけが，蒸気機関マニュファクトリーとして 1820 年国勢調査に現れている。Aaron Clark, *List of All Incorporations in the State of New York* (Albany, 1819), 42-53 参照。

(22) 仕立て業：Albion, *Rise of New York Port*, 63-64; *Evening Post*, April 20, July 13, 1819; Egal Feldman, *Fit for Men: A Study of New York's Clothing Trade* (Washington, D. C., 1960), 1-2; Haswell, *Reminiscences*, 76-77; Stansell, "Women of the Laboring Poor," 57-64; *Longworth's Almanack*, 1805, 124, 160-62；製靴業：*The Independent Mechanic* [New York], January 25, 1812; *Columbian* [New York], December 9, 1813; John R. Commons et al., *Documentary History of American Industrial Society* (Cleveland, 1910), III, 300；家具製造業：Robert Walker to Charles Watts, November 25, 1809, May 11, 1810, December 11, 12, 1815, March 4, 1816, Watts-Jones Papers, N-YHS; Charles Montgomery, *American Furniture: The Federal Period* (New York, 1966), 11-26；印刷業：George A. Stevens, *New York Typographical Union No. 6: Study of a Modern Trade Union and Its Prodecessors* (Albany, 1913), 65-69; Rollo G. Silver, *The American Printer, 1787-1825* (Charlottesville, 1967), 29-62；建築業: Robert Christie, *Empire in Wood: A History of the Carpenters' Union* (Ithaca, 1967), 5-12; *American Citizen*, May 23, 1810; *Evening Post*, June 19, 1810.

(23) これらの数字は，Rock, *Artisans of the New Republic*, 246 から引用。小仕事場生産の持続力に関する詳細は，後の第 3 章参照。

(24) Albion, *Rise of New York Port*, 12-13; *Independent Mechanic*, September 9, 1812; George Rogers Taylor, *The Transportation Revolution, 1815-1860* (New York, 1951), 239-40, 360-63; Rock, *Artisans of the New Republic*, 165, 177-86; Glenn Porter and Harold Livesay, *Merchants and Manufacturers: Studies in the Changing Structure of Nineteenth-Century Marketing* (Baltimore, 1971), 72-77; Chandler, *Visible Hand*, 20-22, 29.

(25) Mercein, *Address*, 21. 徒弟制の衰退に関しては，GSMT, "To the Citizens of New York" (1820), N-YHS Broadside Collection; GSMT, "Report of the Education Committee," GSMT MSS, Educa-

tion; *New York Observer*, November 4, 1826; Stevens, *Typographical Union*, 65-70 参照。また Richard B. Morris, *Government and Labor in Early America* (New York, 1946), 363-87 も参照;植民地時代の都市の徒弟制の後期段階と衰退の初期的兆候に関しては, Ian M. G. Quimby, "Apprenticeship in Colonial Philadelphia" (M. A. thesis, University of Delaware, 1963) 参照。

(26) 職長の雇用と「名誉ある」仕事場での生産からの親方の離脱に関しては, Account Book, Solomon Townsend [anchor manufacturer], 1795-97, N-YHS MSS 参照。タウンゼントの企業は, Alan S. Marber, "The New York Iron Merchant and Manufacturer: A Study in Eighteenth-Century Entrepreneurship" (Ph. D. diss., New York University, 1974) の中で徹底的に研究されている。

(27) Report of Abraham Quick, 1820 Manufacturing Census, New York County, Ward, 1, no. 30. また *Independent Mechanic*, September 7, 1811 も参照。

(28) Edmund P. Willis は, 1815 年のニューヨーク住民の資産評価額中央値を約 5,000 ドルと推定している ("Social Origins," 119-25)。

(29) 定住率の概数は, 1805 年のこの都市の人名録中の正規街路リストに含まれているクラフトマンの業種記載から計算された。私は 1805 年と 1815 年における街路人名録中の業種名記載リストを照合した。次の表は, 1805 年に居住していた者で, この都市の 1815 年の人名録にまだ残っていた者の定住率 (%) である。

業　　種	1815年 人名録記載	1815年人名録 同一住所記載
家具製造工 (N=57)	50.9	14.0
大工 (N=274)	50.0	16.8
桶製造工 (N=77)	50.6	29.9
金属労働者 (N=44)	40.9	31.8
靴工 (N=214)	68.2	9.8
合　　計 (N=666)	55.4	16.8

ジェファソン時代のアメリカにおける都市の地理的人口流動性に関しては, ほとんど知られていないが, これらの数字は 1830 年代におけるクラフト労働者と全都市人口について集められたものとは著しいコントラストをなしている。Peter R. Knights, *The Plain People of Boston, 1830-1860: A Study in City Growth* (New York, 1971), 48-77; Johnson, *Shopkeeper's Millennium*, 37, 170; William Neill

Black, "The Union Society of Journeymen House Carpenters: A Test in Residential Mobility in New York City, 1830-1840" (M. A. thesis, Columbia University, 1975) 参照。

(30) 親方家庭内の家具について知るには，Probate Inventories, New York County, HDC, B-160, W-153 参照。残念ながら，この時期の利用可能な陪審員名簿は，家に家事使用人がいたかどうかは明らかにしていない。この時期の都市地域における家事使用人の雇用に関しては，David Katzman, *Seven Days a Week: Women and Domestic Service in Industrializing America* (New York, 1978), 104-5; Stansell, "Women of the Laboring Poor," 138, 143-44 参照。1816 年サンプル中の親方たちの中に，二人の奴隷所有者がいた —— 婦人靴工 Reuben Bunn (男奴隷 1 人と女奴隷 2 人) と靴工 Jeremiah Alley (女奴隷 1 人) である。職人の土地所有に関しては，Tax Assessment Lists, New York County, Eighth Ward, 1815, MARC 参照。25 人以上のクラフトマンがこの区内に未開発地を所有していた。職人の土地投機と他の投資に関しては，Stephen Allen, "The Memoirs of Stephen Allen (1767-1852)," ed. John C. Travis, typescript, N-YHS, 45-46; Ledger Book, Unidentified builder and carpenter, March 22, 1817, NYPL MSS; Indenture, Patrick and Margaret McKay with Jacob Halsey and Charles Watts, November 20, 1810, and May 1, 1817, Inventory of Estate in Charleston, both in Watts-Jones Papers, N-YHS 参照。

(31) Ellen Vincent McClelland, *Duncan Phyfe and the English Regency* (New York, 1929), 91-138; Walter A. Dyer, *Early American Craftsmen* (New York, 1915), 43-69; Thomas H. Ormsbee, *Early American Furniture Makers: A Social and Biographical Study* (New York, 1930), 63-81.

(32) Frank Norcross, *A History of New York Swamp* (New York, 1901), 1-8, 51-60; Shepherd Knapp to Gideon Lee, March 3, 24, 25, 1823, Gideon Lee Papers, N-YHS; "Sketch of the Life and Character of the Late Gideon Lee," *Hunt's Merchants' Magazine* 8 (1843); 57-64; Albion, *Rise of New York Port*, 288-92; *New York Herald*, December 31, 1852; Allen, "Memoirs," 46, 111-14.

(33) *Jury Books*, 1816, Wards, 1-3, 5, 8; Morris, *Government and Labor*, 150, 202-4; *The Constitution of the Associated Body of House Carpenters of the City of New-York* (1767; reprint, New York, 1792), 3; *Daily Advertiser* [New York], November 18, 1800; Char-

lotte Morgan, *The Origin and History of New York Employing Printers' Organization* (New York, 1930), 3-24; New-York Friendly Associaton of Master Bookbinders, "List of Prices" (1822), N-YHS Broadsides; MCC, XII, 709, February 17, 1823; Norcross, *Swamp*, 10-42.

(34) Earle and Congdon, *Annals*, 7-36; Alfred F. Young, *The Democratic Republicans of New York: The Origins, 1763-1797* (Chapel Hill, 1967), 62, 100, 157, 201, 250; M. M. Noah, *An Address Delivered before the General Society of Mechanics and Tradesmen* (New York, 1822), 7; Thomas R. Mercein, *Remarks on Laying the Corner-stone of the Mechanic Institution* (New York, 1821), 24; Mercein, *Address*, 13.

(35) 関税に関しては，GSMT Minute Book, September 3, 1788, November 3, 1788, April 1, 1789, January 28, 1799, March 14, 1800 参照。メカニックス銀行に関しては，GSMT Minute Book, May 2, August 1, 10, September 5, 11, December 13, 1810, January 2, February 6, 1811, January 6, 14, 29, 1823; Charles Watts, Jr., to Charles Watts, February 21, 1811, Watts-Jones Papers, N-YHS; SAJ, 1828, pp. 757-58; *Memorial of the General Society of Mechanics and Tradesmen Praying for a Renewal of the Charter of the Mechanics' Bank* (New York, 1829); Earle and Congdon, *Annals*, 49-52 参照。また Rock, *Artisans of the New Republic*, 166-69; Margaret G. Myers, *The New York Money Market,* vol. 1, *The Origins and Development* (New York, 1931), 111, 114, 119, 159, 163 も参照。この銀行は 1865 年に合同して，the Mechanics' and Metals Bank を組織し，最終的にはチェイス銀行グループに吸収された。最も早期の残存記録は 1854 年からのものであり，the Chase Manhattan Bank Archives, Record Group no. 3, Merged Banks, Chase National Bank, no. 28 / 4 / 1 に保管されている。

(36) *Independent Mechanic* [New York], August 10, 17, 31, 1811; GSMT Minute Book, January 1, February 3, June 2, 1813, March 17, 1819, November 1, 1820, March 6, 1821; Cadwallader D. Colden, *Memoir Completed at the Request of a Committee of the Common Council* (New York, 1825), 237-38; Mercein, *Address*, 12-13.

(37) *Charter, Constitution, and Bye-Laws of the New York Mechanical and Scientific Institution* (New York, 1822), 3-15 and passim;

Pascu, “Philanthropic Tradition,” 415-19; *Mechanics' Gazette* [New York], June 8, 1822, April 26, May 3, 7, 14, 17, 21, 24, 28, 31, June 1, 1823. また *American Mechanics' Magazine* [New York], 1 (1824) をも参照。スティーヴン・アレンが MSI の初代会長，ギデオン・リーが副会長をつとめた。他の役員の中には，ヘンリ・エクフォード（第 2 代副会長)，ジョン・スライドル（第 3 代副会長)，トマス・マースイン（書記）がいた。彼らはすべて職人同業者総会の指導的な会員であった。

(38) *Constitution and Rules of Order of the New York Society of Cabinetmakers* (New York, 1810), 3-4; *American Citizen* [New York], December 31, 1802; George Barnett, “The Printers: A Study in Trade Unionism,” *American Economic Association Quarterly* 10 (1909): 363（傍点筆者).

(39) Allen, “Memoirs,” 51-52. フランクリンの経済学に関しては，Drew R. McCoy, “Benjamin Franklin's Vision of a Republican Political Economy for America,” *WMQ* 35 (1978): 605-28 参照。

(40) Jury Books, Wards 3, 5, 8, 1816, microfilm, N-YHS.

(41) 1816 年サンプル中の，1,000 ドル以下の財産しか持たないすべての親方の名前（N=91）を 1825 年のこの都市の人名録で照合した。52.7%が人名録と課税台帳で発見された。サンプル中の小親方で，後に職人同業者総会に入った者の中には，靴工 John Earle, 家具職人 Samuel Carter, John Tallman がいた。Congdon and Earle, *Annals*, 358-415 参照。小親方に関する詳細と，徒弟職人制度の持続力に関しては，後の第 3 章参照。成功した精肉業者に関しては，Thomas F. De Voe, *The Market Book* (New York, 1862), passim; Rock, *Artisans of the New Republic*, 205-6 参照。

(42) Probate Inventory, S-134, HDC.

(43) De Voe, *Market Book*, 234, 457; *Trial of Murder. Court of Oyer and Terminer... 1811. The People vs. George Hart, Murder* (n.p., n.d. [ca. 1812]); Insolvency Assignment no. 1824/4, HDC. また Insolvency Assignments nos. 1815/41, 1816/232, 1817/6, 1817/16, 1817/430, 1819/31, 1819/97, 1819/171, 1819/260 も参照。

(44) *Evening Post*, April 8, 21, September 4, 1815; Howard B. Rock, “A Delicate Balance: The Mechanics and the City in the Age of Jefferson,” *N-YHSQ* 63 (1979): 83-114; *Independent Mechanic*, April 6, 1811. あるバイロン風の職人は，病いで仕事が出来ず借金投獄された

時に問題の核心を捕えた。

むかつく空気と，土の冷たい土間の上，一体，
弱った体がもとの元気にもどるのか？
彼が自由で元気になれば
おまえの借金返すため骨身惜しまず働くものを

Independent Mechanic, August 1, 1812 参照。歴史家たちは借金投獄の意義を今やっと分析し始めたばかりである。しかし Edwin T. Randall, "Imprisonment for Debt in America: Fact and Fiction," *MVHR* 39 (1952): 89-102 参照。都市規制の衰退に関しては，Jon C. Teaford, *The Municipal Revolution in America* (Chicago, 1975) 参照。

(45) Rev. Ezra Stiles Ely, *Visits of Mercy: Being the Journal of the Stated Preacher to the Hospital and Alms House in the City of New York, 1811* (New York, 1812), 162-63.

(46) *Independent Mechanic*, May 11, 18, August 31, October 12, 1811, September 12, 1812 参照。

(47) Rock, *Artisans of the New Republic*, 189-95.

(48) *Independent Mechanic*, April 6, 1811, September 12, 1812.

(49) Nash, *Urban Crucible*, 250-53. このリフレインは独立革命後の時期に繰り返された。1788 年，貧困債務者救済協会は次のように指摘した。多くの貧しいクラフトマンにとって，「間断なき労働の連続は，彼らが自分と家族を養うことをできなくしてしまうことになる……」。3 年後『デイリー・アドヴァタイザー』紙は，「多くの熟練職人，二輪荷馬車曳き，日雇労働者，その他の者が困窮線上にあり，その日暮らしをしている」，と訴えた。*Daily Advertiser* [New York], January 30, 1788, January 13, 1791, cited in Mohl, *Poverty in New York*, 29.

(50) Rock, *Artisans of the New Republic*, 172-77.

(51) 移民に関しては，James Owre, "The Effect of Immigration on New York City, 1800-1819" (M.A. thesis, Queens College, City University of New York, 1971) 参照。残念なことに，この時期の職人労働力の民族別構成に関しては推測の域を出ない。利用可能なセンサス資料は出生地を特定していないからである。しかし 1816 年サンプルで集めた職人のうち，わずか 7.0 %が外国人であった。そのうち 10 人を除いてあとはすべてアングロ・サクソン名であった。そしてわずか 11 人だけが課税査定財産を持っていた。Groneman の "'Bloody

Ould Sixth'" の第 2 章によれば，外国人は 1819 年の第 6 区の人口の 24.3 %であったが，彼らは職人の 27.0 %であり，外国人の半数は日雇労働者であった。これらの数字に基づいて，次のように主張してもよかろう。(a)職人業種における外国人の割合は人口全体の中での割合と大体同じ —— 1806 年に 6.3 %，1819 年に 9.8 %であった，(b)イギリス移民労働者は職人業種の外国人の中では割合が高かった，(c)ほとんどの外国人の職人は雇われ職人であった，(d)ほとんどの移民は —— ほとんどのアイルランド人を含めて —— 多分，日雇労働の仕事を経験した。

黒人に関しては，状況はよりいっそうはっきりしている。黒人はこの都市の自由人人口の 8.8 %を占めたが，わずか 13 人 —— 全体の 2 %未満 —— が 1816 年サンプルに現れていた。財産所有者はいなかった。ジェファソン時代のニューヨークには，小さくはあるが堅実な黒人の職人コミュニティが存在した形跡がある。ニューヨーク・アフリカ人相互救済協会の創設会員の中には 6 人の長靴職人がいた。この協会の最初の会長は家大工で，書記は職人だった。黒人はまた，床屋，二輪荷馬車曳き，洗濯屋などのいくつかのサーヴィス業や小売業で強力な足場を確保していた。しかしながら一般に，黒人はずっと地位の低い仕事しか与えられず，職人業種の中ではせいぜい末席を占めていたにすぎなかった。Leo H. Hirsch, Jr., "The Negro and New York, 1783 to 1865," *JNH* 16 (1931): 382-473; Rhoda Freeman, "The Free Negro in New York City during the Pre-Civil War Era" (Ph. D. diss., Columbia University, 1966), 269-80, 291-94; Roi Ottley and William J. Weatherby, eds., *The Negro in New York: An Informal Social History* (New York, 1967), 61.

(52) 雇われ職人の賃金要求と最低基準に関しては，*American Citizen*, April 10, 1809; *Evening Post*, May 31, 1819 参照。親方に対する雇われ職人の割合が 18 世紀末から 19 世紀初めにかけていかに変化したかは，未確定のままである。これまで発見された 1816 年より前の史料で，親方と雇われ職人を十分に区分できるものはない。

(53) Harriet A. Weed, ed., *Autobiography of Thurlow Weed* (Boston, 1883), 52-66. 1816 年陪審員名簿のサンプル中の雇われ職人のうち，25.1 %が扶養家族のいない独身男性であった。このうちの大多数 (80.0 %) が 30 歳未満であった。

(54) Journal of Elisha Blossom, 1811-15, N-YHS MSS; Minute Book, New York Society of Journeymen Shipwrights and Caulkers, January 22, March 12, April 9, 1818, NYPL MSS; GSMT Minute Book,

February 4, 1818.

(55) Weed, *Autobiography*, 58. 雇われ職人サンプルのうち，74.9％が成人女性の扶養家族を持つ家長であり，そのうち 49.5％が 4 人以上の扶養家族を抱えていた。

(56) *American Citizen*, April 10, 1809; *Evening Post*, May 31, 1819; *Evening Post*, July 13, 1819; Rock, *Artisans of the New Republic*, 249-53.

(57) *Evening Post*, July 13, 1819; Commons, *Documentary History*, III, 121. この時期のニューヨークの不熟練労働者の賃金に関するまとまった記録は発見されていない。ドナルド・T・アダムズのフィラデルフィアに関する諸研究は，不熟練労働者の稼ぎが雇われ職人よりかなり低かったことをはっきりと示しており，それは熟練職人の賃金の約 60％であった。アダムズはしかしまた，熟練工の賃金が不熟練工の賃金よりも変動が激しかったことも強調している ── 特に商業不振の時期にはそうであったという。ニューヨークでも同様であったと想定してもよいと思われる。Donald T. Adams, "Wage Rates in the Early National Period: 1780-1830," *JEH* 28 (1868): 404-26 参照。

(58) ジェファソン時代のニューヨークにおける女性の雇用に関しては，*Longworth's Almanack for 1805*, 124-25, 128, 136-38, 154, 157-61, 163-64 参照。他の第 1 次史料は職人世帯の働く賃労働女性に関しては黙している。グロンマンは 1819 年の第 6 区に世帯主として記載されている 382 人の女性をつきとめている。このうち，わずか 78 人（20.4％）だけが「淑女」以外の職業名で記載されており，そのうちの半数が商店や下宿家をやっていた。さらにグロンマンの数字は，寡婦たちがこの区の独立した女性の過半数を占めており，賃労働女性の大多数が寡婦であったことを示している。このような独立した女性の中での有給職種の少なさは，ジェファソン時代に女性労働力市場を提供する職種は存在したが，それがまだ非常に限られたものであったことを示している。残念ながら，家事奉公に関しては事実上，史料からは全然明らかにできない。しかし結婚前に家事奉公するニューヨークの職人の娘たちがいたと考えられる。総括すれば，この情況は，近世ヨーロッパ諸都市に関する Natalie Zemon Davis, "Women in the Crafts in Sixteenth-Century Lyon," *Feminist Studies* 8 (1982): 46-80; and Joan Scott and Louise Tilly, *Women, Work, and Family* (New York, 1978), 47-51 の両著で描かれたものと全く類似しているようにみえる。性規範，「パンの稼ぎ」，性的役割分担についての職人たちの考えに関

しては，*Independent Mechanic*, June 15, July 21, September 14, November 23, 1811, March 21, 1812; *American Citizen*, May 23, 1810 参照。女性雇用の少なさに関しては，Stansell, "Women of the Laboring Poor," 59-60 をも参照。

(59) Weed, *Autobiography*, 28-32, 50-51; Jesse W. Hatch, "The Old-Time Shoemaker and Shoemaking," *Rochester Historical Society Publications* 5 (1926): 82-83; *Mercantile Advertiser*, April 25, 1810; Stevens, *Typographical Union*, 72-73. イギリスの制度に関しては，Eric Hobsbawm, "The Tramping Artisan," in *Labouring Men: Studies in the History of Labour* (London, 1968), 34-63 参照。

(60) Jury Book, 1816, Wards 5, 8. 建築職人の諸類型は特に下巻付録表 4 に反映されている。

(61) *Independent Mechanic*, April 13, 1811, May 9, 1812; Weed, *Autobiography*, 55; A. [pseud.], "Letters from New York," *New Monthly Magazine and Literary Journal* [London], 2 (1830): 450.

(62) *Independent Mechanic*, May 4, 18, 1812; *Columbian*, October 3, 1820; De Voe, *Market Book*, I, 389; People v. Patrick Daly and Rachel Green, Court of General Sessions, August 11, 1811, MARC MCC, IX, 27, February 24, IX, 393, December 15, 1817, XIII, 300-303, October 13, 1823; CCFP, Police Committee, July 7, 1822, August 1, 1825; Gabriel Furman, "How New York City Used to Celebrate Independence Day," *N-YHSQ* 21 (1937): 93-96.

(63) Montgomery, "Working Classes," 10; Weed, *Autobiography*, 58. 居酒屋の亭主の信用貸しの史料については，Insolvency Assignments nos. 1816/14, 20, 119, 282; 1817/6, HDC 参照。19 世紀初期アメリカにおける飲酒に関しては，W. J. Rorabaugh, *The Alcoholic Republic: An American Tradition* (New York, 1979), 15, 131-132, and passim 参照。ニューヨークに関しては，W. Harrison Bayles, *Old Taverns of New York* (New York, 1915) 参照。私はここで，ニューヨークにおける飲酒に関してプリンストン大学の Elizabeth Craven と交した対話に謝意を表する。革命期から南北戦争までのニューヨークの居酒屋文化に関する彼女の博士論文の完成の暁には，これらの問題は全く新しい形で書き変えられることになろう。

(64) Account Book, Unidentified carpenter and mason, June 25, 1814, NYPL MSS; New-York City Temperance Society, *First Annual Report* (New York, 1830), index, pp. 18-20.

(65) Complaints against Taverns—April 1822, Stephen Allen Papers, N-YHS; CCFP, Police Committee, January 12, 1818; New York City Common Council, *Report of the Committee on the Means to Carry Into Effect the Provisions of the Act for Supressing Immorality* (New York, 1812), 4-5 and passim; *Independent Mechanic*, June 29, 1811. 飲み騒ぐ職人たちの典型的な夜中の乱痴気騒ぎに関しては, People v. Peter McIntyre, People v. John J. Moore, and People v. Rufus Ogden, all April 6, 1816, Court of General Sessions, MARC 参照。

(66) John Frazee, "Autobiography. John Frazee, First American Sculptor," Transcript at N-YHS, ページ記載なし。David Bruce, "Autobiography of David Bruce, or, Then and Now," N-YHS MSS, 6, 9; Allen, "Memoirs," 26; Weed, *Autobiography*, 59.

(67) Bruce, "Autobiography," 19-20; CCFP, Police Committee, August 25, 1817; People v. William Anderson et al., December 3, 1815, People v. Benjamin Smith et al., July 1, 1818, Court of General Sessions, MARC; *Independent Mechanic*, August 24, 1812; Norcross, *Swamp*, 5-6. また Gilje, "Mobocracy," 159-66 も参照。

(68) 最初期の組織については, Morris, *Government and Labor*, 193-207, and Nash, *Urban Crucible*, 324 参照。1800 年から 1820 年までの時期に関しては, Rock, *Artisans of the New Republic*, 264-94 参照。

(69) George Daitsman, "Labor and the Welfare State in Early New York," *LH* 4 (1963): 248-56; Stevens, *Typographical Union*, 4-18, 52.

(70) *Evening Post*, November 24, 1804; Commons, *Documentary History*, III, 364-65; *American Citizen*, May 3, 23, 1810.

(71) Commons, *Documentary History*, III, 300; *Columbian*, December 9, 1813; *Evening Post*, April 30, July 13, 1819; Stevens, *Typographical Union*, 65-70; Constitution of the New York Society of Journeymen Shipwrights and Caulkers, NYPL MSS; People v. James Melvin, November 9, 1811, Court of General Sessions, MARC.

(72) *American Citizen*, December 31, 1802; *Evening Post*, July 13, 1819; Stevens, *Typographical Union*, 76.

(73) Commons, *Documentary History*, III, 364-68; Constitution, New York Society of Journeymen Shipwrights and Caulkers, Article XIII, NYPL, MSS; Stevens, *Typographical Union*, 46-47, 70.

(74) Commons, *Documentary History*, III, 300-301; Bradford, *Poetical Vagaries*, 13.

(75) Commons, *Documentary History*, III, 370; *Evening Post*, July 13, 1819; Stevens, *Typographical Union*, 78-81; Minutes, Society of Shipwrights and Caulkers, February 20, 1818; Colden, *Memoir*, 213, 215, 225, 227, 228-29; United Societies of Journeymen Tailors "List of Prices" (1825), N-YHS Broadsides; *Evening Post*, April 24, May 18, 24, 1824, May 22, 1825; Jacob Wheeler, *Reports of Criminal Cases* (New York, 1854), I, 154; People v. William Smith and others, August 12, 1824, Court of General Sessions, MARC; Commoms, *History of Labour*, I, 153-57.

第2章　職人共和主義　註

(1) *The Federalist*, ed. Jacob E. Cooke (Middltown, Conn., 1961), 250; "Address to the Republican Citizens of the United States, May 28, 1794," reprinted in Philip Foner, ed., *The Democratic-Republican Societies, 1790-1800: A Documentary Source-book of Constitutions, Declarations, Addresses, Resolutions, and Toasts* (Westport, Conn., 1976), 173. 民主共和派はマディソンの言葉に注目し，これがアレクサンダー・ハミルトンによって書かれたものと誤解した。

(2) この点に関する近年の研究文献についての概観としては，Robert Shalhope, "Republicanism in Early America," *WMQ* 38 (1982): 334-56 参照。

(3) James Boardman, *America and the Americans* (London, 1833), 328.

(4) John Petheram, "Sketches of My Life," MS, N-YHS, 52-53.

(5) Nicholas Varga, "Election Procedures and Practices in Colonial New York," *NYH* 41 (1960): 249-77; Patricia U. Bonomi, *A Factious People: Politics and Society in Colonial New York* (New York, 1971), 178-223; Nash, *Urban Crucible*, 144-48, 362-74.

(6) Bonomi, *Factious People*, 254-55; Roger Champagne, "Liberty Boys and Mechanics, in New York City , 1764-1774," *LH* 8 (1967): 115-35; Staughton Lynd, "The Mechanics in New York City Politics, 1774-1785," *LH* 5 (1964): 225-46; Edward Countryman, *A People in Revolution: The American Revolution and Political Society in New York, 1760-1790* (Baltimore, 1981), 124-25, 162-65. Cf. Pauline Maier, *The Old Revolutionaries: Political Lives in the Age of Samuel Adams* (New York, 1980), 78-81.

(7)　J. T. Headley, *The Great Riots of New York, 1712-1873* (New York, 1873), 56-65; Jules C. Ladenheim, "The Doctor's Mob," *Journal of the History of Medicine* 5 (1950): 23-53; Gilje, "Mobocracy," 1-49.

(8)　Nash, *Urban Crucible*, 369の中での引用。"Lee R. Boyer, "Lobster Backs, Liberty Boys, and Laborers in the Streets: New York' s Golden Hill and Nassau Street Riots," N-YHSQ 57 (1973): 281-308; Countryman, People in Revolution, 36-47, 55-77；同様に Carl Lotus Becker, *The History of Political Parties in the Province of New York, 1760-1776* (1909; reprint, Madison, Wis., 1960), 第2・3章参照。

(9)　Young, *Democratic Republicans*, 11; Morris, *Government and Labor*, 188-92; Peter Force, comp., *American Archives* (Washington, D.C., 1837-53), 4th ser., I, 312. Lynd, "Mechanics in New York City Politics," が今日でも，1774年から1776年までの職人たちの政治活動に関する最良の詳細な記述であるが，Countryman, *People in Revolution*, 124-26も参照。

(10)　*New-York Journal*, March 8, 11, 1796; Young, *Democratic Republicans*, 476-95. ケテルタス事件と他の群衆活動に関する付加的な参考文献としては，Gilje, "Mobocracy," 50-84参照。

(11)　*New York Packet*, April 4, 7, 14, 21, 27, 1785; Lynd, "Mechanics in New York City Politics," 232-41; Young, *Democratic Republicans*, 100-102; Countryman, *People in Revolution*, 252-79.

(12)　*The Federalist*, 219; Young, *Democratic Republicans*, 201-7, 211-30, 354-65, 373-75.

(13)　William Cobbett, *A Little Plain English Addressed to the People of the United States* (Philadelphia, 1795) 70; "Address to the Republican Citizens," *New-York Journal*, May 28, 1794; *General Advertiser* [Philadelphia], January 26, 1797, in Foner, *Democratic-Republican Societies*, 195; Countryman, *People in Revolution*, 193-94. コベットの言葉はフィラデルフィアで生まれた民主共和派の "mother society" に向けられていた。しかしこの言葉の含蓄は明らかにより広範囲に及ぶ。ニューヨークの協会に関する最も有益な記述は，Alfred F. Young, "The Mechanics and the Jeffersonians: New York, 1789-1801," *LH* 5 (1964): 247-76である。しかし，Eugene P. Link, *Democratic-Republican Societies, 1790-1800* (New York,

1942) も参照。英仏の職人団体に関しては，Thompson, *Making of the English Working Class*, 17-25, 102-85; Albert Soboul, *Les Sans-culottes Parisiens en l'an II* (Paris, 1958); Gwyn A. Williams, *Artisans and Sans-Culottes* (New York, 1969), 58-80 and passim 参照。

(14) Young, *Democratic Republicans*, 395, 398-405.

(15) Acquiline Nimble Chops, *Democracy: An Epic Poem* (New York, 1794); William Woolsey to Oliver Wolcott Jr., March 6, 1794, cited in Link, *Democratic-Republican Societies*, 94; Young, *Democratic Republicans*, 454; Regina Ann Morantz, "'Democracy' and 'Republic' in American Ideology, 1787-1840" (Ph. D. diss., Columbia University, 1971), 147-52. また Marshall Smelser, "The Jacobin Phrenzy: Federalism and the Menace of Liberty, Equality, and Fraternity," *Review of Politics* 13 (1951): 457-82; Gary B. Nash, "The American Clergy and the French Revolution," *WMQ* 22 (1965): 397-98 も参照。

(16) *New-York Journal*, May 31, 1794, July 8, 1795; *American Daily Advertiser* [Philadelphia], July 10, 1795, reprinted in Foner, *Democratic-Republican Societies*, 233. ペインに関しては，Foner, *Tom Paine*, 75-106, 253-56 参照。

(17) Allen, "Memoirs," 88-106; Rock, *Artisans of the New Republic*, 101-22. 1818 年から 1825 年までの *Evening Post* を丹念に調べると以下のことが明らかになる。法律家がすべての州上院と下院議員の指名候補の中で最大の割合を占めていたが，共和派のすべての派閥は毎年少なくとも何人かの職人を指名した――クラフト候補のほぼすべてが成功した親方だったようだが。一度以上指名され成功した職人政治家の中には，製鞭業者 Peter Sharpe，石器製造業者 Clarkson Crolius がいた。1825 年には，有権者は次のような人民党 People's Party（クリントン派）と主流共和派 Regular Republicans（ヴァン・ビューレン派）の候補者のどちらかを選ぶことができた。

人民党指名	主流共和派指名
州上院	州上院
Henry Wyckoff, *	Joshua Smith, 渡し船業者
州下院	州下院
Samuel Cowdrey, 法律家(attorney)	Stephen Allen, 船帆製造業者
Charles Drake, 医師	Philip Brasher, 法律家(lawyer)

Timothy Hedges, 法律家(attorney)	Francis Cooper, *
Thomas Hertell, 法律家(attorney)	Maltby Gelston, 公証人
Elisha W. King, 法律家(attorney)	James Hall, **
Abraham Le Foy, *	Isaac Minard, 長・短靴
Richard E. Mount, ふいご製造業者	Shivers Parker, ブラシ製造業者
David Seaman, 鍛冶屋	Jonathan E. Robinson, 商人
Dudley Selden, *	Alpheus Sherman, 法律家(attorney)
Ira B. Wheeler, ホテル経営者	William A. Thompson, *

* 職業記載なし　　** ありふれた名前のため確認不可能

Evening Post, November 12, 1825; *Longworth's Directory*, 1825 参照。

(18) George D. Luetscher, *Early Political Machinery in the United States* (Philadelphia, 1903); [Washington Irving], *Salmagundi*, no. 11 (New York, 1807), 207-18 (引用, 211); Allen, "Memoirs," 8-9, 49-51, 60-88.

(19) *American Citizen*, April 14, 1803; Matthew L. Davis to William P. Van Ness, August 1808, June 3, 1811, Davis Papers, N-YHS; Jerome Mushkat, *Tammany: The Evolution of a Political Machine, 1789-1865* (Syracuse, 1971), 22-25, 35-36; Rock, *Artisans of the New Republic*, 66-68. リヴィングストンと職人同業者総会とこの仕事場計画に関しては, GSMT Minute Book, January 4, 1803; Mohl, *Poverty in New York*, 228-37 参照。

(20) Rock, *Artisans of the New Republic*, 30-36, 86-90; Willis, "Social Origins," 152, 164-67, 239; *Independent Mechanic*, April 6, 1811.

(21) Young, *Democratic Republicans*, 529-32, 86-90; Link, *Democratic-republican Societies*, 153-55; GSMT Minute Book, July 1, 1795; Foner, *Tom Paine*, 256-63.

(22) *Evening Post*, November 16, 1801; *American Citizen*, April 13, 1801; Rock, *Artisans of the New Republic*, 45-76.

(23) *Washington Republican* [New York], July 29 and August 5, 1809. 1797年 *Anti-Jacobin* の中で最初に出版されたサウジーのこの作品は, トム・ペインの理想論で下層民を煽動するジャコバン派国会議員を攻撃した。サウジーの見るところでは, (貧しい正直なナイフ研ぎに代表される) 人民は自分たちの貧困を選んでおり, 平和に放っておいてもらうことを望んでいた。この詩の背景と, これを風刺印刷の中で宣伝するジェームズ・ジルレイの手法については, Draper Hill, ed., *The Satirical Etchings of James Gillray* (New York, 1976), 114

-15 参照。連邦派のイデオロギーに関してはまた，Linda K. Kerber, *Federalists in Dissent: Imagery and Ideology in Jeffersonian America* (Ithaca, 1970); and Rock, *Artisans of the New Republic*, 77-100 も参照。

(24) Willis, "Social Origins," 239.

(25) *American Citizen*, May 3, 23, 31, June 1, 1810. チーザムに関しては，Richard J. Twomey, "Jacobins and Jeffersonians: Anglo-American Radicalism in the United States" (Ph.D. diss., Northern Illinois University, 1974) 参照。

(26) *Commercial Advertiser*, April 20, 1801.

(27) John T. Irving, *An Oration Delivered on the Fourth of July 1809, before the Tammany Society, or Columbian Order, Tailors', Coopers', Hatters', Hibernian Provident, Masons', Shipwrights', House Carpenters', and Columbian Societies* (New York, 1809), 10-11, 19.

(28) Timothy Dwight, *Travels in New York and New England*, ed. Barbara M. Solomon (Cambridge, Mass., 1969), III, 331. トリニティ・チャーチに関しては，William Berrian, *A Historical Sketch of Trinity Church, New York* (New York, 1847); Jaher, *Urban Establishment*, 167-69, 229-31 参照。Lambert, *Travels*, 72-73 をも参照。

(29) Young, *Democratic Republicans*, 570; Shepherd Knapp, *A History of the Brick Presbyterian Church* (New York, 1909), 184-202 参照。

(30) *Temple of Reason* [New York], December 6, 1800. 1790 年代の理神論に関するスタンダードな研究としては，今日でも G. Adolph Koch, *Republican Religion: The American Revolution and the Cult of Reason* (New York, 1933), 51-74, 130-68 がその地位を保っている。パーマーに関しては，Roderick S. French, "Elihu Palmer, Radical Deist, Radical Republican: A Reconsideration of American Freethought," *Studies in Eighteenth-Century Culture*, no. 8 (1979): 87-108 がここに提示したテーゼを展開している。また Herbert M. Morais, *Deism in Eighteenth-Century America* (New York, 1934); Foner, *Tom Paine*, 258-59 も参照。

(31) "Address of the Democratic Society of New-York to Joseph Priestley," in Foner, *Democratic-Republican Societies*, 182; *Argus* [New York], February 7, 1797, quoted in Young, *Democratic*

Republicans, 404. ペインに対するさらに厳しい見方の極めつけとしては，彼の臨終における良心の呵責についての有名な俗説がある。これについては，金物屋から出世した商人 Grant Thorburn の言説 *Fifty Years' Reminiscences of New York* (New York, 1845), 74-82 を参照。また Francis, *Old New York*, 134-43 も参照。

(32) "Circular. Democratic Society, New York to the Democratic Society of Philadelphia" (1794), N-YHS Broadsides; [Clement Clarke Moore], *Observations upon Certain Passages in Mr. Jefferson's Notes on Virginia* (New York, 1804), 29. ペイン派理神論サークルの中の最も卓越した人物としては，法律家 Henry Fay と印刷工 Alexander Ming がいた。この二人は後に再度本書に登場する。Gilbert Vale, *The Life of Thomas Paine* (New York, 1841), 159 参照。

(33) Koch, *Religion*, 108-13, 168-84; Russell E. Miller, *The Larger Hope: The First Century of the Universalist Church in America, 1770-1870* (Boston, 1978), 161-62, 681-83; Francis, *Old New York*, 143-44; Weed, *Autobiography*, 61; People v. Jared Bell, May 4, 1821; People v. John Danforth, July 6, 1825, Court of General Sessions Records, MARC; Stafford, *New Missionary Field*, 15; Gilje, "Mobocracy," 114-26. ユニヴァーサリズムに関してはまた，Minutes and Membership Roll, Society of United Christian Friends, N-YHS MSS も参照。この団体の記録によると，会員数は 100 人を超えたことはなかったが，1800 年から 1810 年まで着実に増加し，1815 年までは停滞したものの，その後 1820 年代半ばまで再び増加した。

ダンフォースの告訴の理由となった類の冒瀆の言葉は，イギリスの下層・中間階級の間では永い間，よく耳にするものであった。植民地時代におけるその歴史叙述は，まだこれからの仕事である。Christopher Hill, "Plebeian Irreligion in 17th Century England," in *Studien über die Revolution*, ed. Manfred Kossock (Berlin, 1969), 46-61 参照。

(34) Samuel Seaman, *Annals of New York Methodism* (New York, 1892), 158-214; Carroll Smith Rosenberg, *Religion and the Rise of the American City: The New York City Mission Movement, 1812-1870* (Ithaca, 1970), 45-51; Richard Carwardine, "The Second Great Awakening in the Urban Centers: An Examination of Methodism and the 'New Measures,'" *JAH* 58 (1971): 327-40. 初期の長老派の信仰復興運動に関しては，J. D. Alexander, *The Presbytery of*

New York (New York, 1887), 81-83 参照。

(35) Ahlstrom, *A Religious History of the American People* (New Haven, 1972), 438.

(36) Seaman, *Annals*, 182-83; Abel Stevens, *Life and Times of Nathan Bangs, D.D.* (New York, 1863), 183; Nathan Bangs, *The Substance of a Sermon Preached on Opening the Methodist Church in John-Street* (New York, 1818), 31-32. メソディストの社会的基盤に関する概略的指標を得るため，1812年の全市のメソディストのクラス・リーダーの名前を Seaman, *Annals*, appendix P から抜き出し，1812年の人名録と課税台帳で照合した。人名録で確認されたものの職業（N=64）は，次のように分かれた。

職　業	割合
商人・専門職	9.4
ショップキーパーズ・小売業	10.9
親方職人	14.1
小親方・雇われ職人	48.4
労務者・不熟練工	17.2
計	100.0

(37) Weed, *Autobiography*, 61-62. サマーフィールド関しては Richard Carwardine, *Transatlantic Revivalism: Popular Evangelicalism in Britain and America, 1790-1865* (Westport, Conn., 1978), 42 参照。

(38) Bruce, "Autobiography," 8, 15-16; Francis, *Old New York*, 146-50; Charles C. Sellers, *Lorenzo Dow: Bearer of the Word* (New York, 1928); People v. Samuel E. Thompson, November 5, 1812, Court of General Sessions Records, MARC; Alvin Harlow, *Old Bowery Days* (New York, 1931), 175 ; *Account of the Trial of John Edwards of the City of New York* (New York, 1822); CCFP, Charity Committee, January 26, 1824; David Whitehead, *An Oration Delivered at Potters' Field on the Fourth of July 1826—By the First Adopted, by the Thirteen Mothers of the Union Whose Seal Is Union and Secretary Is Truth* (New York, n.d. [1826]). クリストファー・ヒルはこれらのより異端的な説教師たちのイギリス側の背景を見事に解明している；*The World Turned Upside Down: Radical Ideas in the Englsh Revolution* (New York, 1972), 28-30, 79-80, 231-46 参照。

(39) Ralph Christopher Hawkins, *Corlears Hook in 1820* (New

York, 1904), 19-39.

(40)　Stafford, *New Missionary Field*, 7, 11.

(41)　*Temple of Reason*, December 20, 1800; *Independent Mechanic*, June 15, November 23, 1811. Cf. Thompson, *Making of the English Working Class*, 26-54.

(42)　Thomas F. King, *An Oration Delivered on the 4th of July 1821 before the Tammany, Hibernian, Stone Cutters', Tailors', and Cordwainers' Societies in the Mulberry Street Church* (New York, 1821), 5-7; George I. Eacker, *An Oration Delivered at the Bequest of the Officers of the Brigade of the City and County of New-York and of the County of Richmond and the Mechanic, Tammany, and Coopers' Societies on the Fourth of July, 1801* (New York, 1801), 14.

(43)　Eacker, *Oration*, 6-7; Gilje, "Mobocracy," 91-105; Samuel Berrian, *An Oration Delivered before the Tammany, Hibernian Provident, Columbian, and Shipwrights Societies* (New York, 1815), 22-26; *Independent Mechanic*, May 11, July 6, August 3 and 10, and September 4, 1811, March 28, 1812; Goerge Asbridge, *Oration Delivered before the New-York Typographical Society* (New York, 1811), 27; Hawkins, *Corlears Hook*, 14-15. オレンジ党運動に関しては，People v. Jonathan Burke Murphy, December 23, 1818, Court of General Sessions, MARC参照。1824年暴動に関しては，An Unbiased Irishman, *Orangism Exposed* (New York, 1824); Rowland T. Berthoff, *British Immigrants in Industrial America, 1790-1950* (Cambridge, Mass., 1953), 189-90参照。

(44)　Charles Foster, *An Errand of Mercy: The Evangelical United Front, 1790-1837* (Chapel Hill, 1960), 121-77; Adoniram Chandler, *An Oration Delivered before the New York Typographical Society, July 4, 1816* (New York, 1816), 9; Hooper Cumming, *An Oration Commemorative of American Independence Delivered in the Bowery Church, July 5, 1824* (NewYork, 1824), 19-22. また Noah, *Address*, 10をも参照。消防団に関しては，後の第7章参照。

(45)　ここでパレードと儀式の分析へと向かうに際して，私は何人かのヨーロッパの歴史家たちの著述，とりわけ，Agulhon, *Marianne au combat*, and Allain Faure, *Paris carême-prenant: Du carnaval à Paris au XIXe siècle, 1800-1914* (Paris, 1978) に強く影響された。アメリカの舞台により直接的に関係するものとしては，Alfred F.

Young, "Pope's Day, Tarring and Feathering, and Cornet Joyce, Jr." (Unpublished Paper, Courtesy of Professor Young) がある。また Thompson, *Making of the English Working Class*, 424-29 も参照。

(46) *New York Packet*, June 27, July 22, August 4, 1788; *Independent Journal*, July 23, 1788. フィラデルフィアにおける同様の祝祭については，Foner, *Tom Paine*, 206-9 参照。

(47) Colden, *Memoir*, 213-36, 250-55, 261-62; William L. Stone, *Narrative of the Festivities Observed in Honor of the Completion of the Grand Erie* Canal (New York, 1825), 319-28.

(48) *New York Journal*, July 4, 5, 1794; *New York Weekly Chronicle*, July 9, 1795; GSMT Minute Book, January 6, 1789, June 7, 1797, March 7, June 6, 1798, January 1, 1800, June 17, 1801, December 4, 1804, July 4, 1807, March 8, 1808, January 9, 1821, January 19, 1823; Thomas Hamilton, *Men and Manners in America* (London, 1833), I, 59; Minute Book, Society of Shipwrights and Caulkers, NYPL MSS, May 29, June 5, 8, 19, 30, September 14, October 12, 1815, January 22, 1816, February 12, 1818; Bank Book, Union Society of Shipwrights and Caulkers, NYPL MSS, December 8, 1825, May 1, 1826; Edwin P. Kilroe, *St. Tammany and the Origin of the Society of Tammany, or Columbian Order in the City of New York* (New York, 1913), 177-83.

(49) Alfred F. Young, "English Plebeian Culture and Eighteenth-Century Political Movements" (Paper delivered to the International Conference on the Origins of Anglo-American Radicalism, New York, October 1980), pt. 3 参照。クラフト文化の遺風については，Morris, *Government and Labor*, 135-56, 198-99; Stephen Barto and Paul O. Weinbaum, "Stone Marks in America and Their Origin, 1790-1860" (North Atlantic Region Curatorial Paper, National Parks Service, 1980), 1-4 参照。

(50) Thompson, *Making of the English Working Class*, 432.

(51) William Hone, *Ancient Mysteries Described* (London, 1823), 255; idem, The Every-Day Book (London, 1825-26), I, 1387, 1397-402, 1439-54, II, 470-71, 627-29, 669-76; John Brand, *Observations on Popular Antiquities* (London, 1823), I, 356-67, 408-10; Frederick W. Fairholt, *Lord Mayors' Pageants* (London, 1843-44); Robert W.

Malcolmson, *Popular Recreations in English Society, 1700-1850* (Cambridge, 1973), 51-52; John Bromley and Heather Child, *The Armorial Bearings of the Guilds of London* (London, 1960), 15, 22, 79, 86, 262; *New York Packet*, July 8, 11, 22, 1788; *Independent Journal*, July 23, 1788.

(52) Colden, *Memoir*, 213-38; Stone, *Narrative*, 372-74.

(53) Colden, *Memoir*, 217, 235.

(54) Ibid., 215, 220; Mercein, *Address*, 11-12; Noah, *Oration*, 7-8.

(55) Eacker, *Oration*, 5; Noah, *Oration*, 12; P [eter] H. Wendover, *National Deliverance: An Oration Delivered in the New Dutch Church in the City of New York on the Fourth of July, 1806* (New York, 1806), 11; Dr. George Cuming, *An Oration Delivered at the Presbyterian Church on East Rutgers Street before the Tammany, Tailors', Hatters', Hibernian Provident, Masons', Shipwrights', Carpenters', and Columbian Societies* (New York, 1810), 8-9.

(56) Samuel Miller, *A Sermon Delivered in the New Presbyterian Church, New-York, July the Fourth, 1795,... at the Bequest of and before the Mechanic, Tammany, and Democratic Scocieties, and the Military Officers* (New York, 1795), 13; Noah, *Oration*, 13; Irving, *Oration*, 20; George James Warner, *Means for the Preservation of Liberty* (New York, 1797), 14.

(57) Warner, *Means*, 13; Eacker, *Oration*, 19; Irving, *Oration*, 20; Samuel B. Romaine, *An Oration Delivered before the Tammany Society, Tailors', Hibernian Provident, Shipwrights', Columbian, Manhattan, and Cordwainers' Societies in the City of New-York on the Fourth Day of July 1812* (New York, 1812), 8.

(58) Mercein, *Address*, 18; Irving, *Oration*, 11; Warner, *Means*, 13.

(59) Warner, *Means*, 13-14; Samuel Mitchill, *Address to the Citizens of New York* (New York, 1800), 21; John Rodman, *An Oration Delivered before the Tammany Society, or Columbian Order, Tailors', Hibernian Provident, Columbian, Cordwainers', and George Clinton Societies* (New York, 1813), 9; Irving, *Oration*, 10-11. Asbridge, *Oration*, 11, 25-26; Chandler, *Oration*, 14-15.

(60) Noah, *Oration*, 17; Eacker, *Oration*, 5-6; Berrian, *Oration*, 27-28.

(61) Wood, *Creation of the American Republic*, 606-18.

(62) *National Advocate*, March 8, 1813, quoted in Rock, *Artisans of*

the New Republic, 141; Colden, *Memoir*; Noah, *Address*, 8; Mercein, *Address*, 17.

(63) Thompson, *Making of the English Working Class*, 426.

(64) Commons, *Documentary History*, III, 252-385. また Richard B. Morris, "Criminal Conspiracy and Early Labor Combinations," *PSQ* 52 (1937); 52-57; Marjorie Turner, *The Early American Labor Conspiracy Cases, Their Place in Labor Law: A Reinterpretation* (San Diego, 1967), 172-75 and passim; Ian M. G. Quimby, "The Cordwainers' Protest: A Crisis in American Labor Relations," *Winterthur Porftolio* 3 (1967): 83-101 も参照。

(65) Commoms, *Docummentary History*, III, 261-63, 270-78, 328-29. サムプソンによるスミスの利用は，労働が商品であるという考えを支持するものと受け取られるべきでは全くない。それはむしろ，近年の研究者たちがスミスの企図の核心に横たわっていたことを示唆しているところの，スミスの「博愛主義者的な」"benevolist" 小生産者エートスに同調する傾向を示していた。Donald Winch, *Adam Smith's Politics: An Essay in Historiographic Revision* (Cambridge, 1978).

(66) Ibid., 279-80, 300, 329.

(67) Ibid., 382-85; *American Citizen*, May 3, 1810; People v. James Melvin (1811).

(68) *American Citizen*, May 3, 23, 31, 1810.

(69) Richard Hofstadter, *America at 1750: A Social Portrait* (New York, 1971), 131; Niles, quoted in Benson, *Concept of Jacksonian Democracy*, 12. この立場に立つ文献とその批判者たちに関する詳しい予備的な情報を与えてくれる概観としては，Edwin G. Burrows, "The Transition Question in Early American History: A Checklist of Recent Books, Articles, and Dissertations," *Radical History Review*, no. 18 (1978): 173-90 参照。

(70) C. B. Macpherson, *The Political Theory of Possessive Individualism: Hobbes to Locke* (Oxford, 1962), 137-60 and passim. しかしながらまた，Winch, *Adam Smith's Politics*, 70-102 and passim も参照。ウィンチによる，スミスの経済学の libertarian and "affective" な側面の強調は，この時代におけるアメリカ人の "liberal" な考え方を理解する助けとなる。

(71) Yehoshua Arieli, *Individualism and Nationalism in American Ideology* (Cambridge, Mass., 1964), 178-80, 183-210.

第3章　メトロポリス型工業化　註

（1）Cochran, *Frontiers of Change*, 112.

（2）この時期のニューヨーク製造業の年代記述として最も包括的な研究は，August Baer Gold, "A History of Manufacture in New York City, 1825-1840" (M. A. thesis, Columbia University, 1932) である。また Ernst, *Immigrant Life*, 73-83, 87, 90-94 も参照。

（3）*Hunt's Merchants Magazine* 20 (1849): 116.

（4）Nevins, *Diary of Philip Hone*, 729-30; Karl Marx and Friedrich Engels, "Manifesto of the Communist Party (1848)," in Max Eastman, ed., *Capital, the Communist Manifesto, and Other wrightings by Karl Marx* (New York, 1832), 324. また Marshall Berman, *All That Is Solid Melts into air: The Experience of Modernity* (New York, 1982), 87-129 and passim も参照。

（5）Albion, *Rise of New York Port*, passim; Taylor, *Transportation Revolution*, 6-9, 178-80, 397-98; Philip Foner, *Business and Slavery: The New York Merchants and the Irrepressible Conflict* (Chapel Hill, 1941), 1-14; Spann, *New Metropolis*, 1-22, 205-41, 281-312; Willis A. Gorman, in *Congressional Globe*, 31st Cong., 2d sess., 1851, p. 417, quoted in Spann, *New Metropolis*, 17; Pessen, *Riches, Class, and Power*, 281-301; Brian J. Danforth, "The Influence of Scioeconomic Factors upon Political Behavior: A Quantative Look at New York City Merchants, 1828-1844" (Ph. D. diss., New York University, 1974), 98-103, 191-92, and passim; Jaher, *Urban Establishment*, 173-250 passim.

（6）Pessen, *Riches, Class, and Power*, 33-35; Spann, *New Metropolis*, 67-91; Keastle, *Evolution of an Urban School System*, 189; Charles E. Rosenburg, *The Cholera Years: The United States in 1832, 1849, and 1866* (Chicago, 1962), 20-29, 57. この都市の死亡率の上昇に対する警告は 1835 年に始まった。この年市の調査官は前年の死亡数が 1833 年よりも 50％以上上昇したと報告した。ニューヨークにおける 0-4 歳の平均死亡率は 1840～44 年の 1000 人当たり 85.5 人から 1850-54 年の 165.8 人へと上昇した。1850 年代半ばまでに，市の当局者たちはニューヨークで生まれた子供の半数が 6 歳まで生きのびられないと判断した。John A. Duffy, *A History of Public Health in New York City*, 1625-1886 (New York, 1968), 578-79 参照。これらの数字

は1840年代のイングランドの最も成長しているタウンで集められたものとほぼ同じであった。Thompson, *Making of the English Working Class*, 324-31 参照。ニューヨークの貧困と人口過密に関する同時代人の古典的記述としては，John Griscom, *The Sanitary Condition of the Laboring Population of New York* (New York, 1845) がある。1830年代に関しては，*Annual Report of Deaths in the City and County of New York for the Year* 1834 (New York, 1835), 15-16 参照。居住，過密，不動産開発に関しては，Ford, *Slums and Housing*, I, 92-121; Blackmar, "Housing and Property Relations," chap. 3 and 4 参照。

(7) Rosenwaike, *Population of New York City*, 16, 33-54; Ernst, *Immigrant Life*, 20. 最も激しい全般的な人口増加の時期は 1840 年代末の移民流入と一致する。

年	ニューヨークの人口(人)
1825	166,086
1830	197,112
1835	268,389
1840	312,710
1845	371,223
1850	515,547

外国の数字に関しては，B. R. Mitchell, *Europian Historical Statistics, 1750-1975* (New York, 1981), 86-89 参照。イングランドに関しては，異例の人口災害となったブラドフォードだけがニューヨークの成長率に近づいていたにすぎない――しかもブラドフォードの大きさはニューヨークのわずか 5 分の 1 であった。

(8) Ernst, *Immigrant Life*, 206-17. 事務員に関しては，Allan S. Horlick, *Country Boys and Merchant Princes: The Social Control of Young Men in New York* (Lewisburg, Pa., 1975) 参照。全体的に見て，ニューヨークの職業構造はロンドンと似ていた。下巻付録表 9 の数字を 1850 年にロンドンの 10 大職業に関して Henry Mayhew によって集められた数字と比較せよ。

Morning Chronicle [London], February 4, 1850, in E. P. Thompson and Eileen Yeo, comps., *The Unknown Mayhew* (Harmondsworth, 1975), 274. 両者の違いは，主に，Mayhewによって列挙された分類がニューヨークの国勢調査では違った項目で現れたためと思われる。

職業	人数
家事使用人	168,701
日雇い労働者（Labourer）	50,279
長・短靴工	28,574
仕立て工・ブリーチ仕立て工	23,517
ドレスメーカー・婦人帽子工	20,780
事務員（商業）	20,417
大工・指物師	18,321
洗濯屋	16,220
ポーター・配達人・走り使い	13,103
ペンキ工・配管工	11,517

(9)　家賃に関しては，*Niles Weekly Register* [Baltimore], December 23, 1823; BAAD, December 5, 1831; J. B. D. De Bow, *Industrial Resources, Statistics, etc., of the United States* (New York, 1854); J. Clarence Davies, *The Value of Real Estate in the City of New York* (New York, 1860), 4-5 参照。また Albion, *Rise of New York Port*, 159-160; Allan R. Pred, *The Spatial Dynamics of U. S. Urban-Industrial Growth*, 1800-1914: *Interpretive and Theoretical Essays* (Cambridge, Mass., 1966), 155-159 も参照。

(10)　この記述と以下を比較せよ。Gareth Stedman Jones, *Outcast London: A Study in the Relationship of Social Classes in Victorian Society* (Oxford, 1971), 19-32; Peter Hall, *The Industries of London since 1861* (London, 1962); Sally Alexander, "Women's Work in Nineteenth-Century London: A Study of the Years 1820-1850," in *The Rights and Wrongs of Women*, ed. Juliet Mitchell and Ann Oakley (Harmondsworth, 1976), 59-111; Henriette Vanier, *La Mode et ses métiers: Frivolités et luttes des classes, 1830-1870* (Paris, 1960); Christopher H. Johnson, "Economic Change and Artisan Discontent: The Tailors' History, 1800-1845," in *Revolution and Reaction: 1848 and the Second French Republic*, ed., Roger Price (London, 1977), 87-114; Lees, "Metropolitan Types." ニューヨークの初期の工業化とより小規模な商業都市のそれとの間にも多くの広範な類似点があった。このことは，William H. Sewell, Jr., "Social Change and the Rise of Working-Class Politics in Nineteenth-Century Marseilles," *P & P*, no. 65 (1974): 75-109; and Gray, *Labour Aristocracy in Nineteenth-Century Edinburgh* の中でも（十分には検討されていないが）示唆されている。

(11) 1855年国勢調査は，この都市の製造業労働力の3.7％がこれらの重工業で働いていたことを示している。Ernst, *Immigrant Life*, 214-17参照。鉄に関しては，Edwin P. Williams, *New York Annual Register for 1830* (New York, 1830), 159; *Niles' Register*, August 27, 1831; J. Leander Bishop, *History of Manufactures from 1608 to 1860* (Philadelphia, 1864), III, 122-36; Albion, *Rise of New York Port*, 148-51; Gold, "Manufacturing," 44-48参照。砂糖精製に関しては，New York *Daily Tribune*, August 30, 1853参照。ガス工場に関しては，Louis Stotz, *History of the Gas Industry* (n. d., n.p.), 20-50, 118参照。

(12) George Fitzhugh, "The Republic of New York," *De Bow's Review* 29 (1861): 181-87.

(13) 「プロト工業化」に関しては，Franklin F. Mendels, "Proto-Industrialization: The First Phase of the Industrialization Process," *JEH*, 32 (1972): 241-61; Eric J. Hobsbawm, "The Formation of the Industrial Working Class: Some Problems," *3ᵉ Conférence Internationale d'Histoire Economique, Congrés et Colloques*, vol. I (The Hague, 1965), 176-77参照。"proto-industrial" と "industrial" の両形態の解釈に関しては，Sidney Pollard, *The Genesis of Modern Management: A Study of the Industrial Revolution in Great Britain* (Cambridge, Mass., 1965), 30-47; Samuel, "Workshop of the World" 参照。1870年以後のニューヨーク製造業に関しては，Moses Rischin, *The Promised City: New York's Jews, 1870-1914* (Cambridge, Mass., 1961), 53-75参照。

(14) ニューヨークの工場についての当時の最も詳細な報告が，ハーパー・ブラザーズ印刷所の操業を記述している。Jacob Abbott, *The Harper Establishment* (New York, 1855). 産業資本主義発展の不均等性の理解にとっての，この労働者の分断化の重要性を深く検討したものとしては，Samuel, "Workshop of the World" がある。

(15) これらの業種の中で最も重要なものの一つにおける，クラフトの存続に関しては，David Montgomery, *Workers' Control in America: Studies in the History of Work, Technology, and Labor Struggles* (New York, 1979), 9-31.

(16) *Hunt's Merchants' Magazine* 20 (1849): 347-48参照。数字は1850年国勢調査より算出。

(17) 屋根裏仕事場の生活労働条件に関する最良の同時代の記述としては，George G. Foster, *New York Naked* (New York, 185?), 141-42;

Edwin T. Freedley, *Leading Pursuits and Leading Men* (Philadelphia, 1856) 83-84; *Tribune*, November 15, 1845 がある。

(18)　Jaher, *Urban Establishment*, 199-200; Moses Y. Beach, *Wealth and Biography of the Wealthy Citizens of New York City*, 5th ed. (New York, 1845), passim, listings for Thomas Addison, Stephen Allen, George Arcularius, Robert Bache, Benjamin Brandreth, George Bruce, David Bryson, Richard F. Carman, Edwin B. Clayton, John Conger, Francis Cooper, Jacob Cram, Bersilla Deming, Samuel Demilt, Daniel Fanshaw, William W. Galatian, Jacob P. Giraud, Richard K. Haight, George W. Hatch, Edward R. Jones, Shepard Knapp, Benjamin Marshall, Michael Miller, Richard Mortimer, Anson G. Phelps, Duncan Phife, Jesse Scofield, Benjamin Stephens, Samuel St. John, Robert C. Stuart, John Targee, Samuel Thompson, Abraham Van Nest, James N. Wells, Abner Weyman; Edward Pessen, "The Wealthiest New Yorkers of the Jacksonian Era: A New List," N-YHSQ 54 (1970): 145-71; idem, *Riches, Class, and Power*, 47-49; Earle and Congdon, *Annals*, 358-415; New York Trade Agency Reports, 1851, N-YHS MSS; Dun and Company Reports, vol. 449, Baker Library, Harvard University; Elizabeth Ingerman, ed., "Personal Experiences of an Old New York Cabinetmaker," *Antiques* 84 (1963): 576-80. ここでの論点は，Beach のパンフレットや人名録の欠陥に対するペッセンの批判 (Edward Pessen, "The Occupations of the Antebellum Rich: A Misleading Clue to the Sources and Extent of Their Wealth," *Historical Methods Newsletter* 5 (1972): 49-52), 即ち商業及び専門職のセクターが支配的な地位を保持する富を持ち続けていたという彼の主張に異を唱えることではなく，ただ，何人かの製造業者もまた大金を蓄積していたことを指摘することにある。

(19)　銀行制度とその不公平な接客態度に関する詳細については，James S. Gibbons, *The Banks of New York* (New York, 1859), esp. 26-69 参照。

(20)　1816 年にサンプル調査した同じ業種を，1850 年国勢調査でみると，すべての企業の最上位 10 %が全投下資本の 29.5 %を管理し，底辺の半分はわずか 3.1 %を管理しているに過ぎなかった。

(21)　1850 年の数字は,1853 年の数値 (*Times*, November 8, 1853) を，Arthur H. Cole, *Wholesale Commodity Prices in the United States*

(Cambridge, Mass., 1938) の中のニューヨークの物価数値に従って修正して得たものである。Cf. Lauries, *Working People of Philadelphia*, 10-12.

(22) Stansell, "Women of the Laboring Poor," 57-75; New York Association for Improving the Conditon of the Poor, *First Annual Report*, 1-8 and passim.

(23) 家族経済と初期の工業化に関しては, Groneman, "'Bloody Ould Sixth,'" 83-95; and Tilly and Scott, *Women, Work, and Family* 参照。このサンプルは 1855 年国勢調査の, 第 4 区の第 4 選挙区と第 7 区の第 7 選挙区のすべての世帯の 10 %にあたる。残念なことに, 1850 年国勢調査は女性労働者の年齢を区分けしていない。しかしながら 1855 年国勢調査では, すべての女性労働者の 44.0 %が 25 歳以上であった。このことは, 女性労働力が若い女性だけでなかったことを示唆している。

Carol Groneman ("'Bloody Ould Sixth,'" 125-26) によれば, 1855 年には, アイルランド人の労働者階級の妻たちが賃労働するのはごく当たり前のことであった。彼女の計算によれば, 第 6 区のすべてのアイルランド人「職人」世帯の 33.6 %で妻が働いていた。1855 年サンプルのほぼすべての女性労働者 (93.2 %) が, 移民の世帯で生活している者か, 移民の住み込み家事使用人であった。

(24) 1850 年国勢調査より計算。

(25) Ernst, *Immigrant Life*, 214-18. 1855 年のすべての移民労働者の 55.9 %が, 家事使用人(及びこれに類する仕事), 日雇労働《レーバラー》者, 衣服労働者, あるいは製靴工であった。すべてのアイルランド人労働者の 73.0 %がこの種の仕事で働いていた。

(26) Foster, *New York Naked*, 141-42. フォスターに関しては, George Rogers Taylor, "Gaslight Foster: A New York 'Journeyman Journalist' at Mid-Century," *NYH* 58 (1977): 297-312 参照。

(27) Fred Mitchell Jones, *Middlemen in the Domestic Trade of the United States, 1800-1860* (Urbana, 1937), 11, 17, and passim; Feldman, *Fit for Men*, 14-18, 25-34, 77-78, 93-94; Bertram Wyatt-Brown, *Lewis Tappan and the Evangelical War Against Slavery* (Cleveland, 1969), 226-47; Thomas Kettell, "Clothing Manufacture," in *Eighty Years' Progress in the United States*, [ed. C. L. Flint et al.] (Hartford, 1868), I, 309, 313-15; John C. Gobright, *The Union Sketch-Book* (New York, 1861), 40-41; *Hunt's Merchants' Magazine*

20 (1849): 116, 347-48; 50 (1864): 233. ニューヨークの先導的な衣服業者──中でも C. T. Longstreet と S. H. Hanford──は外部からこの業界に入ってきた商人資本家であった。しかし衣服業者はこのような人たちだけではなかった。Brooks 兄弟の成功は，新しい体制に適応した何人かの注文生産仕立て工の成功例の一つであった。ロングアイランドの仕立て工 Sylvanus B. Stillwell のような（割合としてはごく少数であったが）少なくとも何人かは，小規模業者の中から出世して著名な製造業者になった。彼はニューオーリンズ商人 H. B. Montross との出会いから生まれた親交のおかげで，南部市場と取り引きする大会社を作り上げた。Feldman, *Fit for Men*, 30-34, 41-49 参照。

(28) Measurement and Account Books, Unidentified master tailor, New York City, 1827-40, N-YHS MSS; Feldman, *Fit for Men*, 77-78, 82-83; Edwin Williams, *The New York Annual Register* (New York, 1836), 360; Kettell "Clothing Manufacture," 309-15. Brooks Brothers に関しては，Brooks Brothers, Inc., *Brooks Brothers Centenary*, 1818-1918 (New York, 1918), 11-25 参照。

(29) *Daily Tribune*, November 15, 1845; *Hunt's Merchants' Magazine* 20 (1849): 116. 成功した衣服業企業家の多くのリストに関しては，Dun and Bradstreet Collection, vol. 449, Baker Library, Harvard University も参照。自分自身の利害を護ると同時に，自分の息子や他の親戚の若者をこのビジネスに慣れさせるために，彼らを裁断長として雇う製造業者たちもいた。例えば 1840 年代に，William Scofield は彼の父親 Jesse の裁断工として働いた。1855 年にはすでに Scofield 青年はこの会社の経営に携わっており，この都市の最も富裕な衣服業者の一人になっていた。Beach, *Wealth*, 28; and idem, *Wealth and Biography of New York*, 10th ed. (New York, 1855), 65 参照。

James Shepherd の経歴は，この業界への家族的縁故なしに裁断長が出世した例を示している。Shephard は 1840 年代中頃に Jacob Vanderbilt の衣服を製造する小さなマニュファクトリー（工場制手工業）の裁断長として仕事を始めた。1850 年までに彼は自立し，注文生産と既製服生産を兼業する資本金 2,000 ドルの仕事場の親方となり，8人の男と7人の女を雇用していた──信用機関の報告によれば，彼は「しっかりした知的な男」で，そのビジネスは小規模だが，将来が期待されていた。New York Trade Agency Reports, Shepherd, N-YHS MSS 参照。

(30) *Hunt's Merchants' Magazine* 20 (1849): 116, 346, 348; Feldman,

Fit for Men, 79. 1840年代までの裁断に必要とされる精確さを理解するには, William H. Stinemets, *A Complete and Permanent System of Cutting All Kinds of Garments to Fit the Human Form* (New York, 1843) 参照。

(31) *Tribune*, March 7, 1845; *New York Herald*, June 7, 1853; Jesse Eliphalet Pope, *The Clothing Industry in New York* (Columbia, Mo., 1905), 12; Foster, *New York Naked*, 142.

(32) *Hunt's Merchants' Magazine* 20 (1849): 346; *Genius of Temperance* [New York], February 29, 1832; Foster, *New York Naked*, 137; *Herald*, May 1, June 11, 1853; *Tribune*, August 20, 1853; U. S. Senate Committee on Education and Labor, *Testimony as to the Relations between Labor and Capital* (Washington, D.C., 1885), 413-14; Dolores E. M. Janiewski, "Sewing with A Double Thread: The Needlewomen of New York, 1825-1870" (M. A. thesis, University of Oregon, 1974); 1850 Census.

(33) Thompson and Yeo, *Unknown Mayhew*, 384-88; *Tribune*, September 9, 1845.

(34) Jones, *Middlemen*, 14; D. M. Marvin and Company, Ledger and Account Book, n. d. [ca. 1850], N-YHS MSS; Insolvency Assignment, Herschel and Camp Company, 1836, HDC; Dawley, *Class and Community*, 12-16; *Tribune*, September 5, 9, 1845, March 1, 1850, May 3, 1853; *Young America* [New York], October 18, 1845; *Champion of American Labor* [New York], April 3, 1847; Joseph Sparkes Hall, *The Book of the Feet* (New York, 1850), 82-84.

(35) Diary and Recollections of John Burke, N-YHS MSS; *Tribune*, May 3, 1853; Hall, *Book of the Feet*, 83.

(36) Horace Greeley, *Art and Industry* (New York, 1853), 110; [Flint], *Eighty Years' Progress*, I, 317, 323-24; *Tribune*, September 5, 1845, May 3, 1853.

(37) *Daily Tribune*, September 5, 9, 1845, April 11, 1850; [Flint], *Eighty Years' Progress*, I, 324; *Man*, June 19, 1835.

(38) *Tribune*, November 11, 1845; *Herald*, June 18, 1853; Christoph Vetter, *Zwei Jahre in New York* (Hof, 1849), 156; "A Working Man's Recollections of America," *Knight's Penny Magazine* [London], 1 (1846): 102; Ernst, *Immigrant Life*, 80-81, 101-2.

(39) *Tribune*, November 11, 1845; *Herald*, June 18, 1853; Ingerman,

"Recollections," 577; 1850 census.

(40)　*Tribune*, September 16, 17, November 7, 1845 参照。葉巻製造に関しては，南北戦争後のニューヨークのドイツ人労働者についての Dorothée Schneider の完成予定の博士論文 (City University of New York) 参照。

(41)　Bruce, "Autobiography," 1-11; Henry Lewis Bullen, "The Oldest Job Printing Office in New York," *Inland Printer* 50 (1913): 519-21; Ethelbert Stewert, "A Documentary History of the Early Organizations of Printers," *Bulletin of the Bureau of Labor* 61 (1905): 897; *Daily Tribune*, September 15, 1845. また [Flint], *Eighty Years' Progress*, II, 286-97 も参照。

(42)　*Tribune*, September 11, 15, 1845; C. S. Van Winkle, *The Printer's Guide*, 3d ed. (New York, 1836), 22-27; Stewert, "Documentary History," 897-98. 印刷雇われ職人たちは賃金に関する2種類の悪だくみに苦情を述べている。「バッド・ペイ」すなわち賃金支払不履行，と「イレギュラー・ペイ」である。後者は通常半月払いを意味し，そのとき必ず一部分は，正貨や都市の銀行券ではなく農村の銀行が発券した銀行券で支払われた。*Tribune*, May 22, 1850 参照。

(43)　Horace Greeley to B. F. Ransom, May 2, 1836, Greeley Papers, NYPL; *Tribune*, September 15, 1845, May 22, 1850. また Abbott, *Harper Establishment* も参照。

(44)　*Tribune*, September 11, 15, 1845; May 22, 1850; Ernst, *Immigrant Life*, 81-82.

(45)　*Courier and Enquirer* [New York], December 9, 1829; *Daily Sentinel* [New York], September 28, 1832. また John R. Commons, "The New York Building Trades," *Quarterly Journal of Economics* 18 (1904): 409-36 も参照。

(46)　Union History Company, *History of Architecture and the Building Trades of Greater New York* (New York, 1899), I, 389-90; Bills and Receipts, Robert I. Brown Papers, N-YHS; Beach, *Wealth* (1845), 7; idem, *Wealth* (1855), 15, 28, 32. 安普請建築の結果に関する報告は1820年代半ばに始まった。「この都市における安全無視の建築方法には驚くべきものがある——リード通りの完成間近の6軒が崩壊し，労働者の一人の肋骨を三本折った——このような家が崩壊するのは今度で2度目である……壁の厚さがわずか煉瓦一枚分しかないことがわかった」。*New York Mirror* 3 (1825): 71, quoted in Ford, *Slums and*

Housing, I, 87.

(47) *Daily Tribune*, March 6, 11, 12, September 19, 1850; *Herald*, July 6, 1850; Headley, *Great Riots*, 95-96; *Niles' Weekly Register*, March 27, 1819, July 17, 1824, June 11, 1834; *Journal of the American Institute* 3 (1838): 4, 9. また［Flint］, *Eighty Years' Progress*, I, 356-57; Sam Bass Warner, *The Urban Wilderness: A History of the American City* (New York, 1972), 66-67 も参照。

(48) Ernst, *Immigrant Life*, 73-75, 215; Frazee, "Autobiography,"; *Tribune*, April 20, 1850; *Champion of American Labor*, April 24, 1847.

(49) *Transactions of the American Institute* (1855), 95.

(50) Albion, *Rise of the New York Port*, 287-311; Morrison, *History of New York Ship Yards*, 50-63.

(51) "The Old Ship-Builders of New York," *Harper's New Monthly Magazine* 65 (1882): 221-32; *Herald*, December 31, 1852; Leonard H. Boole, *The Shipwright's Handbook and Draughtsman's Guide* (Milwaukee, 1858), 7-9. Boole は最後にはウィスコンシン州で親方として成功した人物だが，7年間徒弟として——最後の5年間は一日も休まずに——Webb のために働いた後，どのようにして雇われ職人として Webb 本人によって雇われるようになったかを自慢して書き残している。

船大工雇われ職人 Samuel Warshinge の会計簿は，この業種の高賃金を雄弁に記述している。Warshinge は1830年から1852年までの間にいくつかの造船所で働いたが，その間の賃金は一日1.75ドルから2.50ドルであった。1830年代には彼は1年で銀行口座に100ドル預けることができた。彼は不動産にも手を出した。the Fickett and Thomas yards の現場監督の地位を獲得した1839年までには，彼の経済状態はすでに安定していた。彼は自己の経験に基づいて，若干のアイロニーをこめて，「並みの能力で働いている男は金なんか残すことはできない」と自分の意見を述べた。Samuel Warshinge, Account Book and Personal Notes, 1830-52, N-YHS MSS 参照。Cf. Pollard, *Genesis of Modern Management*, 84-85; さらにまた，Bishop, *History*, III, 136-44; *Tribune*, May 7, 1850; *Herald*, December 31, 1852 も参照。

(52) "Old Ship-Builders," 233-34; Adam Smith, *The Wealth of Nations* (1776; reprint, Harmondsworth, 1970), 172; George McNeill, *The Labor Movement: The Problem of Today* (Boston, 1887), 342.

(53)　McNeill, *Labor Movement*: 341; "Old Ship-Builders," 233.

(54)　Morrison, *New York Ship Yards*, 68, 84-91; Warshinge, Account Book; Petition of Isaac Hadders et al., CCFP, Street Commissioners, n. d. [1831], MARC; McNeill, *Labor Movement*, 345-47. 1830 年代と 1850 年のストに際しての，造船労働者たちの活動の少なさに関しては，後の第 7 章と第 10 章を参照。他の海運関係業種も，造船業ほど完全にではなかったが，当時の構造的な分断の多くを回避できた。樽製造がその一例である。(特にアップタウンの蒸留所では)大規模マニュファクトリーの中に編入された樽製造もあったが，この業種のほとんどは 1850 年にはまだ職人的であった。Franklin E. Coyne, *The Development of the Coopering Industry in the United States* (Chicago, 1940), 11-23; Edward Hazen, *Panorama of Professions and the Trades* (Philadelphia, 1835), 56-57; Robert Taylor, "Diary and Autobiography," NYPL MSS; *Daily Tribune*, August 30, 1852; Ernst, *Immigrant Life*, 214-16; Herbert G. Gutman, "La Politique ouvrière de la grande entreprise américainee de 'l'age du clinquant': Le Cas de la Standard Oil Company," *Mouvement Social*, no. 102 (1978): 67-99 参照。

(55)　De Voe, *Market Book*, 210-11, 221-22, 228-29, 232, 345-47, 401-2, 425-26; Rock, *Artisans of the New Republic*, 209-11, 214-17.

(56)　De Voe, *Market Book*, 347, 402, 438-39, 506-7; *Tribune*, November 8, 1845; *Young America*, February 7, 1846. 1860 年以後の精肉業の機械化に関しては，Sigfried Giedion, *Mechanization Takes Command: A Contribution to Anonymous History* (New York, 1948), 213-46 参照。

(57)　Harlow, *Old Bowery Days*, 150-51; *Tribune*, November 8, 1845; *Young America*, February 7, 1846. Haswell, *Reminiscences*, 60, 89, 101 をも参照。

(58)　Morris, *Government and Labor*, 161-66; Pomerantz, *New York*, 170; *MCC*, August 6, October 1, 9, November 12, December 10, 29, 1821; Rock, *Artisans of the New Republic*, 184-89, 196-97.

(59)　*Man* [New York], June 9, 10, 15, 1834; *Young America*, February 7, 1846; *Daily Tribune*, April 16, 1850.

(60)　Ernst, *Immigrant Life*, 87-88.

第4章「企業家と急進主義者」 註

(1) Rosenberg, *Religion and the Rise of the American City*, 70-97; 安息日厳守については，Bertnam Wyatt-Brown, "Prelude to Abolitionism: Sabbatarianism and the Rise of the Second Party System," *JAH* 63 (1971): 316-41; Jentz, "Artisans, Evangelicals, and the City," 66-111; Johnson, *Shopkeeper's Millennium*, 83-88 参照。ロチェスターでと同様，ニューヨークの安息日厳守運動と自由教会運動は成功した商人資本家と専門職従事者の指導下で始まり，次第に他の人々を取り込んでいった。また，教会運動はとりわけ女性をひきつけた。長老派第一自由教会は活動最初の2年間で326人の会衆を迎えた。そのうち218人（66.9％）は女性であったが，男性会衆の妻や娘は7人に1人（15.6％）にすぎなかった。身元が判明する男性会衆のうち，22人(52.4％)が商人・大手の小売り業者・専門職従事者であり，残りの人々には印刷工2名・仕立て工2名の他，4人の職人が含まれた。これら職人のうち少なくとも6人は著名な親方職人であった。*Church Manual Number II for the Congregations of the Free Presbyterian Church* (New York, 1832) 参照。

(2) George B. Dunn to Thaddeus Wakeman, September 5, 1842, American Institute Papers, N-YHS; Temperance Society, *First Annual Report*, 21.

(3) Temperance Society, *First Annual Report*, 19-23. 管理委員会の親方職人には，J. P. Allaire（エンジン製作），Joseph Brewster（製帽），Lemuel Brewster(製帽)，Benjamin De Milt(時計製作)，George Douglas（大工），Daniel Fanshaw（印刷），William Mandeville（家具製造），Charles Starr（製本），Andrew Wheeler（屠殺）が名を連ねた。他の禁酒団体と同じく，ニューヨークの禁酒協会も概ね商人の改革団体に留まっていた。職業が判明した113人の寄付者のうち，職人は僅か17.5％(20人）にすぎなかった。ここで重要なのは，何人かの指導的親方が早くから運動に引き寄せられていたことである。*The Free Enquirer* [New York], March 25, 1829 参照。

(4) Earle and Congdon, *Annals*, 69; Temperance Society, *First Annual Report*, 23-24; Colden, *Memoir*, 224; Asa Dodge Smith, *The Guileless Israelite: A Sermon on the Occasion of the Death of Joseph Brewster* (New York, 1852).

(5) Temperance Society, *First Annual Report*, 23-24.

(6) *Man*, February 20, 1830, October 19, 1832. スターについては，

Free Enquirer, March 25, 1829; New-York Friendly Association of Master Bookbinders, "List of Prices" (1822), N-YHS Broadsides; Colden, *Memoir*, 231.

(7) Temperance Society, *First Annual Report*, 27-28.

(8) Ibid., 30.

(9) GSMT Minute Book, January 7, 1826, December 3, 1829; GS MT Minutes, School Committee, June 5, 1826; December 31, 1 827; Pascu, "Philanthropic Tradition," 409-14.

(10) *Courier* and *Enquirer*, November 29, December 2, 1829; *Working Man's Advocate* [New York], December 12, 1829, January 9, 1830; Henry W. Farnam, *Chapters in the History of Social Legislation in the United States to 1860* (Washington, 1938), 153-54; Jabez D. Hammond, *The History of Political Parties in the State of New York* (Albany, 1842), II, 3. ペンシルヴェニア州における同様の煽動については，Louis Hartz, *Economic Policy and Democratic Thought: Pennsylvania, 1776-1860* (Cambridge, Mass., 1948), 191-93, 221参照。

(11) Horace Secrist, "The Anti-Auction Movement and the New York Workingmen's Party of 1829," *Transactions of the Wisconsin Academy of Science, Arts and Letters* 17 (1914): 149-66. 通商促進という立場からの競売擁護については，*The Beneficial Tendency of Auctioneering and the Danger of Restraining It: By a Friend to Trade* (New York, 1817); *Memorial of the Auctioneers of the City of New-York* (Washington, D. C., 1821) 参照。この運動は *Evening Post* に詳細に記述されていた。October14, 16, 17, 21, 31, 1828. また，Robert W. July, *The Essential New Yorker: Gulian Commelin Verplanck* (Durham, 1951), 139-40をも参照。

(12) Secrist, "Anti-Auction," 155-58; Mushkat, *Tammany*, 108-9, 112-14; *Remarks upon the Auction System as Practiced in New York: By a Plain Practical Man* (New York, 1828), 2; *Anti-Auctioneer* [New York], November 1, 1828, quoted in Secrist, "Anti-Auction," 154; *Morning Herald* [New York], May 8, 1829; *Working Man's Advocate*, December 12, 1829.

(13) Allen, "Memoir," 111-12; Charles Patrick Daly, *Origin and History of Institutions for the Promotion of the Useful Arts* (Albany, 1864), 28; John W. Chambers, *A Condensed History of the*

American Institute (New York, 1892); *Report of the American Institute of the City of New York on the Subject of Fairs* (New York, 1829), 5, 8, 10; *Report of a Special Committee of the American Institute on the Subject of Cash Duties, the Auction System, etc.* (New York, 1829), 2 and passim; *Memorial of the American Institute Praying for Certain Regulations in the Banking Capital of this State, March 14, 1829* (n. p., 1829), 9. この背景については，Samuel Rezneck, "The Rise and Early Development of Industrial Consciousness in the United States, 1760-1830," *Journal of Economic and Business History*, supplement 4 (1932): 784-811 を参照。アメリカ協会の創設者には，Adniram Chandler, Clarkson Crolius, Henry Guyon, Robert Hoe, Peter Shenck, Thaddeus Wakeman がいる。残念ながらアメリカ協会文書にある最も古い会員名簿としては 1840 年までしか溯れない。しかし，*Officers of the American Institute in the City of New York from Its Origins in 1828 to and including 1892* (New York, 1892) 参照。

(14) *Report on Cash Duties*, 7; *Memorial*, 3; *Report on the Subject of Fairs*, 6; *Journal of the American Institute* 1 (1835): 3-5.

(15) Albert Post, *Popular Freethought in America, 1825-1850* (New York, 1943); *Correspondent* [New York], January 20, March 3, 31, April 21, December 22, 1827, February 2, 29, March 22, April 5, May 24, June 6, 14, November 28, December 17, 1828; *Christian Advocate and Journal* [New York], December 7, 1827, cited in Post, *Popular Freethought*, 47; Abner Kneeland, *An Appeal to Universalists* (New York, 1829); idem, *Supplement to "The Proceedings of the Friends of Liberal Christianity in New York City"* (New York, 1829); Jentz, "Artisans, Evangelicals, and the City," 117-30.

(16) *Correspondent*, July 7, 1827. 自由思想家については，Post, *Popular Freethought*, 32, 33, 45, 48, 49; Hugins, *Jacksonian Democracy*, 95-96; D. M. Bennett, *The World's Savages, Thinkers and Reformers*, 2d ed. (New York, 1876), 695-99, 756-57; Lewis Masquerier, *Sociology or, The Reconstruction of the Society, Government, and Property* (New York, 1877), 123-24, 159-60; F. W. Evans, *Autobiography of a Shaker* (Mount Lebanon, N.Y., 1869), 10-11, 16, 26 参照。

(17) *Correspondent*, February 3, 24, 1827, February 8, 9, 1829; *An Address to the Committee Appointed by a General Meeting of the*

Citizens of the City of New York, Held at Tammany Hall, January 31, 1829 (New York, 1829), 14-15. 理神論者たちの社会的背景は，1827-32年のペイン生誕記念祝典の参加者として理神論の新聞に掲載された人々の職業から類推される。印刷工8人，製靴工2人，石切り工2人，製図工・服地商・火床工・製帽工・鉄箱工・商人・壁紙張り工・肖像画描き・定規作り工・ブリキ工・教師・製傘工各1名。製靴工のElishya Tallmadgeだけがはっきりと雇われ職人であると確認された。それ以外では，少なくとも6人が小親方である。少数の零細小売業者に加え，構成員の中心部分には小親方と雇われ職人が混在していた。Jentz, "Artisans, Evangelicals, and the City," 117-30.

(18) *Correspondent*, July 7, 1827; January 12, February 9, 1828. 自由思想の講演については，*Correspondent*, December 22, 1827 参照。

(19) *Corrrepondent*, February 9, June 14, 1828, April 25, 1829; Edward Thompson, *An Oration Delivered on the Anniversary of the Declaration of American Independence* (New York, 1829), 6.

(20) Evans と Spence については，Clifton K. Yearley, *Britons in American Labor: A History of the Influence of the United Kingdom Immigrants on American Labor* (Baltimore, 1957), 34-35 参照。

(21) *New Harmony and Nashoba Gazette*, October 29, 1828. この定期刊行物とその編集者については第5章を参照。

(22) Neufeld, "Realms of Thought," 8-13. また，Louis H. Arky, "The Mechanics' Union of Trade Associations and the Formation of the Philadelphia Workingmen's Movement," *PM HB* 76 (1952): 143-44; Laurie, *Working People of Philadelphia*, chap. 4 参照。

(23) リカード派とオーウェン主義の先駆については，Esther Lowenthal, *The Ricardian Socialists* (New York, 1924); Ronald M. Meek, *Studies in the Labor Theory of Value* (New York, 1969), 121-29; John F. C. Harrison, *Quest for the New Moral World: Robert Owen and the Owenites in Britain and America* (New York, 1969); Patricia Hollis, *The Pauper Press: A Study in Working-Class Radicalism of the 1830s* (Oxford, 1970), 221-29 参照。

(24) *Working Man's Advocate*, November 14, 1829; Cornelius C. Blatchly, *Some Causes of Popular Poverty in* [Thomas Branagan] *The Pleasures of Contemplation* (Philadelphia, 1817), 199, 200-201, 206, and passim; Arthur Bestor, *Backwoods Utopias: The Sectarian Origins and the Owenite Phase of Communitarian Socialism in*

Origins in the United States: American Forerunners of Marx, 1817-1832 (Assen, The Netherlands, 1967), 10-19. ブラチリーの宗教観については，*Pleasures of Contemplation*, 176 参照。

(25) Cornelius C. Blatchly, *An Essay on Common Wealth* (New York, 1822), 8-10, 25. この論稿で，共同体建設協会々員としてブラチリーとともに掲載されている 18 人のうち，これまで 14 人の職業が 1822 年の市人名録で確認されている。教師及び専門職従事者 5 人，聖職者 3 人，弁護士 2 人，医師・商人・印刷工・大工各 1 人である。

(26) Blatchly, *Essay on Common Wealth*, 4, 6, 23-24, 29, 33, 36, 41. 19 世紀イギリスの千年王国論における同様の主題については，J. F. C. Harrison, *The Second Coming: Popular Millenarianism, 1780-1850* (New Brunswick, N. J., 1979), 3-10, 207-30 参照。

(27) Cornelius C. Blatchly, *Sunday Tract* (New York, 1828), 2, 5; idem, *Essay on Common Wealths*, 7, 12-13, 21, 25; Hugins, *Jacksonian Democracy*, 98.

(28) Blatchly, *Essay on Common Wealths*, 8-9, 24-25, and passim. クエーカーの宗教・社会思想の諸形態を広く検討した優れた研究としては，David Brion Davis, *The Problem of Slavery in the Age of Revolution, 1770-1823* (Ithaca, 197 5), 241-54 参照。

(29) James 5: 4. ブラチリーは，*Some Causes of Popular Poverty*, 204 の文章を引用している。

(30) Bestor, *Backwoods Utopias*, 100-114, 133; Harrison, *New Moral World*, 106.

(31) Bestor, *Backwoods Utopias*, 105-7, 130-32. 筆者のオーウェン評価は，Harrison, *New Moral World* 及び Thompson, *Making of the English Working Class*, 779-806 に大幅に依拠している。しかし合衆国においては，かなりの期間にわたってオーウェンを支持した人々は，特定事項についてではなくて，彼の体系全体を支持したことを強調したい。トムソンがイギリスのオーウェン主義者について描写したような，オーウェン主義思想の一部分のみを受け入れ，他の部分を拒否した人物はわが国のオーウェン主義の歴史には見当たらない。

(32) Robert Owen, *A New View of Society* (1817; reprint, London, 1927), 19-24 and passim.

(33) Bestor, *Backwoods Utopias*, 203-4; John Humphrey Noyes, *A History of American Socialism* (Philadelphia, 1870), 74-77; Post, *Popular Freethought*, 181.

(34) バイルスビーの生涯と影響力については，*Observations* 1961年版に寄せたジョゼフ・ドーフマンの序文の他，Harris, *Socialist Origins*, 34-35; Charles Sootheran, *Horace Greeley and Other Pioneers of American Socialism* (New York, 1892), 98; Paul Conkin, *Prophets of Prosperity: America's First Political Economists* (Bloomington, Ind., 1980), 234-36 参照。バイルスビーは自著の印刷中に，John Grey, *Lecture on Human Happiness*, 1825 の写しを発見したと述べている。彼はグレイとの「思想の類似性」を指摘し，最終段階でグレイの著作から長い引用を挿入している。Langton Byllesby, *Observations on the Sources and Effects of Unequal Wealth* (New York, 1826), 105-13 参照。

(35) Byllesby, *Observations*, 7, 10-11, 33, 42.

(36) Ibid., 124-54, 73-74, 87-100.

(37) Ibid., 4-5.

(38) Ibid., 8, 77.

(39) *Evening Post*, July 13, 1819; Thompson, *Oration*, 10.

(40) *Evening Post*, July 13, 1819, April 12, 1825. Cf. Stansell, "Women of the Laboring Poor," 110-18.

(41) *Columbian*, May 17, 1816; *Evening Post*, March 22, 1825, July 21, 1828; Gilje, "Mobocracy," 177-80; Weinbaum, *Mobs and Demagogues*, 83-84.

(42) Deposition of Alexander Knox, Jr., Peoples v. Hamilton Radcliff and others, July 1, 1828, Court of General Sessions, MARC. ニューヨークの織布業については，*Tribune*, September 20, 1845 参照。

(43) E. P. Thompson, "The Crime of Anonymity," in Douglas Hay et al., *Albion's Fatal Tree: Crime and Society in Eighteenth-Century England* (New York, 1975), 255-344 参照。また，George Rudé, *Crowd in History* (New York, 1964), 66-78; Wayne G. Broehl, *The Molly Maguires* (Cambridge, Mass., 1968), 1-10; T. Desmond Williams, ed., *Secret Societies in Ireland* (Dublin, 1973), 13-36 をも参照。

第5章 『勤労者』派の興亡 註

(1) 「勤労者」派の基本的研究としては以下がある。Frank T. Carlton, "The Workingmen's Party of New York City, 1829-1831," *PSQ* 22 (1907): 401-15; Commons, *History of Labour*, I, 231-84; Schlesinger, *Age of Jackson*, 133-43, 177-216; Seymour Savetsky, "The New

York Working Men's Party," (M. A. thesis, Columbia Univ., 1948); Hugins, *Jacksonian Democracy* ; Edward Pessen, "The Working Men's Party Revised," *LH* 3 (1963): 203-26; idem., *Most Uncommon Jacksonians*, 7-33, 58-79, 103-203 passim. ペッセンが指摘しているように，「勤労者」派の歴史についてはは多くのストーリーが語られてきた。しかし，正確かつ十分な歴史はこれからの課題である。従来の説明の中では，ペッセンの説明が筆者の解釈に最も近い。

(2) 本章の以下の部分は，これまで次の著書の影響を強く受けている。Hammond, *History of Political Parties*, II, 12-91; Robert V. Remini, *Martin Van Buren and the Making of the Democratic Party* (New York, 1959); Benson, *Concept of Jacksonian Democracy*, 3-46; Richard Hofstadter, *The Idea of a Party System: The Rise of Legitimate Opposition in the United States, 1790-1840* (Berkley, 1970), 212-71; Mushkat, *Tammany*, 75-101. 特に次の研究は重要である。Michael Wallace, "Changing Concepts of Party in the United States: New York, 1815-1828," *AHR* 74 (1968): 453-91. モンロー大統領の第1回就任演説からの引用は，Richardson, ed., *A Compilation of Messages and Papers of the President, 1789-1897* (Washington, D.C. 1896), III, 10.

(3) Wallace, "Changing Concepts," 469.

(4) *National Advocate*, May 31, 1822, in Wallace, "Changing Concepts," 487.

(5) Mushkat, *Tammany*, 108-16.

(6) Pessen, *Riches, Class and Power*, 284-87; Mushkat, *Tammany*, 119-27.

(7) Benson, *Concept of Jacksonian Democracy*, 3-20; Chilton Williamson, *American Suffrage From Property to Democracy, 1760-1860* (Princeton, 1960), 204-7.

(8) *Journal of Commerce*, November 7, 1829.

(9) これがサヴェッツスキーとベンソンの主張の要点である。両者は，1828～29年の政党構成の転換の重要性を指摘する点では正しい反面，「勤労者」運動のルーツがタマニーの外にあったことは理解していない。このために両者は，民衆運動の歴史を政党内抗争の歴史に読み換えている。Savetsky, "Working Men," 14-23; Benson, *Concept of Jacksonian Democracy*, 33.

(10) *New Harmony and Nashoba Gazette*, January 7, February 4, 11,

25, 1829; *New York Spectator*, January 9, 13, 1829; Nevins, *Diary of Philip Hone*, 9-10 参照。フランシス・ライトについては，新しい全面的な書き換えが特に必要であるが，さしあたって，William Randall Waterman, *Frances Wright* (New York, 1924); Alice Perkins and Theresa Wolfson, *Fanny Wright, Free Enquirer: A Study of a Temperament* (New York, 1939) 参照。関連分野については，Alice S.Rossi, "Woman of Action: Frances Wright (1795-1852)," in idem, *The Feminist Papers: From Adams to de Beauvoir* (New York, 1974), 86-99; Margaret Lane, *Frances Wright and the Great Experiment* (Manchester, 1974) 参照。ライトとオーウェンは 1828 年，初めて彼らの新聞に『自由探求者』という名をつけた。筆者が以下，ライトとオーウェンの新聞を『自由探求者』として言及する場合，それを彼らがその発行地をニューヨークに移して以後の時期に限定していることを予め明確にしておきたい。1829 年以前の自由探求者たちとライトの親交については，Perkins and Wolfson, *Frances Wright*, 249 参照。

(11) Frances Wright, *Course of Popular Lectures* (London, 1834), 24-25.

(12) *American* [New York], January 4, 1829.

(13) Frances Trollope, *Domestic Manners of the Americans* (London, 1832), 97-100; Nevins, *Diary of Philip Hone*, 15-16. *Commercial Advertiser*, January 4, 1829 も参照。; ロバート・デール・オーウェンにはライトに対して冷淡になる理由があったのだが，彼女のあまりに「十把一からげ」のしばしば傍若無人な論争に関する後年のオーウェンの記述は，1829 年に他の人々が感じた不信感を反映している。Robert Dale Owen, "An Earnest Sowing of Wild Oats," *Atlantic Monthly* 34 (1874): 76 参照。

(14) *The Free Enquirer* [New York], April 15, 1829.

(15) Wright, *Course of Popular Lectures*, 38-53; *Free Enquirer*, May 13, 27, 1829.

(16) Robert Leopold, *Robert Dale Owen: A Biography* (Cambridge, Mass., 1940), 3-102; Robert Dale Owen, *Threading My Way* (New York, 1874); *New Harmony and Nashoba Gazette*, October 29, November 5, 12, 19, 1828, January 7, 14, 1829; *Free Enquirer*, May 13, June 3, July 29, 1829.

(17) *Free Enquirer*, March 4, May 6, 20, 27, November 7, 1829, May

1, 1830; Pascu, "Philanthropic Tradition," chap. 9.

(18) *Free Enquirer*, May 15, 1830. Robert Dale Owen, *Moral Physiology: or, A Brief and Plain Treatise on the Population Question* (New York, 1830); Sidney Ditzion, *Marriage, Morals, and Sex in America* (New York, 1978), 111-20; Linda Gordon, *Woman's Body, Woman's Right: A History of Birth Control in America* (New York, 1976), 82-83.

(19) *Free Enquirer*, March 25, July 22, 1829.

(20) Perkins and Wolfson, *Frances Wright*, 240-41, 248-49; Owen, "Earnest Sowing," 73; *New Harmony and Nashoba Gazette*, January 11, 1829; *Free Enquirer*, March 18, 25, April 15, 1829; *Priestcraft Unmasked*, 1 (1930): 116. 回心をせまる聖職者に対する不信感の風刺的表現としては，Lyon, *Recollections of an Old Cartman*, 123-24 参照。

(21) *New Harmony and Nashoba Gazette*, February 4, 1829; *Free Enquirer*, March 4, May 13, 1829; Perkins and Wolfson, *Frances Wright*, 236.

(22) *New Harmony and Nashoba Gazette*, February 4, 1829; *Free Enquirer*, March 4, April 29, July 29, August 19, September 30, 1829, June 12, 1830; Leopold, *Robert Dale Owen*, 68-71; Perkins and Wolfson, *Frances Wright*, 234.

(23) *Evening Post*, January 10, 1829; Nevins, *Diary of Philip Hone*, 10; Perkins and Wolfson, *Francis Wright*, 231-32, 235-36; Owen, "Earnest Sowing," 73-74; Horace Traubel, *Conversations with Walt Whitman in Camden* (New York, 1908-14), II, 204-6.

(24) Thomas Skidmore, *The Rights of Man to Property!* (New York, 1829), 3-4, 353, 369.

(25) スキドモアについては次を見よ。Amos Gilbert, "A Sketch of the Life of Thomas Skidmore," in *Free Enquirer*, March 30, April 6, April 13, 1834; Edward Pessen, "Thomas Skidmore: Agrarian Reformer in Early American Labor Movement," *NYH* 25 (1954): 280-294; Hugins, *Jacksonian Democracy*, 82-83; Harris, *Socialist Origins*, 91-139; Conkin, *Prophets of Property*, 237-44.

(26) *Free Enquirer*, April 13, 1834; *Rights of Man to Property*, 7, 12, 26-29, 66, 81, 89, 250-53, 385; Hugins, *Jacksonian Democracy*, 83. スキドモアの関税に関する見解は，*Rights of Man to Property*, 80, 271-82

参照。

(27) *Rights of Man to Property*, 38-43, 79-81, 243, 359-66.

(28) *Ibid.*, 59-67, 239.

(29) *Ibid.*, 54-77, 158-60.

(30) *Ibid.*, 242.

(31) [Thomas Skidmore], *Political Essays* (New York, n. d. [1831]), 22; idem, *Rights of Man to Property*, 137-44, 159-207, 385-86.

(32) 例えば,財産相続を通じて子供を支配しようとする両親のやり方への彼の憤激に満ちた論議 (*Rights of Man to Property*, 227-28) を参照。この議論は明らかに彼自身の青年期と関係していた。

(33) *Free Enquirer*, April 13, 1834.

(34) *Rights of Man to Property*, 8, 72-76, 369.

(35) この問題に関する，別の観点からの素晴らしい議論としては，David Brion Davis, "Some Themes of Counter-Subversion: An Analysis of Anti-Masonic, Anti-Catholic, and Anti-Mormon Literature," *MVHR* 47 (1960): 205-24 参照。

(36) Cook については，Hugins, *Jacksonian Democaracy*, 83-84; Henry M. Western, *An Address Delivered before the American Institute in the City of New York on the Fourth of July, 1828* (New York, 1828), 7 参照。Guyon については，Earle and Congdon, *Annals*, 404; Wiles, *Century of Industrial Progress*, 3; Temperance Society, *First Annual Report*, 22 参照。

(37) E.g., Pessen, *Most Uncommon Jacksonians*, 29, 70-71.

(38) Benson, *Concept of Jacksonian Democracy*, 36; William Lawrence to Henry Clay, August 31, 1829, quoted in Mushkat, *Tammany*, 121. ニューヨーク州における反メーソン運動に関する近年の最高の分析としては，Johnson, *Shopkeeper's Millennium*, 62-71.

(39) *Journal of Commerce*, January 11, 1829; *Morning Herald* [New York], February 26, March 4, 1829; Commons, *History of Labour*, I, 171-72; Henry Van der Lyn Diary, 23 February 1829, N-YHS MSS; *Democratic Press* [Philadel phia], March 24, 25, 1829: *Daily Sentinel* [New York], March 8, 1830.

(40) *Radical* [Granville, N.J.], January 1842; *Commercial Advertiser*, April 25, 1829; *Morning Courier*, April 25, 1829. 問題の雇主は大工や建設業者であったようである。1820 年以前からの現存史料によれば，建築業では 10 時間労働日が一世代にわたって実施されていた。

Rock, *Artisans of the New Republic*, 250-52 参照。

(41) *Commercial Advertiser*, April 29, 1829; *Free Enquirer*, April 29, 1829; *Radical*, January 1842. この出来事に驚いた『アドヴァタイザー』紙は，雇われ職人たちは「自分たちの決議文を理解していないに違いない」と結論を下すしかなかった。これが間もなく，「勤労者」派とスキドモアに反対する人々の一貫した主張になる。*Commercial Advertiser*, April 25, 1829 参照。

(42) *Radical*, January 1842; Pessen, "Working Men's Party Revisited," 209; Laurie, *Working People of Philadelphia*, 52-54. 錠前工は James Quinn, 鍛冶工は Oliver Hudson である。

(43) *Radical*, February 1842.

(44) *Free Enquirer*, May 6, 27, August 19, 26, September 2, 9, 23, 30, 1829. エヴァンズはこの時にはもはや「自由探求者」の印刷工をやめ，この団体の最初の集会の臨時議長を務めていた。

(45) *Evening Journal* [New York], October 17, 1829; *Free Enquirer*, June 17, September 23, 30, 1829.

(46) *Working Man's Advocate*, October 31, 1829; *Free Enquirer*, October 31, November 14, 1829, March 30, 1830; *Commercial Advertiser*, October 26, 1829.

(47) *Evening Journal*, October 20, 1829; *Working Man's Advocate*, October 31, 1829. ノルマンのくびきとその背景に関しては，Christopher Hill, "The Norman Yoke," in idem, *Puritanism and Revolution* (London, 1958), 50-122; Thompson, *Making of the English Working Class*, 86-89; Foner, *Tom Paine*, 76-77 参照。H. W. Berrian, *A Brief Sketch of the Origins and Rise of the Workingmen's Party in the City of New York* (Washington, D. C., n. d. [1840]), 4-5 は，綱領は「スキドモア自身の筆ではなくとも，彼の指導によって準備されたと言われている」と主張している。綱領の平等教育への言及はオーウェン派組織が提案した要求だという実証抜きの見解は，ヘレン・サムナーが Commons, *History of Labour*, I, 247 の中で主張したのが始まりのようである。11 月選挙以前のこの運動の中にこのような派閥が存在した証拠はない。また，10 月 19 日の集会と集会での書記担当を契機にオーウェンが「勤労者」派の「指導者」としての「正式な活動」を開始したというペッセンの主張 (*Most Uncommon Jacksonian*, 68) を裏づける史料を筆者は見たことがない。オーウェンが 1829 年には自分の組織の外で正式に指導したことはない。これは小さなことではあ

るが，後に見るように「勤労者」派の興亡を評価する際には重要な問題点となるのである。

(48) *Evening Post*, November 3, 1829.

(49) *Working Man's Advocate*, October 31, 1829. Webbについては，*Free Enquirer*, November 14, 1829; Hugins, *Jacksonian Democracy*, 95参照。

(50) *Free Enquirer*, October 31, November 7, 1829.

(51) *Radical*, February, 1842; *Working Man's Advocate*, October 31, December 12, 1829. ついにオーウェンが『代弁者』の発刊を知った時，「同紙はある職人が編集し人民の立場にたっている」とだけ彼は記した。実際にはオーウェンはエヴァンズを知っており何カ月も一緒に働いていた。さらにエヴァンズは『自由探求者』を配布していたのである。1829年11月から翌年1月にかけて，エヴァンズは徐々にヴェールを脱いだ。*Working Man's Advocate*, November 14, 18, December 5, 12, 1829; *Free Enquirer*, November 21, 1829を参照。オーウェンと『代弁者』の初期の係わりに関しては，Frances Wright to William Maclure, January 3, 1830, quoted in Perkins and Wolfson, *Frances Wright*, 269-70参照。

(52) *Evening Post*, November 2, 3, 1829; *Commercial Advertiser*, October 23, 1829; *Morning Courier*, October 28, 1829.

(53) *Evening Journal*, October 22, 1829; *Working Man's Advocate*, October 31, 1829; *Journal of Commerce*, November 7, 1829; *Morning Courier*, November 4, 1829.

(54) *Working Man's Advocate*, November 7, 14, 1829; *Evening Journal*, November 9, 1829; *Evening Post*, November 10, 1829. Woodの区毎の選挙結果と，前年選挙でのアダムズの得票とその類似性については，Secrist, "Anti-Auction," 164-65参照。

(55) *Morning Courier*, November 10, 1829; *Working Man's Advocate*, November 21, 1829; *Free Enquirer*, November 14, 1829, March 30, 1830; *Radical*, April, 1843.

(56) Hugins, *Jacksonian Democracy*, 211-13. 控え目に言っても，1829年の選挙結果は「勤労者」派の運動に対するハギンズの全体的判断とは一致しない。

(57) *Working Man's Advocate*, November 14, 1829.

(58) Ibid., November 28, December 12, 1829; *Free Enquirer*, December 26, 1829, January 9, 1830.

(59) *Free Enquirer*, November 7, 14, 28, 1829; *Working Man's Advocate*, November 21, 28, December 5, 12, 1829.

(60) *Evening Journal*, October 22, 24, November 9, 1829.

(61) *Working Man's Advocate*, December 12, 1829. 1829年後半に活躍した人々の名前は，「勤労者」派活動家についてのウォルター・ハギンズの手書き表から同教授の好意を得て抜き書きしたものである。

(62) *Working Man's Advocate*, November 28, December 5, 1829; *Evening Journal*, November 25, 27, December 1, 4, 7, 10, 12, 1829. スキドモアは「マーカス」 (Marcus) という筆名で執筆している。

(63) *Working Man's Advocate*, December 25, 1829, March 6, 1830; *Evening Journal*, December 12, 28, 30, 31, 18 29; *Daily Sentinel*, February 26, 1830. スキドモアが非難したように，エヴァンズがビラの執筆に直接に関与したのかどうかは全く判然としない。

(64) *Working Man's Advocate*, January 16, 1830; *Free Enquirer*, March 20, 1830; *Radical*, March, April 1843. この集会の議事録は単独でも出版されている。*Proceeding of a Meeting of Mechanics and Other Working Men* (New York, 1830).

(65) *Evening Journal*, December 30, 1829.

(66) *Working Man's Advocate*, January 16, 23, 1830; *Evening Journal*, January 18, 1830; Owen, "Earnest Sowing," 78; Mechanics and Working Men, Executive Committee, Minutes, January 29, February 5, 1830, and passim, N-YHS MSS. 残念なことに，これらの議事録は12月29日以降の時期の分だけであり，しかも不完全である。この史料はクック派が党内でどの程度優勢となっていたかを示している。ハギンズの表 (N＝50) から党派関係が明らかになる34人の委員会メンバーのうち，22人がクック派，12人がオーウェン派である。年毎に分類すると，1830年に活動していた人々の52.4％がもともとクック派であり，1831年にこの数字は83.3％になる。

(67) *Free Enquirer*, January 9, 23, March 6, 20, May 1, 1830.

(68) *Daily Sentinel*, February 26, 1830; *Working Man's Advocate*, March 6, April 17, 1830; *Free Enquirer*, March 20, 1830.

(69) *Evening Post*, January 20, 25, 30, 1830; *Free Enquirer*, March 20, 1830; *Report of the Select Committee on the Petition of Sundry Builders* (New York, 1830). オーウェンはこの時点で親「勤労者」的な新聞として，『イヴニング・ジャーナル』，『ヘラルド』，『勤労者の代弁者』，『デイリー・センティネル』の4紙をあげた。

(70) 職業については，Hugins, *Jacksonian Democracy*, 124-25も見よ。Earle and Congden, *Annals*, 358-415によれば，総計するとオーウェン派の7.0％，クック派の19.0％が職人同業者総会の会員である。American Institute Papers, NYHSの1840年代からの会員名簿によれば，1829年にアメリカ協会の会員であると確認できるのはThomas Bussing, Adniram Chandler, Clarkson Crolius, Jr., Henry G. Guyon, Joseph Hoxie, Thaddeus B. Wakeman, Abijor Mathewsである。禁酒運動家にはGuyon, Chandler, Hoxieが含まれる。Temperance Society, *First Annual Report*を参照。

(71) *Evening Journal*, February 18, 1830; *Free Enquirer* May 29, July 24, 1830; *Working Man's Advocate*, May 13, 1830; Mushkat, *Tammany*, 124-26.

(72) *Working Man's Advocate*, July 3, 10, 1830.

(73) Peter Porter to Henry Clay, May 25, 1830, quoted in Mushkat, *Tammany*, 124; *Working Man's Advocate*, May 20, 27, 1830; *Free Enquirer*, June 5, 1830; *Daily Sentinel*, June 16, 1830.

(74) *Free Enquirer*, June 19, July 3, 10, October 9, 18 30; *Working Man's Advocate*, May 29, June 5, 1830; *Daily Sentinel*, June 26, July 3, 10, 27, 1830; Hugins, *Jacksonian Democracy*, 19-21. アメリカ協会のThaddeus Wakemanに率いられたクレイ派による「勤労者」党州大会——さらには党自体——の乗っ取りの詳細については，Matthew L. Davis, Memoranda, 1830-1835, pp.50-51, Rufus King Papers, N-YHS MSS. また，Hugins, *Jacksonian Democracy*, 21も参照。スキドモアへの攻撃については，*Free Enquirer*, September 4, October 2, 9, 16, 1830参照；スキドモアの反論は，*Free Enquirer*, October 2, 1830参照。

(75) *Working Man's Advocate*, November 13, 20, December 4, 1830; Mushkat, *Tammany*, 124-25; Hugins, *Jacksonian Democracy*, 22.

(76) この示威行進の詳細については，Wilentz, "Artisan Republican Festivals," 53-56参照。

(77) *Daily Sentinel*, September 12, 13, 1832; Hugins, *Jacksonian Democracy*, 22-29.

(78) Perkins and Wolfson, *Frances Wright*, 269-326; *Free Enquirer*, November 21, 1829; Leopold, *Robert Dale Owen*, 103-20; Hugins, *Jacksonian Democracy*, 83-84; *Radical*, February 1842.

(79) *Working Man's Advocate*, June 23, 1830, August 11, 1832; *Free*

Enquirer, December 17, 1831; Thomas Skidmore, *Moral Physiology Exposed and Refuted* (New York, 1831); [idem], *Political Essays*.

(80) *Radical*, January 1842.

(81) 上記註(1)で挙げた権威者たちの著書に加えて，50人委員会報告書に関しては，Mushkat, *Tammany*, 122の中の次の文も参照。「よりニヒリスト的方針から，50人委員会はスキドモアの財産没収という考えとオーウェン＝ライトの教育計画を共に支持した」。

(82) *Radical*, January 1842.

(83) Richard Hofstadter, *The Age of Reform: From Bryan to F. D. R.* (New York, 1955), 97.

(84) 今のところ，拒否教書に関する最良の解釈は，Meyers, *Jacksonian Persuasion*, 16-32参照。

(85) *Working Man's Advocate*, August 11, 1832. 伝染病の医学史とその社会的・イデオロギー的影響については，Rosenberg, *Cholera Years*, 13-64参照。